Hermann Leber

Albrecht Dürers Landschaftsaquarelle

Studien zur Kunstgeschichte

Band 50

Hermann Leber

Albrecht Dürers Landschaftsaquarelle

1988
Georg Olms Verlag
Hildesheim · Zürich · New York

Hermann Leber

Albrecht Dürers Landschaftsaquarelle

Topographie und Genese

Landschaftsfotos
von Manfred Nürnberger

Erklärende Zeichnungen
von Hermann Leber

1988
Georg Olms Verlag
Hildesheim · Zürich · New York

Umschlagmotiv:
Albrecht Dürer, „Arco“ (W. 94). 1495.
Aquarell und Wasserdeckfarben, 22,1 : 22,1 cm.
Paris, Louvre.

Gedruckt mit Unterstützung der Universität Regensburg.

Printed in Germany
Umschlagentwurf: Maren Scheper, Hildesheim
Herstellung: Weihert-Druck GmbH, Darmstadt
ISSN 0175-9558
ISBN 3-487-09036-8

Joachim und Katharina Leber gewidmet

INHALTSVERZEICHNIS

VORWORT

Friedrich Hegels Satz „die Kunst ladet uns zur denkenden Betrachtung ein, und zwar nicht zu dem Zwecke, Kunst wieder hervorzurufen, sondern, was die Kunst sei, wissenschaftlich zu erkennen" erfordert eine kurze Erläuterung unseres Vorgehens, das in manchen Punkten vom normalen Weg des Kunsthistorikers abweicht.
Da der hier vorgetragene Vergleich des objektiven topografischen Bestandes an Landschaftsmotiven, die Dürer zu Bildern verwandelte, notwendig die Einsicht in sein Hervorbringungswissen zum Ziel haben mußte, wäre die Vermehrung der Wissenschaft allein kaum ausreichender Antrieb für langjährige Mühe gewesen. Die Frage, wie Dürer angesichts der Natur jeweils sein Bild entwickelte, wurde gestellt, um herauszufinden, wie man selber vorgehen könnte beim Malen von Landschaften. Insofern hat die vorliegende Arbeit eine künstlerische Fragestellung als Ausgangspunkt und die Absicht der künstlerischen Lehre als Ziel.

Bei meiner Arbeit habe ich vielfältige Unterstützung erhalten. Das Urteil Prof. Fedja Anzelewskys, daß die Erkenntnisse aus meinen topografischen Untersuchungen „die Ergebnisse der älteren Forschung bei weitem übertrifft", hat mich ermutigt. Herrn Prof. Heinz Peters verdanke ich wichtige Ratschläge zur Straffung des Manuskriptes. Herr Studiendirektor Gerhard Bracke hat meinen Text einer kritischen Lektüre aus germanistischer Sicht unterzogen. Für diesen Freundschaftsdienst danke ich sehr herzlich. Großer Dank gilt auch Herrn Professor Achim Hubel und Herrn Professor Bernhard Rupprecht, die mir trotz eigener Arbeitslasten durch kritische Durchsicht des Manuskripts geholfen haben.
Meinem Freund, Dr. Eberhard Schwarzer, danke ich für die Überprüfung der geometrischen Zeichnungen. Besonders verbunden bin ich Herrn Oberstudienrat Manfred Nürnberger für die Erstellung der Landschaftsfotografien. Ohne seine hilfreiche Begleitung auf mancherlei Dürerreisen und sein Mitsuchen wäre vieles undarstellbar geblieben.
Die wirksamste Unterstützung habe ich durch meine Frau und meine Kinder erfahren. Nicht zuletzt möchte ich Frau Inge Geier für ihre geduldige Schreibarbeit herzlich danken.

Kallmünz, den 1. November 1987

Hermann Leber

ZUR INTERPRETATIONS- UND ENTDECKUNGSGESCHICHTE DER LANDSCHAFTSAQUARELLE DÜRERS

Die veränderte Wertschätzung der Aquarelle Dürers und deren widersprüchliche Begründungen

Vor mehr als 70 Jahren formulierte Heinrich Wöfflin einige Sätze über das Verhältnis seiner eigenen Gegenwart zur Kunst Dürers: „Es ist kein Zweifel, daß die gegenwärtige Generation von Dürer abrückt. Man schätzt den jungen Dürer, aber gerade der meisterliche Künstler, je mehr er die vollkommene Klärung der Form als erstes Prinzip der Kunst vertritt, verliert für unsere Zeit viel an Interesse. Man bedauert, daß er die Unmittelbarkeit der Gestaltung verloren habe, und daß die vielen malerischen Keime des Anfangs nicht zur Entfaltung gekommen seien". (Wölfflin, nach Piel, S. 18).

Worin liegen die Gründe dieser veränderten Wertschätzung gegenüber einer zahlenmäßig verschwindend kleinen Gruppe von 32 Aquarellen die, gemessen an der Häufigkeit des wissenschaftlichen und öffentlichen Interesses, nun eine Zentralstellung im Gesamtœuvre Dürers einzunehmen scheinen? Horst Janssen, einer der bedeutendsten Künstler der Gegenwart, der sich 1981 verblüffend gleichsinnig mit Wölfflin äußert, nennt den Grund für die Höherbewertung der Studie gegenüber dem komponierten Werk: „Es ist das unmittelbare Begreifen der Natur durch's Auge, ohne Trübung durch das Dazwischentreten des Intellekts."[1)]

Mit dieser Beurteilung steht Janssen nicht allein. Das bisherige Interesse der Dürerforschung ging vornehmlich dahin, die Einmaligkeit und Modernität der Naturstudien zu erweisen, und dies nach zwei untereinander zusammenhängenden Seiten. Die eine bezieht sich auf die nahezu durchgängig vertretene Auffassung der Landschaftsaquarelle als *unvollendeter Naturstudien,* die außerdem der Sehweise des Impressionis-

1) H. Janssen, S. 456.

mus und Cézannes[2] täuschend nahekommen sollen. Die andere betrifft den behaupteten Vorteil fehlender Kompositionsleistung, oder anders formuliert, die Spontaneität und Unmittelbarkeit der Dürer'schen Naturstudien.

Für die eine Seite sei stellvertretend auf F. Winkler verwiesen, der in den „Dürerstudien" von 1929 den *„unvollendeten Zustand* der Landschaftsaquarelle von „Arco" (W. 94) (Abb. 23), beider Ansichten von „Trient" (W. 95, 96) (Abb. 100, 104) und des „Schlosses am Wasser" (W. 98) (Abb. 112) als eines der wichtigsten Merkmale der Studien" bezeichnet (Winkler I, S. 127). Das Aquarell des „Tales von Kalchreuth" (W. 117) (Abb. 72) rückt er in die unmittelbare Nähe Cézannes und vermag es nicht „ohne gewisse äußere Merkmale ... *von einer impressionistischen Skizze* [zu] unterscheiden." (Winkler II, S. 87).

Für die zweite Seite steht Janssen mit seinem zwar auszeichnend gemeinten Prädikat des reinen und nicht durch den Intellekt gebrochenen Sehens, das aber rasch ins Gegenteil umgedeutet werden kann, um dann als ausdrücklicher Mangel zu erscheinen. So z.B. bei Piel, der die Landschaftsaquarelle Dürers als Ergebnisse von *„Spontaneität und Naivität"* beschreibt, als *„Reisenotizen"* und *„Stenogramme"*, *„als Eindrücke ... jenseits (oder vor) aller theoretischen Reflexion"*, *„ohne bewußte Auseinandersetzung mit den bildnerischen Problemen"* und *„ohne künstlerische Absichten"*.[3] Oder auch bei Musper, der vom „kindlichen Unbewußten" (Musper, S. 35) der Alpenlandschaftsaquarelle spricht, oder bei Hoeniger, der meint, daß diese Blätter zwar für uns die Entdeckung der Landschaftsmalerei als selbständige Kunstgattung bedeuten, für Dürer aber selbst wohl nur den Wert von *Gelegenheitsmalereien für Reiseunterbrechungen* hatten, für deren Stil und feinere oder gröbere Ausführung nicht so sehr künstlerische Absicht als äußere Maßstäbe maßgebend waren." (Hoeniger, S. 191).

Es ist leicht vorstellbar, daß bei denjenigen Naturstudien, wo bei ebenfalls behaupteter reflexionsloser Unmittelbarkeit des Schauens die äußerliche Unfertigkeit nicht mehr gegeben ist – so daß nach dieser Seite

2) So z.B. auch bei Panofsky (II, S. 50): ... „für eine kurze Weile sah es so aus, als sollte Dürer sich [in bezug auf die fränkischen Landschaftsstudien] zu einem *plein-airiste* entwickeln". Wölfflin (S. 296) sah in Dürer dagegen einen „Gegenpol" zum Impressionismus.

3) Vergl. F. Piel, S. 28 ff.

die Vorstellung von Modernität konsequenterweise ins Wanken gerät – die verwirrenden Unklarheiten noch zunehmen. H. Wölfflin schreibt: „Es gibt Zeichnungen von ihm, die unwidersprechlich beweisen, daß er mit einer erstaunlichen stilistischen Vorurteilslosigkeit die Natur zu sehen imstande war, *sie wirken vollkommen naturalistisch; aber der Naturalismus hörte auf, für ihn verbindlich zu sein, sobald es sich um ein Bild und nicht um eine Studie handelte ...... Jene objektiv wirkenden Naturstudien sind die ganz ausführlichen Aquarell- und Deckfarbenzeichnungen.*" (Wöfflin, S. 300).

Nun soll nicht unterstellt werden, daß Wölfflin die Möglichkeit des objektiven Sehens bei Dürer behaupten wollte. Es ist ja auch lediglich von vollkommen naturalistischer und objektiver Wirkung die Rede. Es ist aber andererseits leicht vorstellbar, daß die ebenso wie bei Janssen zwar nicht ausdrücklich behauptete, aber eben doch nahegelegte Trennung *zwischen unmittelbar gesehener Studie vor der Natur und dem in der Phantasie erschauten oder mit Hilfe des Intellekts komponierten Bilde* schwerwiegende Folgen haben würden, sobald diese Bilder auf vorwiegend an gegenstandsloser Kunst geschulte Augen treffen würden. Es verwundert daher nicht, wenn für bestimmte, nicht impressionistisch anmutende Aquarelle Dürers, wie etwa die „Drahtziehmühle" (W. 61) (Abb. 67), „Arco" (W. 94) (Abb. 23) oder aber den „Hasen" (W. 248) und das „Große Rasenstück" (W. 346) in der Folgezeit das Verständnis des künstlerischen Gehaltes erschwert wurde.

Als Musterbeispiel hierfür mag das „Große Rasenstück" (W. 346) dienen: Wölfflin[4] beschreibt es in rhetorischer Steigerung und erweckt zunächst den Eindruck des wie zufällig in der Natur Vorhandenen und lediglich mit demütiger Treue Abgebildeten, um dann mit einem rasch sich wendenden Halbsatz aufblitzen zu lassen, daß es eben doch der *Künstler* Dürer ist, der diese Ordnung, die ganz so wie Natur aussieht, im Bild zum Vorschein gebracht hat.

Spätere Äußerungen – so bei Piel – klingen dagegen angestrengter. Sie loben die Fähigkeit, „naturähnlich abzuschildern und den Sujets den Charakter von Greifbarkeit und Lebendigkeit zu verleihen." (Piel, S. 35 ff.), belassen das Werk aber auf der Stufe einfacher Naturnachahmung. Neben dem betonten Hinweis auf die historisch-genetische Bedeutung ist jedoch auch die Andeutung auf das die Stufe des Abschilderns Über-

4) Wölfflin, S. 152.

steigende vorhanden. Auch Koschatzky[5] spricht vom forschenden Auge, das die Welt in ihre Einzelheiten zerlegt und zu einem „Abbild" zusammenfügt, was historisch als Umkehrung von Phantasie- zu Naturbild gesehen wird und damit die Wendemarke von alter Auffassung, die Ewiges zu erhellen gewußt habe, zu der neuen Wahrheit, die Göttliches in vergänglicher Wirklichkeit einzufangen weiß, darstellt.
Bei aller spürbaren Bemühung um objektive Darstellung zeigt sich hier erneut die Zeitgebundenheit des Urteilenden in einer mit dem Stichwort der „Modernität" nicht mehr genau genug zu bezeichnenden Weise. Die heute weithin herrschende Auffassung vom *Abbildcharakter* bestimmter Dürerbilder wird nicht kritisch gesehen als Ergebnis einer zwar phänomenalen, aber letztlich reproduzierenden und insofern unkünstlerischen Abbildungsfähigkeit, sondern gerechtfertigt als erster „genetisch" wichtiger Schritt zur Lösung der Kunst aus mittelalterlicher Gebundenheit, hin zur schließlich erreichten Autonomie des Menschen des zwanzigsten Jahrhunderts und seiner entsprechend frei bestimmten Natursicht.
In der Anerkennung und Bewunderung der Dürer'schen Leistung steckt somit zugleich eine schwerwiegende Einschränkung. Als historisches Ereignis sind Dürers Auseinandersetzungen mit der Natur Vergangenheit[6]; sie sind vergangen, weil sich unser Verhältnis zur Natur gewandelt hat. Dies ist die unausgesprochene Behauptung. Treffsicher bezeichnet daher Koschatzky an anderer Stelle seines Buches[7] den Punkt vermeintlicher Nähe zu Dürers Natursicht, aber tatsächlicher Fremdheit, indem er davor warnt, die seit Dürers Tagen erfolgte Kunstentwicklung bei der Betrachtung seiner Werke außer acht zu lassen.
Überblicken wir die bisherigen Auffassungen, so zeigt sich folgendes. Sowohl bei den äußerlich unfertigen als auch den vollendeten Naturstudien in Aquarell ist von den Interpreten ein unmittelbares Ins-Werk-Setzen des durch Dürer an der Natur Gesehenen, ohne nachweisbares Dazuwischentreten des steigernden, schwächenden oder kombinierenden Intellekts erlebt, konstatiert oder nahegelegt worden. Unabhängig

5) Koschatzky, S. 13.

6) Wie fern sie uns sind, können wir ermessen, wenn wir uns für einen Augenblick die Vorstellung erlauben, Albrecht Dürer würde mit dem „Rasenstück" oder einem ähnlichen Bild die Zulassung zu einer der großen zeitgenössischen Kunstausstellungen in Kassel oder Venedig erreichen wollen.

7) Koschatzky, S. 6.

davon, ob diese Naturschau als positiver Wert bejaht, ob sie als eine bewußte Leistung Dürers denkbar blieb oder als solche relativiert wurde; unabhängig davon, ob auf Grund „objektiver" Sicht der Natur Dürer eine lediglich außerordentlich historische oder aber, trotz der „Abbildhaftigkeit" seiner Werke, Dürer eine überzeitliche Bedeutung zuerkannt worden ist, treffen alle differierenden Standpunkte darin überein, daß Dürers Naturstudien wie Natur aussehen und in ihrer eigentümlichen Objektivität abbildhaft wirken.
Anders gesagt: Die Entsprechung zwischen der sinnlich wahrnehmbaren Gestalt der äußeren Natur, nach ihren Proportionen, nach ihrer Farbigkeit, ihrer Stofflichkeit, ihrer räumlich-plastischen Wirkung, kurzum das Erscheinungsbild der Dinge, wie wir es im dreidimensionalen Raum erblicken, und andererseits seine Darstellung im gemalten zweidimensionalen Bild, scheint vollkommen identisch zu sein. Zwischen Sehbild und Darstellung scheint nicht nur Ähnlichkeit, sondern Übereinstimmung zu herrschen. Wobei mit dieser letzten Formulierung, das von Winkler gebrauchte Wort von der Naturwahrheit auf eine andere Ebene gebracht wäre, indem behauptet würde, es gehe Dürer in seinen abbildhaft-naturalistischen Darstellungen um Richtigkeit.

Hindernisse und Ergebnisse bei der Erforschung der Landschaftsaquarelle der ersten italienischen Reise Dürers

Bisher wurde die Frage nach dem Hervorbringungswissen, aus dem Dürer die Aquarelle seiner ersten italienischen Reise erfunden hat, nicht ausdrücklich gestellt. Sie wurde von der Frage nach den äußeren Einwirkungen, wie z.B. den Einflüssen der italienischen Kunst auf Dürer, überschattet. *Das eigene bildnerische Denken Dürers ist bisher in wesentlichen Zügen unerkannt geblieben.*[8)]
Dafür sind viele Faktoren verantwortlich. So existiert eine seit langem wirksame, aber doch in weiten Teilen unzutreffende Vorstellung von der künstlerischen Entwicklung Dürers, die stark schematische Züge aufweist. Sie soll vom kindlich unbewußt nur wiedergebenden jungen Ma-

8) Vergl. auch die Aussagen K. Herrmann-Fiores I. S. 21 ff.

ler „von spätgotisch praktischer und gefühlsmäßiger Art" zum bewußten, reflektierenden Künstler verlaufen,[9] was auch in der Datierungsfrage der Landschaftsaquarelle oft als Grundlage diente[10] und zur Erklärung des vielfach behaupteten plötzlichen Abbruchs der Aquarellmalerei bei Dürer herangezogen wurde.[11]
In der zweiten Hälfte des 19. Jahrhunderts bildete sich eine Tendenz zur Beurteilung Dürers aus, wonach sich seine Entwicklung, im Sinne einer Werthierarchie, vom „noch theorielosen" Maler zum „denkenden" Graphiker steigernd vollzogen habe.[12] (H.-Fiore attackiert diese Vorstellung mit der zugespitzten Formulierung von den Niederungen des subjektiven Wahrnehmens im Farbigen und der Abstraktionsfähigkeit und Geistigkeit in der formbezeichnenden Linie.)[13]
Dieses bisher weitgehend unbezweifelte Entwicklungsschema[14] ist vor allem auch mitgeformt worden durch die von vielen bedeutenden Dürerforschern sehr pointiert vorgetragene Beurteilung des Wendepunktes, den die Berührung mit italienischer Kunst für Dürer bedeutet hat.[15]
Da tatsächlich die meisten *erhaltenen* schriftlichen Notizen und Konzepte Dürers über das Wesen und die Gestaltungsmöglichkeiten des Schönen aus der Zeit um 1512/13, 1523 und 1528 stammen,[16] erstaunt es nicht sehr, daß die Forschung zur 1. Italienreise (Herbst [Oktober] 1494 – Frühsommer [Mai] 1495) nicht gerade den Nachweis des bewußten bild-

9) Vergl. Rupprich I, Bd. 3, S. 267.
10) Z.B. Koschatzky, S. 13 ff. Siehe auch Panofsky II, S. 50, der eine innere Differenzierung des Schemas vom objektiv Abschildernden zum visionär Geschauten annimmt.
11) Siehe z.B. F. Piel (S. 29), der das Vertrautwerden Dürers mit der „Theorie" als Grund für das Aufgeben der Aquarellmalerei behauptet. Eine Ausnahme in der neueren Literatur bildet K. Hermann-Fiore, die in ihren Vorschlägen zur Chronologie, über den bisher üblichen Einbezug der Graphik hinausgehend, auch die Gemälde zur Datierung hinzuzieht und zu dem Ergebnis kommt, daß Dürer das Interesse am Landschaftsaquarell bis ins Alter nicht aufgegeben hat. Allerdings betont auch Fiore, daß die Italienreise den Schwerpunkt der Auseinandersetzung bildet.
12) Vergl. Hermann-Fiore, S. 94.
13) Vergl. Hermann-Fiore, S. 94.
14) Eine Ausnahme ist in neuerer Zeit z.B. die bei R. Liess begegnende Entwicklungsvorstellung Dürers.
15) Besonders Panofsky betonte, daß „nur die Berührung mit der italienischen Kunsttheorie" Dürer seinen weiteren Weg hat gehen lassen. Vergl. Winkler I, S. 132 ff. und S. 145 ff., Rupprich I, Bd. 3, S. 267.
16) Vergl. Rupprich I, S. 268 und Panofsky I, S. 122.

nerischen Handelns des Alpenlandschaftsmalers Dürer zum obersten Leitziel erhoben hat.
Hinzu kam ein weiteres Hindernis. Im Gegensatz zu den Zeiträumen der Lehr- und Wanderjahre (1486–1489 und 1490–1494) und zu dem Zeitraum der zweiten Reise (Spätsommer 1505 – Januar 1507), über die verbindliche und zahlreiche literarische Quellen und Überlieferungen vorliegen, mußten die wenigen vorhanden schriftlichen Quellen[17)] zur ersten Reise erst noch dem Zweifel entzogen werden; soweit es sich um die künstlerischen Zeugnisse in Gestalt der Landschaftsaquarelle handelte, mußten diese zum Teil überhaupt erst entdeckt und nahezu alle in bezug auf die dargestellte Örtlichkeit identifiziert werden.
Die Befangenheit in einem schematischen Entwicklungsdenken wurde zum gravierenden Hindernis, da hierdurch die zur Erhellung der Zusammenhänge der ersten Reise am besten geeigneten Zeugnisse – in Gestalt der Aquarelle – statt zur Klärung beizutragen, eher zum Streitobjekt der Topographen, Chronologen und Stilkritiker wurden. Da zudem keine gleichzeitigen, schriftlich-theoretischen Äußerungen Dürers zur Seite standen, blieben die Widersprüche und Unklarheiten so schwerwiegend, daß bis heute das Datierungsproblem ohne allgemein anerkannte Lösung geblieben ist. Es stellt sich somit die Aufgabe, möglichst gut begründete Erkenntnisse über die künstlerischen Prinzipien, die innerhalb der gesamten, sich vielfältig wandelnden Werkgruppe der Landschaftsaquarelle als feste Achse der Veränderung entzogen sind, zu erarbeiten um so die Voraussetzung, von der man eigentlich hätte ausgehen müssen, nämlich, daß Dürer von Anfang an ein Mensch größter Geisteskraft war, der weit mehr sah und wußte, als bisher zugänglich ist, in ihren Rang zu erheben.
Es ist nicht notwendig, die Geschichte der Forschung, die sich mit der ersten Reise Dürers nach Italien befaßt hat, ausführlich darzustellen. Es liegen bereits umfassende Darstellungen vor.[18)] Lediglich die Funde sollen erwähnt werden, die unmittelbar unser eigenes Anliegen berühren.

17) So z.B. der berühmte Brief Dürers vom 7. Februar 1506 an Willibald Pirckheimer mit dem wichtigen Datierungshinweis: „Und daz Ding, daz mir vor eilff joren so woll hat gefallen, daz gefelt mir jez nüt mer." (Rupprich I, S. 39 ff.).

18) Zuletzt wurde 1971 von W. Koschatzky eine zusammenfassende Behandlung der Lehrmeinungen zur Chronologie der Landschaftsaquarelle vorgelegt. Siehe außerdem: H. Rupprich II, S. 33 ff., Hermann-Fiore, I und II und die sehr informative Darstellung bei H.E. Pappenheim, S. 35 ff. und die darauf aufbauende Kurzfassung K. T. Hoenigers, S. 191 ff. Weiter: B. Haendcke, S. 5 ff., J. Meder, S. 183 ff. usw.

Nach der Identifizierung der Stadtansichten von Innsbruck und Trient[19] (Abb. 104) durch Haendcke[20] wurde Klausen an der Eisack (Abb. 1–6) als Reisestation Dürers erkannt. Es handelt sich um eine Entdeckung, die nicht von der Naturbeobachtung, sondern von der Betrachtung von Bildvorlagen[21] ausging und erst im nachhinein, durch den Vergleich vor Ort, Bestätigung erhielt. Wobei die Seitenverkehrtheit des Druckes[22] den zulässigen Schluß erlaubte, daß Dürer den Stich nach einer verlorengegangenen Vorlage (wahrscheinlich einem Aquarell) gestochen haben mußte, die er während seiner ersten Italienreise angefertigt hatte, wobei das Zueinanderkomponieren einer unmittelbar im Angesicht der Natur gemalten oder gezeichneten Landschaft mit einem von oben hereindringenden übernatürlichen Ereignis die Auffassung vom nur beobachtenden und aufnehmenden Maler und dem aus verschiedenen Vorlagen komponierenden Grafiker bestärken konnte. Das merkwürdige Faktum, daß der die Natur minutiös schildernde Künstler die topografische Richtigkeit seines Bildes so gering wertete, daß er durch die drucktechnisch bedingte Umkehrung das „Abbild" Klausens für mehrere hundert Jahre unerkennbar gemacht hat, blieb dagegen unbedacht.

Erst 1910 wurde wieder die Örtlichkeit eines weiteren Bildes, der „Fenedier Klawsen" (W. 94 (Abb. 23) durch K. Gerstenberg als Stadt und Burg Arco erkannt.[23] Der Verlauf der Reiseroute Dürers über die Hauptstationen Innsbruck, Klausen, Trient, Arco, Verona, Venedig, wie sie der

19) Vergl. Pappenheim, S. 35: „Im Jahre 1827 erwähnte Heller (Heller, Joseph, Das Leben und die Werke A. D.s, Bamberg 1827 II. pp. 120, 127 f., 256) als erster Dürers „Ansicht einer Stadt in Italien", aus deren Beschriftung er auf Triest schloß. V. Eye (v. Eye, A., Leben und Werke A.D.s, Nördlingen 1860, p. 242) erkannte aber richtig Trient. Tietzes (Tietze, Hans und Tietze-Conrat C., Der junge Dürer, Augsburg 1928, p. 24, 313 ff.) und nach ihnen Stadler (Stadler, Franz, Dürers Apokalypse und ihr Umkreis, München 1929, p. 7–10, 15) bestritten das auf Grund einer unhaltbaren Vermutung, nach der hier Caldonazzo ... dargestellt sei."

20) Haendcke, S. 11 ff.

21) Näheres bei Pappenheim, S. 66.

22) Die Feststellungen von H. Cürlis, die in der von Dürer bewußt in Kauf genommenen Seitenverkehrtheit der Stiche und des übrigen druckgraphischen Werks künstlerische Mängel erkennen, überzeugen nicht, wie aus unserer Analyse des Arcobildes zu entnehmen ist. Auch das von Cürlis behauptete „Gesetz der Blickbahn" erfährt im Arcobild eine Absage, da nur eine äußerlich-formalistische Anwendungsmöglichkeit bedacht ist.

23) Gerstenberg, S. 434. Pappenheim (S. 51) gibt eine ausführliche Darstellung der einzelnen Probleme und Stationen der Identifizierung.

Etzlaubschen Straßenkarte abzulesen ist, schien sich abzuzeichnen. Da wurden durch Antonio Rusconi einige wichtige Entdeckungen gemacht, die geeignet waren, die sich als geordnet abzeichnende Perlenkette der Reiseroute Dürers gründlich durcheinanderzubringen.

Nachdem durch Hermann Beenken[24] im Frühjahr 1928 das vergessene Aquarell der „Paßstraße" (W. 100) (Abb. 7) im Escorial wiedergefunden und von Winkler[25] 1929 veröffentlicht werden konnte, verbreitete Winkler[26] 1935 im Schlern einen Aufruf mit der Frage „Welche Örtlichkeit stellt Dürers Aquarell „welsch pirg" (Abb. 107) in Oxford dar?", worauf Raffeiner[27] Dürers Landschaft fälschlich in dem bei Bozen gelegenen Karneiderberg (Abb. 109) zu erkennen glaubte. Dagegen gelang Rusconi[28] im gleichen Jahr neben einigen weiteren Örtlichkeitsbestimmungen für die Aquarelle „Schloß am Wasser" (W. 98) (Abb. 112), „Baumgruppe im Gebirge" (W. 104) und „Welsch Schloß" (W. 101) (Abb. 110) der endgültige Beweis für die Identifizierung von „Welsch Pirg" (W. 99) (Abb. 107) als Darstellung des „Doss di Segonzano" (Abb. 108) im Cembratal. Vor allem aber gelang ihm auch die eindeutige Identifizierung des Aquarells der „Paßstraße" (W. 100) (Abb. 7–10).

Nach diesen Funden Rusconis bildete die somit erklärungsbedürftige Abweichung Dürers vom normalen Reiseweg, ihre Ursachen und ihr Zeitpunkt, das Kernproblem für die weitere Bestimmung der Reiseroute, da damit die Frage nach „Welsch Pirg" oder „Arco", als dem jeweils früher entstandenen Bild, verbunden war.

Diese Probleme der Früh- oder Spätdatierung dürfen jedoch im Augenblick vernachlässigt werden, gegenüber einem sehr viel bedrängenderen Tatbestand. Die Einsichten, die Rusconi gewinnen konnte, stehen in einer Mißproportion zu der Anerkennung seines methodischen Vorgehens. Die Topographieforschung hat bereits frühzeitig fotografische Abbildungen der Naturlandschaft als Vergleichs- und Beweismittel eingesetzt.[29] Wie andere vorher und nachher stellte auch Rusconi im Rahmen seiner Identifizierungen und bei dem unumgänglichen Vergleich von Naturvorgabe und gemaltem Bild Differenzen fest. Er war jedoch der erste innerhalb der Dürerforschung, der diese Differenzen

24) Beenken, S. 96.
25) Winkler I, S. 128.
26) Winkler III, S. 66.
27) Raffeiner, S. 220 ff.
28) Rusconi, S. 121 ff.
29) Z.B. Gerstenberg 1910, Pappenheim 1936.

nicht als Fehler oder verzeihliche Mängel eines Künstlers, der noch nicht ganz Herr seiner Fähigkeiten ist,[30] oder als unverbindlich oder willkürlich sich entfaltende künstlerische Freiheit[31] oder als eine sich zufällig einschleichende Veränderung[32] auffaßte. Er war vielmehr der erste, der diese sog. Fehler (Abweichung vom perspektivisch richtigen Bild durch Vereinigung mehrerer und weit voneinander entfernter Ansichten zu einem einzigen Bild usw.) als ein bewußt eingesetztes künstlerisches Prinzip anerkannt hat. Die von ihm besonders ausführlich beschriebene und fotografisch dokumentierte Identifizierung der Örtlichkeit der „Paßstraße" (W. 100) (Abb. 7) ist ein schlagender Beweis dafür, daß Dürer im Gegensatz zu den oben dargestellten Auffassungen sehr früh über ein bildnerisches Denken höchsten Bewußtseinsgrades verfügte.[33]

30) Z.B.: Alberti in: Pappenheim, S. 37, Rapke, S. 14 ff., Pappenheim, S. 38 f., 43 usf., Gerstenberg, S. 435, Winkler I, S. 129, 131 f., Panofsky II, S. 49, Haendcke, S. 14.

31) Z.B.: Ladendorf I, S. 230, Hoeniger, S. 195, Haendcke in: Pappenheim, S. 74, Beenken I, S. 97.

32) Z.B.: Mitius I, S. 25, Beenken I, S. 97, Gerstenberg, S. 434, Hoeniger, S. 195, Raffeiner, S. 221.

33) Daß das exemplarische Beispiel Rusconis so wenig Wirkung gezeigt hat, ergibt sich neben den geschilderten Gründen wohl auch daraus, daß sein häufig zitierter Aufsatz „Per l'identificazione degli acquarelli tridentini di Alberto Durero" zwar u.a. in „Die graphischen Künste, Neue Folge, Band I, 1936, S. 121 ff." veröffentlicht, aber dort in italienischer Sprache abgedruckt worden ist.

VORAUSSETZUNGEN ZUR ERKENNTNIS DES BILDNERISCHEN DENKENS BEI DÜRER

Die Grundprinzipien und Zusammenhänge von Perspektive, Fotografie und visueller Wahrnehmung

Rusconi hat das von ihm am Einzelfall erkannte künstlerische Verhalten Dürers gegenüber der Naturvorgabe nicht zum ausdrücklichen Gegenstand kunsttheoretischer Reflexion erhoben, wohl weil für ihn das Problem der Identifizierung Vorrang hatte.
Mit der Fortführung des von Rusconi eingeschlagenen Weges zur Erkenntnis des bildnerischen Denkens bei Dürer wird eine Anschauung unterstützt, die Dürers Landschaftsaquarelle nicht als bloße Naturstudien, sondern als selbständige und vollgültige Bilder auffaßt. Hans Jantzen hatte schon 1952 von „bildmäßig aufgefaßten Aquarellen und Zeichnungen" (Jantzen, S. 22) gesprochen, und in der neueren Literatur ist Hermann-Fiore wohl am weitesten den künstlerischen Fragestellungen und Erfindungen Dürers in der Landschaftsmalerei nachgegangen. Allein aus der Analyse der Werke selbst, und aus ihrem Vergleich untereinander, gelingt Herrmann-Fiore, getragen von einer umfassenden Kenntnis der Originale, dabei ein überzeugender Nachweis des absichtsvollen bildnerischen Denkens Dürers. Nach der Seite der topographischen Forschung jedoch geht Herrmann-Fiore nicht von der präzisen Kenntnis der Örtlichkeit aus, sondern sie verläßt sich auf die bereits vorliegenden Ergebnisse der Topographieforschung.[34] Insofern dürfen wir hoffen, über das bereits von Fiore hinaus Geleistete neue Erkenntnisse zu bringen, im Einzelfall Erweiterungen und Verbesserungen, und schließlich, auf neuen Wegen, Bestätigungen des schon Erkannten beitragen zu können.
Eine der vorrangig zu lösenden Aufgaben wird also das Erfassen der topographischen Gegebenheiten, die möglichst genaue Bestimmung dessen sein, was dem Künstler als Naturvorgabe gegenüberstand. So-

34) Herrmann-Fiore, S. 59. Auch Rusconi ist nicht auf die Topographie Arcos eingegangen. Offenbar galt sie ihm nach den Untersuchungen Pappenheims als erforscht. Dasselbe gilt für Hoeniger, der sowohl Pappenheims Erkenntnisse zusammenfaßt als auch Rusconis Verdienste würdigt.

weit überhaupt möglich, wird es darauf ankommen, den Gegenstand objektiv zu erfassen und zu unterscheiden von dem, was wir selbst, bzw. Dürer, in ihn hineinlegen könnten. Wir wissen jedoch: Etwas erscheint einem Menschen als das, was dieser Bestimmte wahrnehmen, sich erscheinen lassen kann. Um also diese Schwierigkeit des „objektiven Sehens" einigermaßen zu bewältigen, bedarf man eines gleichgültigen Organs, eines objektiven Meßinstrumentes. Das ist das Ersatzauge des Fotoapparates. Er ist das wichtigste Hilfsmittel des Topographen.

Nun ist zu betonen, daß die Hinzuziehung der Fotographie ein hervorragendes Hilfsmittel sein kann, wenn bedacht wird, was ein Photoapparat, bzw. ein Foto leisten kann im Vergleich zum wahrnehmenden menschlichen Auge bzw. zu dem vom Auge wahrgenommenen und erzeugten Bild.

Bei der Behandlung dieses Fragenkomplexes kommt zugute, daß zum Bereich des psychologisch-physiologisch bedingten Sehbildes, zur Wirkungsweise des Photoapparates und zur wissenschaftlichen Perspektive bereits tiefgreifende Veröffentlichungen[35] vorliegen. E. Panofsky, auf dessen Ergebnisse wir uns im folgenden überwiegend stützen können, hat viel zur Erhellung der Perspektivprobleme und ihres Zusammenhangs mit der Kunsttheorie der Renaissance beigetragen. Insbesondere hat Panofsky auch mehrfach auf die besonders betreffende Analogie zwischen der perspektivischen Konstruktion (Dürer kommen im Zusammenhang mit der Perspektive bekanntlich ganz besondere Verdienste zu. Durch seine Vermittlung wurde in Deutschland die mathematisch begründete Theorie der Italiener eingeführt)[36] und der Wirkungsweise des Photoapparates verwiesen.[37]

Dürer übersetzt das Wort Perspektive mit „Durchsehung".[38] Im Einklang mit der Vorstellung Albertis[39], wonach das ganze Bild wie ein Fenster aufzufassen ist, durch das wir in den Raum hineinblicken, versteht Dürer das Bild ganz im neuzeitlichen Sinn als einen planen Durchschnitt durch die sog. Sehpyramide; nämlich als „eine ebne durch-

35) Für unsere Zwecke darf auf folgende Beispiele verwiesen werden: G. Hauck, F. Hohenberg, H. Staigmüller, E. Panofsky I, III, IV, K. Rapke, F. Rehbock, K.D. Solf, J. Hedgecoe, H. Meyle, R. Arnheim, J. Weber.

36) Vergl. Panofsky III, S. 119.

37) Panofsky III, S. 102 und Panofsky I, S. 21.

38) Lange-Fuhse, S. 319.

39) Vergl. Panofsky III, S. 99 und Alberti, S. 79.

sichtige Abschneidung [die sog. Bildebene] aller der Streimlinien, die aus dem Aug fallen auf die Ding, die es sicht." (Lange-Fuhse, S. 195) (Abb. 11).

Um ein beliebiges Ding – Dürer demonstriert die perspektivische Konstruktion an einem Würfel – in korrekter perspektivischer Darstellung in „ein abgestohlen Gemäl" bringen zu können, ist dreierlei notwendig: „Darum mußs zum Ersten gesetzt werden der Punkt des Augs. Zum Anderen das Ding, das da gesehen soll werden ... Das dritt ist das Licht, ahn das nichts gesehen wird ..." (Lange-Fuhse, S. 194).

Bereits diese geordnete Reihenfolge der ersten drei Dinge, die zu einer perspektivischen Darstellung gehören, verrät viel über die Doppelseitigkeit des perspektivischen Systems,[40] denn sie bezeichnet einmal den Punkt des menschlichen Auges und zum anderen die Eigenständigkeit der gegenüberliegenden Dingwelt.

Als besonders wichtig ist das Sehzentrum hervorzuheben, das als ein durch den Künstler frei wählbarer Punkt aufgefaßt wird, der mit allen charakteristischen Punkten des perspektivisch darzustellenden Objektes durch die Sehstrahlen verbunden ist. „Da nämlich die relative Lage dieser „Sehstrahlen" für die scheinbare Lage der betreffenden Punkte im Sehbilde maßgebend ist, so brauche ich mir das ganze System nur im Grundriß und im Aufriß aufzuzeichnen, um die auf der Schnittfläche erscheinende Figur zu bestimmen: der Grundriß ergibt mir die Breitenwerte, der Aufriß die Höhenwerte, und ich habe diese Werte nur auf einer dritten Zeichnung zusammenzuziehen, um die gesuchte perspektivische Projektion zu erhalten." (Panofsky III, S. 99) (Abb. 12–14).

Auch für den heutigen Betrachter ist die Faszination der Renaissancekünstler durch diese Zusammenhänge sicherlich verständlich. Aus zwei in ihren wahren Maßen abgebildeten Ansichten eines Dinges, die jeweils von einem eigenen Sehzentrum, einem „Aug", wie Dürer sich ausdrückt, erblickt werden (wobei diese beiden „Augen" für Grund- und Aufriß natürlich vom Objekt und der Bildebene den gleichen Abstand haben müssen), werden durch das Durchschneiden der Sehstrahlen durch eine Bildebene, in Gestalt einer Linie, alle Maße erhalten, die zur Projektion eines perspektivisch richtigen und räumlich wirkenden Gebildes mit allen Bedingungen der Verkürzung, Konvergenz, der Tiefenlinien und des Emporsteigens der waagrechten Ebene usw. notwendig sind.

40) Vergl. auch die Vor- und Nachteile des perspektivischen Systems abwägenden Überlegungen bei Badt II, S. 262.

Wobei für unsere späteren Beobachtungen an Dürers Landschaftsdarstellungen bereits jetzt hervorzuheben bleibt, daß in dem relativ einfachen Fall der perspektivischen Konstruktion des Grundquadrates eines Würfels die Zusammenfügung der Grund- und Aufrißmaße am besten durch Parallelprojektion geschieht, bei komplizierteren Figuren (wie bei Dürers Würfel) aber durch die Setzung eines Koordinatenanfangspunktes gelöst wird, *„als welchen sich die rechtwinklige Projektion des Auges auf die Bildebene, der „Augenpunkt" darbietet"* (Panofsky I, S. 30). Man erhält dann vier Augen, die auf die selbe Sache so bezogen sind, daß sie zusammen ein „Gesicht" bedeuten. Da dieses Betrachten der Dinge von verschiedenen Seiten, um sie in ihrer Toalität zu ergreifen, bei Dürer auch in der Landschaft von ausschlaggebender Bedeutung ist, wo eine mathematisch exakte Konstruktion normalerweise unangebracht erscheint („Aber Landschaften zu sehen und machen, da man etwan sechs oder sieben Meil sicht, hat es aber sein sunder Art" (Lange-Fuhse, S. 195)), soll der diesbezügliche, kurze, aber bedeutungsvolle Abschnitt der Dürer'schen Kunsttheorie, wie er in der Darstellung Staigmüllers vorliegt, zu Wort kommen:
„Zunächst erwähnt Dürer die geradlinige Fortpflanzung des Lichtes und die daraus sich ergebende Erscheinung des Schattenwerfens undurchsichtiger Körper und will dies auch „im auffreyssen anzeygen". Hiezu wird das Entwerfen der Fig. XXXXI [Abb. 15a], welche der Unterweisung entnommen ist, genau beschrieben. Ich brauche nicht weiter auf diese Konstruktion einzugehen, da ein Blick auf die Figur zeigt, wie dieselbe entstanden gedacht werden muss. Nur den Schlussatz, welcher für Dürers ganze Auffassung und wissenschaftliche Begründung seiner „darstellenden" Geometrie charakteristisch ist, möchte ich wörtlich beisetzen: „Und merk sunderlich das dise[1] (Anm. 1: Grund- und Aufriss des lichtausstrahlenden Körpers) zwey liecht ein liecht sein | des gleychen die lini.e.h.und.f.g. mit dem plano darunter.e.f.g.h. ein ding wie for gemelt auch der nider gedruckt und aufgezogen würffel ist eins | suma pede grund und pede liecht ist als ein ding | aber zum gebrauch von leychte wegen gespalten." (Abb. 15a).
Nachdem so Grund- und Aufriss des Würfels, des Lichtpunkts und des Schlagschattens gezeichnet sind, fährt Dürer weiter fort: „So du nun disen for beschribnen würffel auf seinem gefierten feld mit liecht und schatten in ein abgestolen gemel wilt pringen[2] (Anm. 2: d. h. soviel als ein den strengen Regeln der Perspektive entsprechendes Bild davon entwerfen) | so thut for not das du wist was darzu gehör | und durch was

mittel das zumachen sey." (Staigmüller, S. 43). Hier folgt die bereits bekannte Aufzählung von Auge, Körper, Licht und der Verweis auf die notwendige Distanz des Auges vom Objekt. „Und nun, "merk das zwischen der weyten des augs und des das gesehen wirt soll genumen werden ein ebne duchsichtige abschneydung aller der streym linien die außs dem aug fallen auf die ding die es sicht" (Staigmüller, S. 43). ... „Nun will Dürer „zum werck greyffen", und muss dazu zunächst in die vorige Figur Grund- und Aufriss des Auges eintragen, oder wie er sich ausdrückt, das Auge in zwei zerteilen; hierauf werden vom Auge nach den Ecken des Würfels etc. Sehstrahlen gezogen, d.h. sowohl in der Horizontal- als auch in der Vertikalebene der Punkt des Auges mit den betreffenden Punkten verbunden; hierdurch entsteht Fig. XXXXII [Abb. 15b].

Soll jetzt das, was das so angenommene Auge sieht, in „ein gemel gebracht werden", so hat man, wie schon bemerkt, nur jene Sehstrahlen durch eine Ebene zu durchschneiden. Diese Ebene, welche man „in dem aufreyssenn ein lini sein lassen" muss, stellt die Gerade A B vor. Auf dieselbe fälle nun, fährt Dürer weiter, von der Horizontal- und Vertikalprojektion des Auges Lote „und reyßs in die puncten do sie an rüren auch zwey augen | *diese vier augen bedeuten nun ein gesicht [das Ganze]* | *aber dise zerspaltung pringt leychtickeit in der arbeyt*. So du nun die for beschribnen meynung vor augen sihest und verstest sie | so nym ein ander papir und reißs darauf zwo kreutz linien zu rechten winkeln und in der mitt da sie sich durch einander schliessen | da setz den puncten des augs | das stet hie an stat der forigen vier augen | zu disem puncten des augs müsen alle höhe | nideren | tieffen und preyten auf peden seyten gepracht und gisetzt werden | die dy forigen streym linien anzeygen," d.h. es werden die Koordinaten jedes Schnittpunktes eines Sehstrahls mit der Bildfläche, bezogen auf das festgelegte Achsenkreuz, aus der Hauptfigur entnommen, und zwar als die Abstände der in A B liegenden „Augen" von den Horizontal- resp. Vertikalprojektionen jener Schnittpunkte. Vermittelst dieser Koordinaten kann dann leicht auf dem neuen Zeichenblatt – der eigentlichen Bildebene – die wahre Lage jener Schnittpunkte bestimmt (Anm. 1: Hierzu macht Dürer eine Bemerkung, welche verrät, dass derselbe solche Konstruktionen in der That oft vornahm. Er schreibt nämlich: „Darumb nym zwen cirkel zu deinem messen von minder yrikeyt wegen | den einen brauch zu dem aufrechten grund | den anderen zu dem nider gedruckten.") und dieselben [wie Fig. XXXIII (Abb. 15c) zeigt] verbunden werden." (Staigmüller, S. 44 f.). (Zur leichteren Einsicht geben wir Dürers Figuren noch einmal in ihrem Zusammenhang (Abb. 16).

In jeder auf diese Weise hergestellten perspektivischen Projektion herrschen dann entsprechend folgende bekannte Gesetze:[41] „Alle Orthogonalen oder Tiefenlinien treffen sich in dem sogenannten „Augenpunkt", der durch das vom Auge auf die Projektionsebene gefällte Lot bestimmt wird. Parallelen, wie sie auch immer gerichtet sein mögen, haben einen gemeinsamen Fluchtpunkt. Liegen sie in einer Horizontalebene, so liegt dieser Fluchtpunkt stets auf dem sogenannten „Horizont", d.h. auf der durch den Augenpunkt gelegten Waagerechten; und bilden sie außerdem mit der Bildebene einen Winkel von 45°, so ist die Entfernung zwischen ihrem Fluchtpunkt und dem „Augenpunkt" gleich der „Distanz", d.h. gleich dem Abstand des Auges von der bildebene, endlich vermindern sich gleiche Größe nach hinten zu in einer [stetigen] Progression..." (Panofsky III, S. 99).

Die Aufzählung der Perspektivgesetze hat folgende Gründe: Zum einen wird im Fortgang des Themas sich die Frage stellen, wie Dürer diese Gesetze und die damit zusammenhängenden Phänomene anwendet. Zum anderen macht sie deutlich, *daß die sie begründende Euklidische Optik maßgebend ist für den fotografischen Apparat.* Fotografisches Abbild und perspektivische Konstruktion beruhen beide darauf, daß die Euklidische Sehpyramide von einer *Bildebene* geschnitten wird. Die Bildebene, auf der das perspektivische und eben auch das fotografische Bild liegen, ist nicht identisch mit dem Bild der Wirklichkeit, wie wir es im subjektiven Sehen gewinnen. Man sieht nicht mit *einem* fixierten Auge, sondern mit zwei beständig bewegten Augen, so daß das Sehbild eine sphäroide Gestalt erhält. Und man sieht die einzelnen Orte im Raum nicht als Punkte eines homogenen und unendlichen Raumes, die außer ihren geometrischen Lagebestimmungen weiter keinen selbständigen Inhalt besitzen, sondern man bewertet vorn und hinten, oben und unten, rechts und links als prinzipiell ungleichwertige Orte des Raumes.[42]

Abgesehen von dieser Ausdeutung und abgesehen von der Tatsache der Blickbewegung, sind zwei Phänomene besonders geeignet, die Differenz zwischen dem psychologisch bedingten Sehbild und dem rein optischen Netzhautbild, in dem die sichtbare Welt sich im Organ Auge ab-

41) Vergl. auch Rapke, S. 6.

42) Vergl. zu diesen aufgezählten Hauptpunkten Panofsky III, S. 101 f.

bildet, zu verdeutlichen. Das erste ist die Konstanztendenz. Das Bewußtsein schreibt den gesehenen Dingen, auf Grund langer Erfahrungen im Zusammenwirken des Gesichts- und Tastsinns, eine ihnen zugehörende Größe, Form, Farbe usw. zu, und weigert sich, die scheinbaren Veränderungen, die sie im Netzhautbild nachweislich erleiden, in vollem Umfang zur Kenntnis zu nehmen.[43] Das zweite ist die Tatsache, daß die Netzhaut nicht eine ebene Fläche ist wie der plane Durchschnitt durch die Sehpyramide oder die Bildebene des fotografischen Films, sondern eine konkav gekrümmte „Fläche". Mit seiner Erklärung der Randverzerrungen (Abb. 17), wie sie jedem aus der Fotografie geläufig sind, hat Panofsky[44] die Diskrepanz zwischen „Wirklichkeit" (erlebtem Sehbild) und Konstruktion besonders verdeutlicht.
Da die uns betreffenden grundsätzlichen Phänomene identisch sind mit denjenigen der Perspektive, mögen wenige Hinweise zur Wirkungsweise von Fotosystemen genügen.[45] Die Objektive werden nach der Größe ihres Bildwinkels (d.i. der Öffnungswinkel der Sehstrahlen/Bildstrahlen) klassifiziert, als vielerfassende, aber entsprechend klein abbildende Weitwinkelobjektive, als Teleobjektive, die einen engeren Ausschnitt relativ groß abbilden und als Normalobjektive, die einen Kompromiß dazwischen bilden. Entscheidend ist, daß es eine besondere Weitwinkel- oder Teleperspektive nicht gibt, da die perspektivischen Verhältnisse vom Bildwinkel völlig unabhängig sind. „Aus den Abbildungsgleichungen geht hervor, daß das Größenverhältnis zweier verschieden weit von der Kamera entfernter Gegenstände bei allen Abbildungsmaßstäben dasselbe bleiben muß, solange die jeweiligen Gegenstandsweiten nicht verändert werden. Macht man von einem Motiv eine Weitwinkel- und eine Teleaufnahme, und *zwar von demselben Aufnahmestandpunkt*, so kann man aus dem Weitwinkelbild einen Ausschnitt herausvergrößern, der genau dem Bildausschnitt nach der Seite der perspektivischen Verhältnisse entspricht." (Solf, S. 146).
Eine weitere Überlegung betrifft das sog. Nahdistanzproblem. Ein großer Bildwinkel, wie ihn das Weitwinkelobjektiv besitzt, läßt zu, daß man verhältnismäßig nahe an den Gegenstand herangeht. Dann ergibt sich eine große Sehwinkeldifferenz zwischen „vorne" und „hinten" und da-

43) Vergl. auch Arnheim, S. 48 ff.
44) Siehe Panofsky III, S. 102 ff.
45) Weiterführende Hinweise finden sich bei Solf, Hedgecoe, Meyle.

mit eine perspektivische Übertreibung,[46] die nicht die Folge des großen Bildwinkels, sondern die des zu kurzen Betrachtungsabstandes ist (Abb. 18). Dieses Nahdistanzproblem, das eine unübersehbare Differenz zwischen Seheindruck und perspektivischer Konstruktion beinhaltet, war einer Reihe von Renaissancekünstlern, darunter auch Dürer, sehr wohl bekannt.[47] Dürer, dessen Nachdenken über Proprtion und Disproportion bei seinen Landschaftsdarstellungen begegnen wird, hat einen ganz eigenen Weg der Fixierung des Betrachterauges im Projektionszentrum bei relativ nah ans Auge herangerückter Ferne und stets außerordentlich großem Sehwinkel, ja extremer Blickfeldgröße gefunden, der zugleich Konzentrik erreichbar und Disproportionen vermeidbar machte.

Um auf das Außerordentliche dieses Weges hinzudeuten und zugleich vorstellbar zu machen, wie der Normalblick und das Normalobjektiv bei ihrem Ausblick in die Natur die Objekte erfassen, ziehen wir das Beispiel Cézannes heran. Daß zwischen perspektivischer Konstruktion und der Wirkungsweise des fotografischen Apparates grundsätzliche Übereinstimmung herrscht, erhält im Falle Dürers und Cézannes dabei schon dadurch besonderes Gewicht, daß man im einen Fall zu wissen glaubt, daß die perspektivisch richtige Darstellung der Welt ein brennendes Anliegen war und wir im anderen Fall – aufbauend auf Novotnys Untersuchungen zu „Cézanne und das Ende der wissenschaftlichen Perspektive“ – annehmen dürfen, daß die alten Bahnen der Perspektive verlassen wurden.

Im normalen Fall beträgt der Sehwinkel des Menschen 46° – 50°. Innerhalb dieses Winkels (Öffnungswinkel der Sehstrahlen) wird genau gesehen. Je nach Interesse wird dann durch die Blickbewegung der Augen ein größeres Blickfeld abgetastet. Verfügt ein Objektiv über einen solchen Sehwinkel / Bildwinkel von ca. 50°, dann kommt es daher dem normalen Sehbild sehr nah.[48] Es verfügt über eine „natürliche Perspektive“.[49] Bei Vermeidung extremer Distanzen, ungewöhnlicher Augen-

46) Vergl. die entsprechenden Abbildungen bei Hedgecoe, S. 117 und die diesbez. Aussagen bei Solf, S. 146.

47) Panofsky III, S. 128 f. nennt Piero della Francesca, Ignazio Danti und besonders Leonardo, aber auch Dürer.

48) Vergl. Meyle, S. 26 und Solf, S. 145.

49) In den Fotohandbüchern wird die Winkelfunktion des Sehwinkels auch beschrieben als Verhältnis von Brennweite (Abstand zwischen Objektiv und Bildebene des Films) und Bildformat. Wenn die Brennweite etwa so lang ist wie die Diagonale des Aufnahmeformates, dann beträgt der Sehwinkel etwa 45° – 50°.

höhen usw. gibt das fotografische Abbild ein perspektivisch richtiges Abbild der Formen der Dinge, ihres bildmäßigen Zusammenhangs in der Flächenordnung und auch eine gute Annäherung an den Raumeindruck.[50] Ein solches fotografisches Abbild, mit größtmöglicher Annäherung an das normale Wahrnehmungsbild, ist demnach ein ausgezeichneter Maßstab, um die Veränderungen, die der Künstler gegenüber der Naturvorgabe vornimmt oder unterläßt, zu überprüfen.

Wie man sich ein solches „Normalsehbild" ungefähr vorzustellen hat, zeigt der Vergleich von Gemälden des Mont Ste. Victoire und entsprechende Fotos nach der Natur, die mit einer Leicakamera (50 mm Brennweite, 47° Bildwinkel)[51] gewonnen wurden (Abb. 19–22). Der Vergleichsblick enthüllt unerwartete Dinge. Er zeigt, daß unabhängig von der an die Zeit gebundenen Stilentwicklung im Werk Cézannes selbst die Bildausschnitte der Fotos und der Gemälde nahezu identisch sind. Die von der subjektiven Entscheidung des Malers abhängigen Bestimmungen des Standortes und des Blickwinkels sind so weit identisch mit dem Bildprodukt des Normalobjektivs, daß bei grundsätzlicher Übereinstimmung des Sehwinkels/Bildwinkels sogar bemerkt werden kann, daß Cézanne jeweils einen etwas kleineren Sehwinkel als der Fotograf benutzt hat. Dies ist erstaunlich bei einem Maler, den man als einen Begründer der Moderne auf dem Weg zur Abstraktion zu betrachten gelernt hat. Als Konsequenz dieser Übereinstimmung sind von den in Venturis kritischem Katalog genannten insgesamt 586 Landschaften Cézannes 320 nicht nur allein topographisch, sondern mit völliger Genauigkeit identifiziert worden.[52] In der Mehrzahl der Fälle konnte sogar entschieden werden, ob das Motiv von Cézanne sitzend oder stehend gemalt wurde.[53] Unsere nahezu beliebig aus dieser Vielzahl herausgegriffenen Vergleichspaare beweisen, daß die vorgegebenen Formen der Natur nach Größe, Richtung und Zusammenhang weitgehend „abbildtreu"[54] übernommen worden sind. Nicht nur zeigt sich, daß bei beiden

50) Vergl. Novotnys Aussage (S. 16 f.) zu der treffenden Wiedergabe der Größen- und Raumrelationen der Landschaften Cézannes im fotografischen Abbild und der entsprechend exakten Feststellbarkeit des Standortes des Malers.

51) Novotny, S. 26.

52) Novotny, S. 193.

53) Novotny, S. 15.

54) Noch weitergehend als bei den „Fernraumbildern" ist die Übereinstimmung bei den zahlreichen Motiven, die Waldinneres oder Steinbrüche zum Gegenstand haben.

Bildern des Mont Ste. Victoire trotz geringer Übersteigerung und zuschärfender Betonung der Winkelmaße der Teilabschnitte und der Gesamtform des Bergkonturs, sowohl im einzelnen wie im ganzen, eine perspektivisch richtige und wirklichkeitsnahe Charakterisierung der Naturformen angestrebt wird, sondern es zeigt sich auch, daß der Grad der Detailgenauigkeit sich nach der durch die reale Distanz bedingten natürlichen Sicht richtet. Bei Abb. 19 ist der Berg, entsprechend seiner größeren Entfernung, unter weitgehendem Verzicht auf kleinste Detailformen in seinen großen Formmassen und seiner großen Gebärde gegeben, während bei der Sicht aus mittlerer Distanz (Abb. 21) jeder einzelne Teilgipfel in seiner Entsprechung zum Gesamten nachgeprüft werden kann.
Stärkere Veränderungen gegenüber der Naturvorgabe gibt es in beiden Fällen (wie prinzipiell bei Cézanne) vor allem in der Binnenstruktur und der Raumanordnung der Formmassen. Hier fällt die mit unvertriebenen Flecksystemen „naturfern" wirkende Malstruktur ebenso auf wie die Übersteigerung der Höhenmaße im Inneren des Bildorganismus. Cézanne erreicht mit diesem Aufklappen der Raumpläne sowohl eine spezifische Flächenspannung als auch ein auffälliges Heranziehen des Hauptmotivs zum Betrachter. Die hierdurch erzeugte Begegnung und *Nähe* des Betrachters zum Bild, sein Einbezug in das Bild, wird besonders auch an Dürers Naturdarstellungen interessieren. Was uns beim Anblick der ausgewählten Bilder Cézannes – jenseits fotografischer Phänomene – besonders berührt, ist die „menschliche" Gebärde des scharfklippig aus der Achse kippenden Berges (Abb. 19–22), sein zerklüftetes Hochragen in gesammelter Stoßkraft (Abb. 21–22), das beherrschend über der darunter versammelten Landschaft frei wird. Gerade weil der Berg nicht primär bloß als Farb-Form-Zusammenhang in Richtung auf das Abstrakte, sondern *im Hinblick auf menschliche Sicht und menschlich verstehbare Gebärde*[55] *das Aussehen der Dinge zu bewahren* vermag, trifft uns sein Anblick als Ausdruck des Groß-Erhabenen und Unnahbaren.

55) Vergl. die gegensätzlichen Auffassungen bei Novotny (S. 17) und bei Sedlmayr (S. 97 ff.).

NATUR UND KUNST IN DÜRERS BILD DER LANDSCHAFT VON ARCO

Die Analyse der Gestaltungsprinzipien des Arcobildes

Von Anfang an zählt „Arco" (Abb. 23) zu den berühmtesten Bildern Dürers. Entsprechend reich war der Widerhall an kunsthistorischen Äußerungen. Bei aller Übereinstimmung, aber auch unübersehbaren Differenz begegnet in den bekannten vorwiegend stilkritischen Analysen[56)] eine gemeinsame Bemühung. Alle Beobachtungen beziehen sich positiv oder negativ auf die Art, wie Dürer zu einem bestimmten Zeitpunkt seiner Entwicklung Bildeinheit erzeugte. Auch bei der folgenden Analyse ist das Begreifbarmachen der von Dürer erzeugten Bildeinheit das Anliegen.

Wenn man sich in den Vorgang der Entstehung des Arcobildes versetzt, dann ist klar, daß bereits vor dem Beginn des eigentlichen Malprozesses einige Entscheidungen getroffen worden sein müssen. Neben der Auswahl des Motivs müssen die Materialien bereitgelegen haben. Eine nächste Entscheidung betrifft Größe und Form des Formates. Hier eröffnen sich sogleich einige unerwartete Seiten. Die oft nahegelegte und im Hinblick auf das Skizzenbuch von der Niederländischen Reise auch denkbare Vorstellung vom reisenden Landschaftsmaler,[57)] der begeistert von einem besonders reizvollen Naturanblick sein Skizzenbuch hervorgeholt habe, um die Schönheit der Welt sogleich festzuhalten, trifft nicht zu. Die Landschaftsaquarelle Dürers sind nicht nur auf verschiedenartigem Papier, sondern alle auf voneinander verschiedenen und zum Teil erheblich differierenden Formatgrößen[58)] gemalt.

Es erhebt sich die Frage, ob diese Entscheidungen von Dürer bewußt getroffen worden sind. Ist z.B. das exakt quadratische Format, das Dürer

56) Zunächst sei auf folgende Positionen verwiesen: Haendcke, S. 15, Rapke, S. 14 ff., Klebs, S. 416, Gerstenberg, 3. Bd., S. 434, Tietze H. und Tietze-Conrat 1928, Stadler, S. 8 ff., Flechsig I, S. 129, Beenken, S. 95 ff., Winkler IV, Nr. 94, Winkler II, S. 46.

57) Z.B. Rapke, S. 14.

58) Vergl. zu diesem Fragenkomplex und zu den Formatangaben K.Herrmann-Fiore (I, S. 42 ff.).

einzig für sein Arcobild gewählt hat, die im voraus festgelegte Grundlage zur Realisierung des Bildgedankens?
Wie der Vergleich mit der Naturvorgabe zeigt (Abb. 24–25), hätte „Arco" in ein Querformat, das z.B. mit 28,6 cm (h) : 42,6 cm (b) dem Format der „Drahtziehmühle" (Abb. 67) entsprechen würde, auch gut gepaßt. Nach der vorherrschenden horizontalen Ausdehnung des Naturmotivs hätte ein normales Querformal, etwa in der Proportion 2:3, sogar besser der topographischen Vorgabe entsprochen. Dies könnte bereits für eine bewußte Entscheidung Dürers bei der Formatwahl sprechen. Im Normalfall würde ein Maler das Format passend zu den Proportionen des Motivs wählen, insbesondere, wenn es ihm um die Richtigkeit der Darstellung geht. Anders verhält sich die Sache, wenn ein Spannungsverhältnis zwischen gegebenem Motiv und gewähltem Format aufgesucht wird. In unserem Fall muß außerdem noch ein Argument aus der Gestaltlehre herangezogen werden. Ein quadratisches Format ist für den Maler immer schwerer zu bewältigen als ein normales Rechteckformat. Während im Rechteckformat nach Höhe oder Breite dem zukünftigen Bildfeld immer schon eine Richtungsdominanz verliehen und damit ein Spannungsfeld vorbereitet ist, wirkt das Quadrat als ein in sich ruhendes, in sich selbst ausgeglichenes Bildfeld. Erst durch entsprechende Verteilung der Bildgewichte kann ein solches inaktives Bildfeld künstlerisch organisiert werden.
Wird ein unvoreingenommener Betrachter nach der Formatform des Arcobildes gefragt, so wird er zunächst ein schwach ausgeprägtes Hochformat erkennen; denn die Wirkung des steil hochragenden Bildzentrums erwächst nicht nur aus der spezifischen Steilheit der Bergform, sondern auch aus der Steigerung dieser aktiv ragenden Form an dem für sich allein genommenen neutralen Bildformat.
Durch die Präzision der Randbeziehungen eignet sich „Arco" daher besonders zur Untersuchung. Ob das quadratische Format durch Dürer so gewählt worden ist, daß es der Darstellung sowohl aus Gegensatz und Steigerung als auch durch Mitklingen dient, wird an der Bestimmtheit oder Unbestimmtheit des jeweils festgelegten Ortes eines jeden Bildgegenstandes innerhalb des Bildfeldes zu erweisen sein.

59) Insofern trifft die Behauptung H.-Fiores (I, S. 46) für Arco nicht zu. Die Formatproportionen wirken dem Dargestellten entgegen *und* sie wirken mit ihm zusammen.

Einer der wichtigsten, konstituierenden Bildteile ist die Geländeschwelle am unteren Bildrand. Nur im buchstäblichen Sinn handelt es sich um eine Randerscheinung des Bildes.[60] Die asymmetrisch hochgezogenen Wandungen dieses Eröffnungsmotivs sind genutzt, um den Blick zu sammeln für den Übergang vom Höheren, Steinigen, Mageren zur tief gelegenen sandigen Mulde des Vordergrundes, aus der, allmählich zu immer neuer Stofflichkeit verwandelt, der mächtig gebuckelte Strang des Weges ins Bild hinein- und zugleich hinaufführt.
Diese Einleitung läßt an das Bild der „Paßstraße" (W. 100) (Abb. 7) zurückdenken. Dort ist die Eröffnungsfigur des Bildes eine knapp neben der Mitte des unteren Bildrandes mit kurzem Bogen ansetzende und sich dann jäh verkürzende Mauer, die mit plastischer Wucht sprunghaft in das Bild einleitet. Die Kühnheit des Eröffnungsmotivs, das auf kürzestem Raum die Verwandlung einer bildrahmenbegleitenden, nahezu flächenparallelen Form in eine extrem raumerzeugende und zugleich bildflächenfestigende Form vorführt, scheint der Eröffnungsfigur in „Arco" überlegen zu sein. Vor allem auch deshalb, weil durch die mit einem Schlag den Blick des Betrachters in Bann ziehende Wegführung im Bild der „Paßstraße" auch der Zugang ins Bild ermöglicht wird. Der Betrachter bleibt nicht nur Zuschauer, sondern er wird zum Mithandelnden erhoben, indem er aufgefordert ist, in die Landschaft hineinzuschreiten.
Da die zunächst weniger aufregend aussehende Eröffnungsfigur im Arcobild in einem einzigen Schwung die tragende Basis für das ganze Bild bildet, zwingt sie, aufmerksamer hinzuschauen. Auf den ersten Blick mag es so aussehen, als sei die Einleitungsformation wie eine flächige Repoussoirfigur kulissenhaft[61] auf den Vordergrund beschränkt; etwa in dem Sinn, daß die Hälfte eines rahmenden Rundes erzeugt wird, das als flächendeckende Form den Blick wie durch ein Schlüsselloch freigibt. Dunkle Zwickelformen in der Form von etwa dreieckigen Füllfiguren in den Bildecken, die abgetrennt vom farbig schimmernden helleren Bild auf die vorderste Ebene beschränkt sind, erlauben dann nur durch einen unvermittelten Übersprung den Einblick in das Bild. Der Mithandelnde im Bild der „Paßstraße" bliebe in „Arco" lediglich in der Rolle des Zuschauers.[62]

60) H.-Fiore (I, S. 51) verkennt die bilderöffnende Funktion und die eminente Bedeutung der Geländeschwelle im Arcobild, wenn sie hier nur eine Randerscheinung mit relativ geringem Anteil an der Anlage des Bildes sieht.
61) Vergl. Winkler II, S. 46.
62) Vergl. die Auffassung bei H.-Fiore (I, S. 52).

Das stumme Verschließen des Bildes durch eine Rückenfigur, die den Betrachter erst begierig auf das Wichtigste im Bilde macht und so durch ihre dienende Rolle das Sehen steigert, ist jedoch nur eine Teilfunktion der Einleitung. Sie wird erfüllt durch die verschieden hoch an den seitlichen Blattgrenzen ansetzenden, sich abstoßenden, und nicht etwa sich anschmiegenden Formationen ockrig-brauner, ausgedörrter Hangstükke. An den Bildseiten hindern sie den Blick durch Überdeckung des Hintergrundes daran, weiter in den Bildraum einzudringen. Nur ganz unten an der Bildbasis, wo die Form der Bodensenke fast den unteren Bildrand sich anschmiegend berührt, ist das Hineinblicken und Hineingehen ins Bild ungehindert möglich. Nirgendwo handelt es sich um Formen, die das Bildgefüge nur in der Fläche ausspannen, sondern überall um plastisch durchmodellierte und in ihrer Stofflichkeit tastbar gemachten Geländeangaben, deren Oberflächenbeschaffenheit man sich auch auf der dem Blick abgewandten Seite genau vorstellen kann. Immer da, wo im rhythmisch bewegten Verlauf der durch Abdunklung betonten Formgrenze der Bodenwelle kleine Buckel mit Kerbungen wechseln, benutzt Dürer die Gelegenheit, um mit knappen, schräggeführten Verkürzungen den Übergang zu der von uns abgewandten Seite des Erdwalles vorstellbar zu machen.
Es ist eine kleine, aber vielgestaltige Welt der „varietà", die an dieser untersten, unscheinbar wirkenden Schwelle des Bildes erzeugt ist. Sie ist ein Lehrstück für die prinzipiellen Möglichkeiten des Differenzierens und Einheitstiftens. Links halten vertrocknete, blattlose, strauchartige Pflanzen das rascher herabsinkende und kürzer bemessene Hangstück gleichmäßig dicht besetzt, wobei jeder Pflanze ein kleiner Trichter als Standort zugemessen ist. Rechts läßt der in langsameren Schritten herabgleitende Hang kaum noch Vegetation zu. Innerhalb dieser nach Größe und Funktion übergeordneten Seite bildet eine helle verwitterte Felsenformation, die wie ein gebuckelter Schild aussieht, das Anfangsmotiv, von dem aus das Herabsinken zur Mitte beginnt. Der Richtungsverlauf der tiefen Risse und Klüfte dieser in viele Teile zersprungenen Felsplatte, die den Zusammenhang der Gesamtform aber noch sichtbar machen, ist zunächst nur wenig von der senkrechten Formatgrenze unterschieden. Je weiter aber das Hangstück sich verjüngend in die Bildmitte vordringt, umso stärker nimmt die Richtungsdifferenz der Binnenstrukturen gegenüber dem Bildrand zu. Mit jeder Richtungsveränderung, die besonders deutlich auch am Kontur ablesbar ist, verändert sich jeweils die Farbe und Stofflichkeit der Hangoberfläche. Von der Schild-

form, wo die ursprünglich scharfklippig zerbrochenen Formen des Steins an den Kanten bereits bröselig verwittert sind, geht es in einen mit blaugrauer Farbe abgedunkelten Bereich körniger Steinigkeit, bevor wieder eine auffallend helle sandige, fast glatt belassene Stelle den Ort markiert, wo der Hang seinen Lauf verlangsamt, bevor die tiefste Stelle der Eröffnungsfigur den Übergang zur antwortenden Gegenseite bildet. An dieser für das Auge besonders reizvoll gemachten Stelle wird die kurz vorher noch vom Kontur des Hangstücks her nach unten und ins Innere der Form eindringende dunkle Farbe nach oben und außen gedrängt. Sie verwandelt sich einerseits in Parallelscharen dunkler Formstriche, die die Wölbung des hier beginnenden Buckelwegs hervorbringen und dabei allmählich im Grünbereich verebben. Andererseits verwandelt sich die an die körnige Struktur des Steinigen gebundene Dunkelzone in akzentuiert gesetzte, braunschwarz gefärbte Grashalme, die auf diesen die Erdwölbung formenden Pinselstrichen aufstehen. In der Art wie die dunklen Grashalme dabei den großen Formverlauf der Bodenwelle besetzt halten und ihn rhythmisch mitschwingend betonen, sind sie mit den *Wimpern eines Augenlides* vergleichbar. Über die konturverstärkende Funktion hinausgehend, sind diese im Vordergrund stets steif aufgesetzten und zu Büscheln zusammengefaßten Grashalme ein wichtiges Belebungs- und Verbindungsmittel innerhalb der gesamten Zone des Unfruchtbar-Steinigen und auch in der daraus fast stufenlos hervorgehenden Zone schütteren Grüns, die schon zum inneren Kern des Bildes gehört. Hier jedoch schwinden die harten Gräser zu kleinerem Maß und gehen in der weichen Senke und dem dazugehörigen gewölbten grünen Buckel auf, der zugleich der Anfang des ins Bild führenden Weges ist.

Mit dem Einblick in den Zusammenhang des an einzelnen Charakteren so reichen Vordergrundes, wird das zunächst unmerkliche, aber nach und nach immer unabweisbarere Hineingleiten in das Bild erlebbar. Die flächenbezogen lesbare Eröffnungsfigur ist zugleich raumerschließende Einleitungsfigur. *Das Prinzip der Verähnlichung benachbarter Farben und Formen,* die trotz aller Mannigfaltigkeit der Einzelcharaktere keinen beliebigen Wechsel, sondern systematische Gerichtetheit zeigen, erlaubt dabei stufenlose Übergänge. Sie begegnen uns als stetig zunehmende Steigerung von unbestimmteren Anfängen bis zu Höhepunkten innerhalb eines Gestaltzusammenhangs.

Ein mit der Formverähnlichung zusammenhängendes weiteres Mittel zur Erreichung von Zusammenhängen – als Vermittlung der Gegensätze

und zur Vermeidung zusammenhangloser Einzelheiten – ist das Fehlen starker Richtungsgegensätze *innerhalb* der aus den Einzelformen gebildeten Großformen. Starke Richtungsgegensätze werden dagegen *zwischen* den aus den Einzelformen gebildeten Großformen benutzt. Diese haben, in der Gestalt größerer Bildbereiche oder Einzelobjekte, etwa der Senke, des gewölbten Weges oder des Bergkopfes, großformige Selbständigkeit im Bildgefüge.[63]
So entsteht die Frage, wie Dürer zwischen diesen großen Bildgewichten Zusammenhang stiftet. Der stärkste Richtungsgegensatz zwischen Großformen, der im Bilde herrscht, ist der Kontrast zwischen der von erheblicher Höhe tief herabsinkenden Bodenschwelle und dem in der Gegenrichtung monumental hochragenden Burgberg. Der Berg ist die an einer gedachten waagrechten Symmetrieachse – in Höhe der Häuser von „Arco" – gespiegelte positive Gegenform zur negativen Hohlform der Mulde. Entsprechend läßt sich da, wo die rechte Seite des bildverschließenden und -eröffnenden Steinhanges an die Formatgrenze stößt, die auffallend exakt an dieser gemeinsamen Schnittstelle endigende Kontur des Burgberges, im etwa gleichen Winkel und etwa gleicher Länge, jedoch spiegelverkehrt, bis zum Gipfel des Berges zurückverfolgen. Und der jäheren Steilheit der schattigen Konturseite des Burgbergs oben entspricht unten die steiler fallende Seite der linken Hangseite.
Außer dieser waagrechten „Spiegelachse" gibt es eine senkrecht das Bildgefüge festigende Achse. Der tiefste Punkt der Senke und der höchste Punkt des Burgbergs, in Gestalt des Burgfriedes, kommen, in der Bildfläche gelesen, übereinander zu stehen. Der Berg ist also in der Mitte des Bildes geortet.
An der Art, wie dieses die Bildarchitektur festigende Achsenkreuz mit der Mittenbildung zusammenspielt, ist ein Gestaltungsprinzip ablesbar, das in „Arco" klar nachweisbar ist, aber in allen übrigen Landschaftsaquarellen ebenfalls Verwendung findet. Bei Dürer befinden sich die Hauptgegenstände nie in der geometrischen Bildmitte. Sie sind aber stets der Bildmitte nahe und beziehen sich so spannungsvoll auf sie.[64] In „Arco" ist das gesamte Bergmassiv bereits von der Eröffnungsfigur am unteren Bildrand her leicht asymmetrisch aus der Bildachse verrückt.

63) H.-Fiore (I, S. 49) hat die Bedeutung der selbständigen Großformen verkannt.
64) Vergl. H.-Fiore, I, S. 47 ff., wo auch auf die Folge dieses Bilddenkens, die minimale Ausschnitthaftigkeit, hingewiesen wird.

Und da der rechten Bildseite unten mehr Gewicht in der höher gezogenen Hangseite zugemessen worden ist, muß über die weite Distanz in der Bilddiagonalen nicht nur die steile Burgbergseite auswägend antworten. Die extreme Bildrandfestigung an der rechten Bildrandgrenze ruft auch den steilen Felshang an der oberen linken Bildseite als Gegengewicht hervor, der mit dem Burgberg einen engen Paßdurchgang bildet. Und dem knapperen Hangstück unten links antwortet oben rechts in der Höhe die Ferne im grünlich-bläulichen Flächenstück oberhalb des Städtchens. Der Verengung des Passes auf der Schattenseite des Burgbergs entspricht nun – längsachsensymmetrisch gesehen – das Weite auf der lichteren Seite.

Was bewirkt diese symmetrisch-asymmetrische Verteilung der Bildgewichte? Indem die Hauptachse des Bildes unmerklich aus der Balance gebracht ist, müssen alle Nebendinge dazu dienen, die Balance der Gewichte wieder zu erreichen. Die Folge ist der Eindruck erhöhter Lebendigkeit, bei gleichzeitig gesteigerter Zentriertheit. Die Landschaftsaquarelle Dürers, in besonderer Weise jedoch das Arcobild, sind gebaut *wie lebendige Waagen*, die nie ganz zum Stillstand kommen, aber stets danach streben.

In Analogie zu hochentwickelten Gestaltbildungen der organischen Natur, erreichen sie den Eindruck natürlicher Lebendigkeit, indem sie nach der Regelmäßigkeit ausgeglichener Symmetrie und Zentriertheit „vollkommener" Formen streben, aber immer nur nah an dieses Ziel kommen, ohne es je zu erreichen, da sonst erstarrte Verfestigung die Folge wäre. Was uns im Bild begegnet, ist gewissermaßen der bewegte Zustand der Gestalt-Bildung, nicht die zu Ende gekommene fertige Gestalt. Unter diesen Bedingungen leuchtet es ein, daß dem Horizont eine besondere Funktion zukommt. Gäbe es keine solche waagrecht gelagerte, das Ruhende ausdrückende Zone im Bild, wäre der Ausdruck der Unruhe statt des Lebendigen vorherrschend. Deshalb macht Dürer diese Zone fast immer zur bildfestigenden, auch dort, wo sie wie in „Arco" nur in Bruchstücken sichtbar ist. Wo sie innerhalb der Naturvorgabe nicht vorhanden ist, erzeugt er sie durch absichtsvolle Veränderung der Vorgabe. (Ein klassisches Beispiel hierfür ist die Veränderung der Hintergrundslandschaft in der „Paßstraße" (W. 100) (Abb. 7, 9). Indem Dürer die in der Natur mehr oder minder stark fallenden Bergkonturen in der Horizontzone[65] unmerklich zu Waagrechten umformt, wird dieser flä-

65) H.-Fiore (I, S. 50) hat diese wichtige Bildstelle in der „Paßstraße" ebenfalls bemerkt. Daß es sich um eine absichtsvoll herbeigeführte Ordnung im Bild handelt, ist jedoch erst durch den Vergleich mit der Naturvorgabe endgültig beweisbar (Abb. 10).

chenmäßig unbedeutende Bildteil zum Zünglein innerhalb der Waage der Bildgewichte.) In „Arco" zeigt sich die Horizontzone in den insgesamt waagrecht gelagerten Häusern am Fuß der Burg und in den beiden waagrecht und in gleicher Höhe erhaltenen Stücken frei gelassenen Horizontes, rechts und links neben dem Burgberg (Abb. 51, 53). Die Verbindung dieser beiden Punkte, die eigentliche Horizontlinie, wird als imaginäre Waagrechte in Wellenlinien umspielt. Damit ist eine Ruhezone gewonnen, die der Berg von unten her mit Kraft durchstößt. Die Macht seines Aufragens verdankt der Berg also nicht nur seiner eigenen Gestalt, sondern auch der besonderen Verwendung des Horizontes, der symmetrisch-asymmetrischen Mittenbildung, dem Verhältnis der Binnenformen zum Bildformat und schließlich auch der Gestalt und Funktion der Eröffnungsfigur. Das unvollständige Halbrund dieses Anfangs – für das die Metapher des „Augenlides" gewählt wurde – wird so durch die reichere Gegenform des Bergkonturs zur Vollständigkeit einer uns wie ein Auge anblickenden Mitte gebracht. *Dies heißt, daß der Berg nicht erst in der Höhe der Häuser beginnt. Er fängt bereits da an, wo die Senke aufhört.*

Was dies alles für den Zusammenhang zwischen Betrachter und Darstellung bedeutet, verdeutlicht der „Weg", den Dürer mit der Realisierung seines Bildes für das Auge gebaut hat. Anders als in der Landschaftsdarstellung Cézannes bleibt bei Dürer die Beschaffenheit des Ortes, auf dem der Maler seinen Standpunkt gewählt hat, keineswegs außer Betracht.[66] Der Betrachter nimmt im Anschauen des Bildes sogar dessen Platz ein. Unmittelbar zu unseren Füßen beginnt der Raum der Landschaft. Wie bei den meisten Aquarellen Dürers schauen wir aus mäßiger Höhe herab. Diese Sicht von oben lenkt das Auge zuerst auf die Bodenzone des Vordergrundes. Das Nahe wird dadurch wie bei einer Draufsicht erlebt, und jedes Einzelding ist in seinen räumlichen Beziehungen zum nächsten überschaubar gemacht. Indem der Blick im Hinabschauen zugleich Überschau über die Erstreckung des Reliefs der Erdoberfläche gewinnt und so immer weiter in die Tiefe des Raums vordringt, wird er durch den allmählichen Anstieg der Landschaft gehoben, bis ihm schließlich der senkrecht aufragende Berg wie in einer Ansicht gegenübersteht. Am Ende der Blickbewegung ist nicht mehr der Grundriß bestimmend, sondern der Aufriß. *Der Berg zeigt das Relief seiner Fassade wie ein Gesicht.*

66) Vergl. die gegensätzliche Auffassung bei H.-Fiore I, S. 52.

Es handelt sich bei Dürers Vorgehen also nicht um das Vorzeigen einer konventionellen schönen Aussicht, sondern um eine Synthese von Draufsicht und Ansicht.[67] Das Bild steht dem Betrachter nicht unzugänglich gegenüber, sondern er erblickt aus erheblicher Distanz – die sich bei Dürer, selbst bei entferntesten Gegenständen (z.B. „Welsch Pirg" (W. 99) (Abb. 107)), niemals verunklärend auswirkt – das ganz auf sein Auge bezogene Bild der Landschaft; und er gehört zu ihr, indem er durch die den Raum erschließenden Formführungen eingeladen ist, auf mannigfaltigen Haupt- und Nebenwegen in die dargestellte Landschaft hineinzugehen, die zu seinen Füßen beginnt. Durch die Verschmelzung von Draufsicht und Ansicht wird etwas erreicht, was in einem noch genauer zu erörternden Sinn Objektivität genannt werden darf. Diese Objektivität hat jedoch nur zum Teil etwas mit der Distanz des Subjektes vom gezeigten Objekt zu tun. Da die Landschaft im Sehvorgang dem Betrachter gegenübersteht als Objekt – und ihn selbst anschaut – ist sie in Dürers eigenem Gebrauch des Wortes *Objekt als Gegen-Gesicht.*[68] Ein gegensätzliches Vorgehen zeigt C.D. Friedrichs „Mönch am Meer".[69] Durch die Einförmigkeit und Unbegrenztheit der im Bilde dargestellten Meereslandschaft erlebt der Betrachter eine Art des Dabeiseins, die die Erfahrung der unendlichen Einsamkeit der Natur nur als apokalyptische Bedrohung des Menschen durch das ihn rings umschließende Tote zuläßt. Statt der Erfahrung der Einsamkeit der Natur, die dadurch herrlich werden würde, daß „die Stimme des Lebens dennoch im Rauschen der Fluth, im Wehen der Luft, im Ziehen der Wolken, dem einsamen Geschrei der Vögel" (v. Kleist, S. 47) vernehmbar wäre, erlebt sich der Betrachter „als einzigen Lebensfunken im weiten Reich des Todes" (v. Kleist, S. 47). *Da das Bild „in seiner Einförmigkeit und Uferlosigkeit, nichts als den Rahmen, zum Vordergrund hat, so ist es, wenn man es betrachtet, als ob Einem die Augenlider weggeschnitten wären."* (v. Kleist, S. 47).

67) H.-Fiore (I, S. 58 ff.) hat diesen auch von anderen bereits bemerkten Zusammenschluß verschiedener Ansichten hervorgehoben. Ihre in diesem Zusammenhang gemachte Aussage, der Boden sei die Hauptfigur der Landschaft, ist jedoch nicht zutreffend. Der nicht vollzogene Schritt, Dürers „Objektivität" als Gegengesichtigkeit zu erkennen, hängt offenbar mit der Bemühung zusammen, die Landschaftsdarstellungen nicht nur als *selbständige,* sondern als *autonome* Bilder zu erweisen.

68) Rupprich I, Bd. 3, S. 287, 366.

69) Siehe H. v. Kleist, Berliner Abendblätter. Das 12. Blatt ist unterzeichnet mit cb (Clemens Brentano). vom 5. Satz des Textes an, d.h. in den besonders betreffenden Passagen, ist der Text Kleists Eigentum. (Vergl. Semdner, S. 180 ff. und siehe Kleists Brief an Arnim vom 14. Okt. 1810).

Auf der Seite der Naturauffassung Dürers finden wir dagegen die *feierliche Stille des Lebendigen*, die den Betrachter als *Gegen-Gesicht* anschaut, so daß er sich selbst im Hinblicken aus der Distanz – die das Hineingehen und die Rückkehr einschließt – erhöht und bereichert findet. Das Dabeisein in Friedrichs Landschaft nimmt dem Betrachter dagegen die Distanz, indem es ihn mitten in die Natur aussetzt, die als das in unüberbrückbarem Abstand zu ihm befindliche Tote, Starre, ganz und gar Fremde begriffen wird und den Menschen so zum schwindenden, „einsamen Mittelpunkt im einsamen Kreis" (v. Kleist, S. 47) macht.
Das noch nicht genauer beschriebene Kernstück zwischen Mulde und Bergkontur bestätigt von neuem die ganz andere Kunst- und Naturauffassung Dürers. Schon ein oberflächlicher Blick auf den Reichtum an einzlenen Gestalten, Charakteren, Farbigkeiten und Stofflichkeiten usw. läßt erkennen, daß wir erst jetzt mit vollem Recht den Begriff der „varietà" gebrauchen dürften. Umso mehr soll angesichts dieser Fülle versucht werden, die Ineinsbildung lebendiger Ordnung zum Vorschein zu bringen. Dabei ist von vornherein klar, daß geometrische Hilfsfiguren zur Beschreibung dieser Landschaft weitgehend untauglich sind. Auch von Bildkomposition können wir eigentlich nicht mehr sprechen, denn es gibt nichts Zusammengesetztes in diesem Bild. Dies sei behauptet, obwohl doch die faßbare Idee dieser Dürer'schen Landschaft der stufenweise Aufstieg aus der Unfruchtbarkeit der Bodenschwelle des Vordergrundes und dem Bereich der daraus hervorgehenden grasbewachsenen Mulde in die oliven- und weintragenden Hänge, zur befestigten, menschenbesiedelten Stadt, bis hinauf zur Stufe der wilden abweisenden Felsennatur mit ihren zinnengeschmückten Verteidigungsanlagen zu sein scheint. Wir könnten von der Ordnung der Teile in den Hälften des Bildes sprechen, dem rhythmisch bewegten Aufstieg der silbrig-grün belaubten, schattenspendenden Olivenbäume bis zur Paßhöhe am Fuß der blaugrauen und violettbraunen Felsenwände nachfolgen und die vielfältige Entsprechung zu der von den Menschen bewohnten Seite aufzeigen, wo oberhalb des ockerfarbigen Hanges mit den hin- und hertorkelnden Weinstöcken aus der Stadt Wege an schimmernden Oliven- und sattgrünen Maulbeerbäumen vorbei entsendet werden, die im Zick-Zack bis zum endlich erreichten bekrönenden Turmwerk auf Schulter und Spitze des Berges aufsteigen: *immer ist schon das Ganze da, bevor noch die Teile bedacht sind.* Daß wir es mit einem Werk der Synthesis zu tun haben, wird am deutlichsten sichtbar an dem Motiv, das die eben in den Blick genommenen Hälften des Bildes trennen müßte. Der

aus der eröffnenden Figur des Vordergrundes sich entwickelnde gebuckelte Weg ist das Element, das wie ein Rückgrat die beiden einander entsprechenden Seiten der Landschaft vereinigt. Nach der mit Gras dünn bedeckten ersten Wölbung, gewinnt er zum ersten Mal ausgeprägten eigenen Charakter. Der Weg ist hier ein aus dem blaugrauen, violetten Felsengestein des Burgberges breit und reliefartig aufgeschütteter Wall. An den Rändern ist er nicht mehr sanft auslaufend und übergänglich wie zu Anfang, sondern er grenzt sich entschiedener von seiner Umgebung ab. Fast auf der geometrischen Mittelachse des Bildformates geortet, biegt er sich etwas davon abweichend nach rechts und verjüngt sich im Aufsteigen zugleich stark. Zur Seite des Weinbergs entläßt er gegliederte, vermittelnde Grasinseln. Zur Seite des Olivenhains wird eine klare Abgrenzung zur tiefer liegenden Schicht des sandigen Bodens gesucht. Nach der Einschnürung ändert sich der Charakter des Weges abermals. Wäre nicht die taillenartige Verbindungsstelle zu dem Steinwall, so könnte man sagen, daß er noch einmal die alte Breite des Anfangs aufsuche, um nun, entschiedener nach rechts gewendet und sich erneut verjüngend, durch das Tor der beiden seitlich begrenzenden Obstbäume die ersten Gebäude der Stadt zu erreichen. Mit dem Akzentuieren des Unterscheidenden der Wegstücke wird immer das jeweils Verbindende mitgestiftet. So ist bei diesem neuen, nun wieder grün überhauchten Wegstück, die Rinne in der Mitte des Steinwalls in die Gestalt einer wegbegrenzenden Mauer verwandelt, die in die Fußzone der Häuser von „Arco“ hineinführt. Auf der anderen Seite des Weges drängen als Entsprechung buschartige Olivengewächse als Begrenzung des Weges heran.

Nach dem halb durch die Häuser und die beiden zugeordneten Bäume verdeckten Einlaß in die Stadt beginnt etwas Neues. Der Weg verzweigt sich da, wo der befestigte Ort beginnt. Einmal wird er fortgesetzt als feiner, hell leuchtender Saumpfad, der im Zick-Zack zur Burg hinaufführt und dabei so durch die ihn begleitenden Bäume überdeckt wird, daß das Auge nicht zu stark gefesselt wird. Zum anderen erkennen wir ihn wieder im neuen Motiv der zinnengekrönten Stadtmauer. Aus den trägen Hin- und Herbewegungen des schwerleibigen Weges des Anfangs ist ein an Masse geringeres, nervigeres Rückgrat der Landschaft entstanden. Jeder Richtungswechsel hat die Beschaffenheit der Gestalt auch im Stofflichen verändert. Nach dem Umschlagpunkt, der durch den runden Mauerturm akzentuiert wird, gibt es nur noch einen einzigen Wendepunkt. Er wird durch das frei aus dem Mauerverband herausgreifende Wandstück betont. Dann ist der Weg des Blickens an seinem vorläufigen Ziel. Alle sich allmählich steigernde Energie des Hineinführens ins Bild zielte auf diese Nahtstelle, wo der Bergkopf mit seinem senkrecht in der Bildfläche und im Raum aufgerichteten Herzstück beginnt. Es ist der Koordinatenschnittpunkt aus Horizontlinie und senkrechter Bildachse, die sich präzis am Fuß des Bergkopfes schneiden (Abb. 51).

Die kompositionelle Kernstelle des Berges besteht aus Felspfeilern, die, ganz im Sinne eines architektonischen Zusammenhanges, durch einen auffällig waagrecht gelagerten Architrav zu einer senkrecht stehenden Pfeilergruppe verbunden sind. Innerhalb dieses Verbundes von architekturähnlichen Felsformen gibt es einen Pfeiler, der am strengsten geformt ist. Er ist aus dem Kontinuum der Felswand so herausgedreht, daß seine uns zugewandte vordere Kante sehr scharf, schärfer als alle Kanten seiner Begleiter, die Lichtseite von der Schattenseite trennt. Und wie nun schon aus der Logik der Dürerschen Formverkettung zu erwarten, führt diese mit spitzem Pinsel besonders zugeschärfte Licht-Schattenkante mit Präzision die obere Kante der am Fuß des Pfeilers endenden Mauer fort. Nach dieser Verdichtungsstelle und nach dem aus etwa drei gleichhohen Quadern gefügten Felsenpfeiler führt eine Dreierfolge kleiner Türme bis zum Gipfel des Berges. Sieht man die lockere Folge der drei kleinen, in sich variierten Turmfiguren erst einmal, dann leuchtet ein, daß sie nach der strengen Vorbereitung des senkrechten Pfeilers ihren Ort auf der zum Gesetz gemachten senkrechten Achse nicht verlassen dürfen. Die Abweichung von der strengen Achsialität ist in dieser Zone des Bildes der querteilenden Burgmauer zugemessen, die den mittleren Wachtturm der beschriebenen Dreierfolge durchquert, um dabei in der vollen Breitenerstreckung das grünbewachsene, sanfter gewölbte Dachstück des Bergkopfes von den steiler abstürzenden Felshängen zu trennen. Diese trennende Mauer gleicht, um das schon gebrauchte Bild der Waage noch einmal anzuwenden, einem Waagbalken, der, dem schwereren Gewicht der helleuchtenden Burg folgend, auf seiner rechten Seite tiefer sinken muß als auf der linken, wo das kleine Volumen des auf der äußersten Kante balancierenden Wachturmes sich nur dadurch einigermaßen im Lot zu halten vermag, daß die düstere Schattenseite der hier am schroffsten abfallenden Bergwand sich mit ihm farbig zu einem größeren Gewicht verbindet.

Der aus drei Quadern gefügte Felspfeiler des Zentrums ist wieder eine der Figuren im Bild, die in besonderer Weise herrschen. Sie trennt nicht nur bei sich selbst Licht und Schatten, sondern leistet dieses Teilen und gleichzeitige Verbinden, dieses Abstoßen und Anziehen auch in die Flanken des Bergvolumens hinein. Auf der helleren Seite des Berges treten alle mit den Breitseiten frontal zu uns gewendeten Pfeilerformen ins Licht. Ihre Farbigkeit hellt sich dabei stetig vom Blaugrauen-Schwärzlichen der Schattenfarbe des Pfeilers über dunkles Caput mortuum und helles Englischrot zu intensivem Ocker auf. Diese Farbfolge, angrenzend an zartes Blaugrau des normalen Felsentons und kräftiges Grün des Grases, ist zu einer leuchtenden Intensität gesteigert, wie sie im ganzen Bild sonst nicht wieder vorkommt. Nur in den Gebäudeteilen der Burg, am Fuß der Kernstelle und auch innerhalb der Schattenseite tritt Ocker und Rötliches, wie in Erinnerung an die Herkunftsstelle, noch einmal stärker auf. Innerhalb der Schattenseite des Berges bewirkt die Systematik der Farbigkeit die plastische Wölbung der Bergwand insgesamt, indem die helleren Felsformationen nahe der Mitte allmählich in die Randzone farbiger Verdüsterung zurücktreten. Dieser Übergang vom Hellen zum Dunklen wird auffallend unterbrochen, durch eine ockerfarbene, an den Grenzen rötlich überhauchte Stelle, die von hautähnlicher Beschaffenheit ist.

Die Entdeckung und Identifizierung der Naturvorgaben für Dürers Arcobild und die Erforschung seines bildnerischen Denkens

Wo die kubisch blockhafte Gestalt des Felspfeilers entschieden zu der flachen Hautstelle zurückgestuft wird, begegnen innerhalb der Schattenseite merkwürdig organische Strukturen. Sie sehen aus wie Adern oder Flüsse, mit ihrem auffallend fingrigen Ausgriff nach oben und unten. Erst recht setzt das Aussehen der blaugrauen Gesteinszone, die auf der anderen Seite die Ockerfläche umfaßt und mit ihrem dunklen Kontur an die im ganzen verdüsterte Flanke des Burgbergs angrenzt, in Erstaunen. Wir erkennen ein großes Felsengesicht (Abb. 26), das im Profil nach links gewandt und leicht vornüber geneigt ist. Der Kontur läßt sich zweifelsfrei lesen als Gesicht eines grämlich zerknitterten Männerkopfes mit hoher Stirn, deutlich betonter Augenbraue über dunkelschattiger Augenangabe, großer Nase und schräg herabgezogenem

Mund, der in ein fliehendes Kinn übergeht, dessen schrägziehende blaugraue Felsformationen präzise zur Nahtstelle zwischen Mauerende und Pfeileranfang zurückführen und so eine klare Abgrenzung zu der ockerfarbenen Fußzone des Felsenhangs bilden.
In der bisherigen Analyse wurde Dürers Arcolandschaft als prinzipiell *gesichtshaft* und als *figurerfüllt* aufgefaßt. In mehr als üblicher Weise wurden als Hilfsmittel zur Beschreibung eines reinen Landschaftsbildes Metaphern gebraucht, die alle ihren Namen der menschlichen Gestalt verdanken. Damit wurde versucht, die anschaulichen Gestalten mit adäquaten Begriffen zu versehen.[70)] Dagegen könnten möglicherweise Bedenken erhoben werden. Im Anblick des Felsengesichtes muß nun zum ersten Mal mit Notwendigkeit von menschlicher Physiognomie gesprochen werden. Dies umso mehr, als gemäß der Dürer'schen Methode Vergleichliches in Entsprechung zu setzen, noch eine zweites, recht deutlich erkennbares Felsengesicht zu sehen ist (Abb. 26), das in der bisherigen Dürerforschung unerkannt geblieben ist. Es findet sich nicht an einem beliebigen Ort. Die an den linken Bildrand gedrängte, steil abfallende Felsenform, die mit dem Burgberg den engen Paßdurchgang bildet, enthält einen „Adenauerkopf", der mit seinem flachgedrückten Profil nach rechts gewandt, dem „Alten im Berg" antwortet. Von oben herab beginnt es mit hoher Stirn, die, kaum merklich abgesetzt, in die lang herabgezogene schwach gebogene Nase fortgeführt wird. Die erste entschiedene Zäsur gibt den Rücksprung von Nasenspitze zur Oberlippe an. Gleich darauf folgt, noch weiter ins Innere der Profilform eindringend, die waagrechte Mundmarkierung. Danach geht der mit feinem Pinsel dunkel konturierte Fels ohne wesentliche Vor- und Rücksprünge in einem Zuge nach unten. Nur in der Zone der Kinnspitze erkennt man noch einmal eine merkbare Veränderung des Konturverlaufs. Von hier führt eine Kinnlade und Wange formende, feine dunkle Linie in den Fels zurück. Sie ist bis in die Höhe des nur in Gestalt eines dunklen Flecks, aber anatomisch richtig gesetzten Auges zurückzuverfolgen. Allen Formen des Gesichts, besonders auch dem lang herabgezogenen Kinn, ist etwa der gleiche Grad des Überlängten gemeinsam.
Diese merkwürdig berührenden Gestaltbildungen erfordern den Ver-

70) Vergl. Franz von Essen (I, S. 37 ff.) über Anschauung und Begriff.

gleich mit der Natur. 1971 hat H. Ladendorf[71] das erstgenannte Felsengesicht beschrieben und es als absichtsvolle künstlerische Gestaltung charakterisiert. Er weist darauf hin, daß Dürer für das Arcobild und ebenso für die „Berghütte" (W. 102) (Abb. 27)[72] in Italien Landschaftsbilder des Quattrocento kennengelernt hat, wo ähnliche Gestaltbildungen auftauchen.[73] Ladendorfs Überlegungen zum „künstlerischen Spiel mit der Phantasie" lassen die Frage nach einem in der Natur existierenden Vorbild für Dürers Felsengesichter unberührt.

1936 verweist Pappenheim[74] auf Äußerungen des aus Arco stammenden ortskundigen Malers Sivio Clerico, der ebenfalls im Burgberg des Aquarells das „Profil eines Gelehrten" oder „Gescholtenen" erkannt hat. Clerico hat auch den „Felsabsturz zur Linken", den er mit dem wirklich existierenden „Calodri" gleichsetzte, in seinem figürlichen Ausdruck gedeutet, ohne jedoch ein Gesicht darin zu benennen.[75] Die Frage Ladendorfs, ob es lediglich die Phantasie des Betrachters ist, die „aus absichtslos amorphen Formen ein Gesicht herausliest" (Ladendorf I, S. 229) oder ob die absichtsvolle Gestaltung Dürers dazu zwingt, ließ er offen. Pappenheim verfolgte die Beobachtungen Clericos nicht weiter, sondern für ihn war die Entdeckung der „gotisierenden" Darstellungsweise des „Calodri", den er in der Wirklichkeit gar nicht so steil vorfand, vorrangig.

Wie sieht dieser „Calodri" und die dazugehörige Umgebung aus? Um sich im folgenden besser orientieren zu können, werfen wir zunächst einen Blick auf die Landkarte (Abb. 28) und eine Luftaufnahme von Arco

71) Ladendorf I, S. 229 f. Ebenfalls 1971 sind im kunsthistorischen Seminar bei Martin Gosebruch (Braunschweig) die beiden Felsgesichter ausführlich betrachtet worden. Ich erinnere mich daran, daß hier auch die Bezeichnung „Adenauerfelsgesicht" gefallen ist.

72) In dem zu „Arco" (W. 94) dazugehörigen Blatt der „Verfallenen Berghütte" (W. 102) ist das von Ladendorf (I, S. 230) angesprochene Steingesicht der alten Frau in der Abbruchkante der Mauer deutlicher sichtbar als der Tierkopf am Ende des Baumstamms.

73) Zu denken ist an den bekannten „Wolkenreiter" in Mantegnas „Heiligem Sebastian" im Kunsthistorischen Museum in Wien. Ladendorf hat in seinem Aufsatz „Zur Frage der künstlerischen Phantasie" eine Fülle von Beispielen „phantasischer" Gestaltbildungen gesammelt.

74) Pappenheim, S. 50 ff.

75) Clerico, in: Pappenheim, S. 50.

(Abb. 29). In beiden Abbildungen verläuft die Hauptachse des Burgberges, der zur Sarca hin jäh abfällt, etwa gleichsinnig in Nord-Süd-Ausrichtung. Aus der Bestimmbarkeit der Höhe 284 der Karte, die sich in der Luftaufnahme als der von einer runden Wehrmauer umgebene vierkantige Bergfried identifizieren läßt, aus der gut erkennbaren, die Westseite der Burg sichernden Wehrmauer der Luftaufnahme, die nahezu identisch mit dem Formverlauf ist, wie er in der Karte als Grundriß der Westseite der Burg verläuft und schließlich aus der Lage der breiter ausgedehnten, baumbewachsenen und von den Häusern Arcos ringartig umschlossenen Südseite des Burgbergs, die in Luftaufnahme und Landkarte aufeinander beziehbar sind, kann die Lage des „Calodri" eindeutig bestimmt werden. Es ist die schiffsbugartig, von Norden nach Süden, auf die Nordspitze des Burgberges zustoßende mächtige Kalksteinformation.

Dürer muß demnach die Burganlage, wie Gerstenberg schon 1910 erkannt hat,[76)] von Westen aufgenommen haben, wo er die gesamte Schauseite der Burganlage mit dem linksseitig (nördlich) liegenden „Calodri", dem Paßdurchgang, der Burgbergformation, einschließlich des rechtsseitig (südlich) liegenden Örtchens, in den Blick nehmen konnte. Die Abbildung 24 ist eine Weitwinkelaufnahme, die vom Hauptstandpunkt Dürers, der Anhöhe 202, aus aufgenommen worden ist. Mit dem Normalobjektiv (Abb. 25) ist das in der Breite außerordentlich weit auseinandergedehnte Gesamtmotiv, das Dürer in sein quadratisches Format gefügt hat, nicht im ganzen zu erfassen. Dies ist die erste erstaunliche Tatsache, in die wir Einblick gewinnen. Zugleich macht der Vergleichsblick das verblüffende Faktum einfachen Weglassens der gesamten Hintergrundsberge deutlich. Ein Kontur am oberen Bildrand, wie sie der im Hintergrund sichtbar werdende Monte Stivo (2059 m) mit sich bringen würde, würde den gesamten Bildaufbau schwächen.[77)] Auffällig ist auch die offensichtliche Steigerung der Höhenmaße und Neigungswinkel.

76) Gerstenberg (S. 434 ff.), der die „Fenedier Klawsen" als Arco identifiziert hat, erkannte Veränderungen Dürers gegenüber der Naturvorgabe, versuchte sie jedoch nicht aus künstlerischen Gründen zu erklären, sondern vor allem aus der Differenz von Dürers Standpunkt zu demjenigen des Photografen.

77) Im Gegensatz zu Tiezes (S. 24) deutete Gerstenberg (S. 435) dieses Weglassen nicht als „Primitivität" der Landschaftsauffassung, sondern als künstlerische Steigerung des Bildaufbaus.

Welche Mittel Dürer bei der Gestaltung des Paßmotivs einsetzt, erkennen wir am besten aus der Nahsicht (Abb. 30). Die Formen und ihre Zusammenhänge wirken insgesamt weicher und harmloser. Es fehlt die spürbare Verengung des Paßdurchgangs durch kontrastierende Steigerung der mächtigeren, aber niedrigeren Masse des Burgbergs mit seiner düsteren Wandung an dem helleren, schmaleren, aber höheren Maß des „Calodri". Vor allem aber fehlen die aufeinander bezogenen Felsgesichter. Es kann weder die Unverändertheit der Felsen des „Calodri" mit den noch auf den Stein genau „verfolgbaren Formen" (Pappenheim, S. 53) noch ein „Adenauergesicht" erkannt werden. Wir sehen stattdessen einen mäßig abfallenden Kalksteinberg, bestehend aus einem hohen Untersockel und einer kleineren, deutlich zurückversetzten Gesteinsstufe, die die Form oben abschließt. Es gibt also eine Motivvorgabe, wenn auch nur im embryonalen Zustand. Neben der Flächen- und der Raumspannung – beide „Paßwandungen" erscheinen in gleicher räumlicher Distanz zum Betrachter auf einer gemeinsamen Standlinie angeordnet – fehlt ihr vor allem der in Dürers Bild ausgesagte Sinn. In der Vorgabe gibt es einen Durchblick, aber eigentlich keinen Paß, zu dessen Begehung man verlockt sein könnte. An der sprunghaften Veränderung der Größen, die im Vergleich des nahen Paßmotivs und der fernen Hintergrundslandschaft ablesbar sind, erkennt man, daß das Durchgehen dieses Durchblicks zu nichts anderem führen könnte als zu einem Sturz ins Bodenlose. Dies bestätigt der Blick auf die Landkarte ebenso wie der Vergleichsblick auf die rechte Burgseite, wo durch den Helligkeitsunterschied die Diskrepanz der Größen deutlich zu sehen ist. Das bei diesem Ausblick sichtbare helle Band (Abb. 31) ist kein Fluß, wie vermutet wurde,[78], sondern die Straße zum heutigen Dorf Bolognano. In Dürers Bild finden wir sie in etwas gewundenerer Form, aber an der gleichen Stelle, die Dimension der Ferne erschließend.[79] Die „Sarca", die wohl in dieser Straßenführung vermutet worden ist, fließt für uns unsichtbar am Fuß der vom Betrachter abgewandten Seite des Burgbergs, tief unten auf der Talsohle.

78) Haendcke, S. 15 und Koschatzky, Bildbeschreibung Nr. 15.

79) Auch der Verlauf der Fußlinie der Hintergrundsberge ist hier von Dürer übernommen worden. Die Aussage Gerstenbergs (S. 435), daß Dürer die Ferne nicht mit aufnehme oder doch ihrer Wirkung beraube, geht ins Leere, ebenso wie die von Gerstenberg abgeleitete Erneuerung dieser Behauptung durch Tietzes (S. 24). Vergl. dagegen H.-Fiore (I, S. 48).

Deutlicher als in der Luftaufnahme (Abb. 29), die den „Calodri" gerade noch mit seinem Fußteil und dem Bug anschneidet, ist an der Maßstabskarte (Abb. 28) das Ausmaß der Veränderungen abzulesen, die Dürer in der räumlichen Anordnung vorgenommen hat. Der Bug des „Calodri" ist nicht in der Nord-Süd-Achse auf die antwortende Keilform des Burgbergs gerichtet wie es auf dem Foto erscheint, sondern stößt ab der Höhe von S. Maria di Laghel südöstlich abweichend vorbei. Im Bild Dürers ist jedoch, gerade umgekehrt, der „Calodri" räumlich näher gerückt als der vom Betrachter weiter entfernte nördliche Felsabhang der Burg. Dies ist keine beliebige Einzelheit, sondern die Vorbedingung dafür, daß wir, vorbereitet durch den im Aufstieg allmählich kleiner werdenden Zug der Olivenbäume, selber den Aufstieg aus der Raumweite miterleben können, bis wir am Fuß der Schattenseite des Burgbergs angekommen, mit dem – und das ist wichtig – zu uns herüber und herunter geneigten Felsgesicht, und abgedrängt von der Stadtmauer, die Wegrichtung um fast 90° ändern müssen, um die als Gegensatz zur Weite erlebbare Enge des Passes durchgehen zu können. Im Hinblick auf die Zusammenhänge im Bild leuchtet es ein, daß Dürer bei Steigerung dieses Nebenweges auf das Motiv der Paßenge hin doch dessen Ziel nicht zeigt, sondern offen läßt. Dieser mögliche Weg aus dem Bild heraus soll ja nicht schwächen, was wir als Hauptsache erleben sollen, sondern steigern. Angesichts des so reich entwickelten Teilmotivs, kann dies nur bei dessen gleichzeitiger Integration in das gesamte Bildgefüge erreicht werden.

In der Zone des Paßmotivs sind die beiden Felsgesichter dasjenige Moment, das die entschiedene Enge der Wandungen des Passes am stärksten in den physiognomischen Ausdruck hineinträgt. Wird dieser Sinn der Bilderfindung, der sich aus dem Zusammenhang notwendig ergibt, nicht erkannt, sondern lediglich das Gesicht – oder die Gesichter – als besondere Einzelheit erblickt, geschieht etwas sehr Merkwürdiges.[80] Indem nur dieses einzelne als ein Fremdes zur übrigen Landschaft entdeckt wird, verliert das Bild seine Schönheit, die uns erst in der Erkenntnis des Sinns aufgeht.[81] Die Felsgesichter werden so wichtig, daß das Wahrnehmen der übrigen Landschaft empfindlich gestört ist. Es handelt sich bei der Bildung der Felsgesichter also nicht nur um ein For-

80) Vergl. Karl Möseneder (S. 22), der anläßlich gemeinsamer toskanischer Dürerforschung auf dieses Phänomen aufmerksam gemacht hat.

81) Vergl. Gosebruch II, S. 31.

menspiel Dürers. Die Steigerung des physiognomisch ausgesagten Bildsinns war jedoch in der Naturvorgabe nicht vorhanden. Es kam für Dürer darauf an, sie zu erfinden. Aber wie kommt man zur Erfindung von Felsgesichtern, wenn nur nackter Fels zu sehen ist? Denn auch da, wo wir das Hauptgesicht nahe der Zentralstelle des Burgbergs erwarten dürften (Abb. 32), finden wir nur normal aussehende Felsformationen, die aufgrund ihrer Härte seit Dürers Zeiten in ihren großen Strukturen unverändert geblieben sind.[82)]

Bisher wurde die Ansicht Arcos von Dürers Hauptstandpunkt aus West-Ost-Richtung in den Blick genommen (Abb. 24, 25, 28). Wenn wir uns knapp unterhalb des Gipfels der Höhe 202 um 180° nach Westen umdrehen, ist ein reich gegliedertes Felswandmotiv (Abb. 86) zu sehen. An dem neu in den Blick genommenen Motiv fällt ein charakteristisches Merkmal auf, das sonst bei keiner Felsformation im Umkreis des Burgbergs von Arco zu finden ist. Gemeint ist die Stelle auf der linken Bildseite, wo die Oberfläche des Felsens wie von einer glatten Betonschicht übergossen aussieht. Wenden wir, am Fuß dieses Felsmotivs stehend, die Blickrichtung nun um etwa 90° nach Norden, um in der Längserstreckung an der Felswand entlang zu blicken, dann sieht man das Naturvorbild für Dürers „Adenauerprofil" (Abb. 33). Von oben herab beginnt es wie im Bild Dürers (Abb. 26) mit einer langgezogenen hohen Stirn. Die Zäsur zwischen Stirn und Nase ist etwas stärker ausgeprägt als im Aquarell, die dunkle Augenstelle liegt dagegen in vergleichbarer Höhe. Unverkennbar ist die Identität der flachgedrückten Nasenform, mit dem deutlichen Rücksprung der Felswand unterhalb der Nase zur Oberlippe hin. Die Mundmarkierung fehlt beim Modell. Dafür ist jedoch die charakteristische Form der Kinnzeichnung – mit dem an der Kinnspitze zunächst breit ansetzenden Konturbogen, der mit dem Einbiegen in die Kinnlade rasch dünn wird – in aller Klarheit vorhanden. Auch das ununterbrochene weitere Fortführen der Felskontur und seine sich allmählich nach unten ausbiegende Form sind identisch. Sogar der charakteristisch umzeichnete helle Fleck im unteren Teil des Halses ist vorhanden. Er ist allerdings im Foto etwas ins Innere der Form gerückt.[83)]

82) Laut freundlicher Mitteilung von Andreas Lüttge (Hildesheim) (vergl. Anm. 210).

83) Es bleibt anzumerken, daß vor Ort mindestens 3 Profile entdeckt werden können, aus denen Dürer das deutlichste ausgewählt hat. Sie sind hintereinandergestaffelt in der Art der physiognomischen Studienköpfe (z.B. W. 657, W. 656) (Abb. 34–35).

Und schließlich stimmen die Gesamtproportionen bei Bild und Naturvorgabe ebenso überein wie das dunkle Blaugrau der Farbe. Abgesehen von einem allgemeinen Steigerungsphänomen, das bei jeder „gesehenen" Form, im Unterschied zu einer fotographierten, zu konstatieren wäre, und abgesehen von kleineren Veränderungen, die uns dazu zwingen, deutlicher ein Gesicht zu erkennen, ist kein Zweifel daran, daß dieser Fels Dürers Ausgangspunkt für das linke Felsgesicht war.

Soweit die Gestalt und ihr Ausdruck betroffen sind, handelt es sich um eine steigernde Form-Findung Dürers, die in allen wesentlichen Teilen, einschließlich ihrer Gerichtetheit von links nach rechts übernommen worden ist. Erfindung zeigt sich an dieser Stelle an der Art und Weise, *wie* und *wo* und vor allem daran, *daß* diese Teilgestalt aus ihrer zufälligen Vorgegebenheit als ein Einzelnes herausgenommen und einbezogen worden ist in den Zusammenhang. Man muß sich vor Augen halten, daß zwischen dem Hauptstandpunkt Dürers und dem Motiv des Profilgesichts 400 m Luftlinie liegen; daß das Einzelmotiv des Kopfes nicht gleichzeitig mit der Gesamtansicht in den Blick genommen werden kann, da es im Rücken des Malers liegt und auch nur gesehen werden kann, wenn Dürer, so wie es eben vorgeführt wurde, entlang der Felswand blickend, das Profilgesicht beim Durchwandern der Landschaft entdeckt hat. Da die Aquarelltechnik eine mögliche nachträgliche Änderung von bereits ins Bild eingetragenen Einzelformen leicht erkennen lassen würde, kann schon jetzt, nachdem zuvor in der Analyse des Bildes die in sich ausgewogene Waage der Bildgewichte erklärt wurde, festgestellt werden: Dürer muß den Plan zu diesem Profilgesicht bzw. seine Gestalt schon im Kopf gehabt haben, bevor er sein Bild malte. Die Annahme, daß er eine Detailstudie vor dem eigentlichen Malprozeß nach dem Modell angefertigt hat, um sie in der zum Übrigen passenden Größe ins Bildgefüge zu übertragen, ist naheliegend. Ein anderer denkbarer Weg könnte sein, daß Dürer die Bildanlage nach seinem Gesamtplan angelegt hatte, um dann vor dem Modell die im Plan schon vorgesehene, aber zunächst freigelassene oder summarisch angelegte Stelle in passender Weise auszumalen.

Entscheidend ist jedoch, daß Dürer innerhalb des Erfindungsprozesses nicht nur eine neutrale Felsformation aufgrund eines in der Natur aufgefundenen und studierten Felsgesichts zur menschenähnlichen Physiognomie steigert, sondern auch, daß er dieses Gesicht zu einem darauf antwortenden in Beziehung gesetzt hat. Nach der Entdeckung des „Adenauerprofils" liegt die Vermutung nahe, daß auch das große Felsgesicht

des Burgbergs kein reines Phantasiegebilde ist.
Zunächst sollen daher wieder die Motivvorgaben der Natur mit den fraglichen Stellen in Dürers Bild verglichen werden. Dazu nehmen wir wieder den Hauptstandpunkt auf dem Hügel 202 ein (Abb. 24–25) und holen das Motiv im Ausschnitt nahe heran (Abb. 36). Daß der Standort des Fotografen mit Dürers Standpunkt identisch ist, zeigt vor allem die *Identität wichtiger Schnittpunkte auf der Hauptvertikalen des Bildes.* Die *senkrechte Bildachse,* durch Fußpunkt und Vorderkante des Hauptfeilers und die entsprechende Felsensenkrechte der Naturvorgabe (Abb. 36–37), die in ihrem Verlauf bis in den bekrönenden Bergfried verfolgt werden kann, sind identisch. An der Art, wie die im Schatten liegenden bzw. die beleuchteten Seitenflächen der Türme der Burg (innerhalb der Wohnburg ist nur der mächtige Pallas erhalten geblieben) zu sehen sind, kann überprüft werden, daß keine, jedenfalls keine relevante Abweichung zwischen dem Standort Dürers und des Fotografen vorliegt. Außerdem kann die Identität der Standorte an den Winkelmaßen des Stadtmauerverlaufs geprüft werden. Der tiefer stehende, bei Dürer am Stadteingang ansetzende Mauerteil, beginnt im Foto mit dem uns schon bekannten niedrigen Rundturm und steigt etwas steiler bis zum Wendepunkt der Mauer, der heute durch eine hohe Zypresse[84)] markiert wird. Hier dürfte man das frei herausragende Mauerstück erwarten. Es existiert auch in Wirklichkeit, wird jedoch im Foto von Bäumen versteckt. Nach dem Wendepunkt führt das verbleibende Mauerstück im Foto und bei Dürer, also beide Male, mit identischem Winkelmaß zum Pfeiler. Wenn die beobachtete Veränderung im Steigungswinkel des unteren Mauerteils auch im zweiten Teil fortgeführt würde, könnte eine von Dürer geringfügig verschiedene Augenhöhe des Fotografen vermutet werden. Der Schnittpunkt der Hauptvertikalen mit der Horizontlinie und die kürzeste Verbindung von diesem Koordinatenschnittpunkt zu dem Auge des Betrachters durch den sog. Hauptsehstrahl ist die zweite Bedingungen, die erfüllt ist, um volle Identität des Sicht- und Standortes behaupten zu dürfen. Der Koordinatenschnittpunkt ist identisch mit dem sog. Augenpunkt oder „Hauptpunkt“,[85)] der auf der Horizontlinie

84) Die Zypressen auf dem Burgberg sind erst 1829 angepflanzt worden. Die Olivenbäume sind zwar zu einem stattlichen Hain auffallend hochwüchsiger schöner Exemplare vermehrt, können jedoch auch noch die Dürer'schen Modelle mitenthalten (vergl. Pappenheim, S. 53). Das Alter der Bäume wird auf 800 Jahre geschätzt.

85) Vergl. Hauck, S. 21

liegt. Dieser ist zu unterscheiden von dem sogenannten „Augpunkt", der den genauen Ort des fixierten Auges des Betrachters angibt. Beide Punkte liegen jedoch auf einer geraden Linie, dem „Hauptsehstrahl", den das Auge nach dem „Hauptpunkt" aussendet. *Er ist senkrecht zur Bildebene gerichtet.* Die Verwendung des Koordinatenschnittpunktes (Hauptpunktes) und seine Deckungsgleichheit mit dem „Augpunkt" sowie die kunstvolle Unterordnung der im weiteren noch aufzuzeigenden Neben-Augpunkte mit ihren zugehörigen Standpunkten unter die Hauptansicht machen deutlich, daß Dürer bereits in „Arco" über ein außerordentliches perspektivisches Bewußtsein verfügt hat. Denn im System der Perspektive gilt, daß das Bild nur dann den „richtigen" Eindruck vermittelt, den der Maler von seinem Objekt gehabt hat bzw. zu dem der Maler den Betrachter bringen will, wenn sich das Auge des Betrachters wieder in demselben Punkt befindet – oder zu befinden glaubt – in dem sich vorher das Auge des Malers beim Malen des Bildes befand. – Es herrscht also nachweisbar für die Sicht auf das Gesamtmotiv weitgehende Identität des Standortes und der Augenhöhe bei Maler und Fotograf. Der Vergleich der Abbildungen 24 und 25 macht überdies deutlich, daß die Distanz zwischen Standort und Motiv mit 550 m bereits so groß ist, daß geringere Verschiebungen für unser Problem außer acht gelassen werden können.

Die Abweichungen bestimmter Winkelmaße zwischen Dürers Bild und der Naturvorgabe, der langsamer steigende bzw. fallende Winkel des unteren Teils der Stadtmauer, aber auch die im Aquarell sehr viel stärker von links nach rechts sinkende Burgmauer und vor allem alle erheblich übersteigerten Winkelmaße innerhalb des Bergkonturs haben ihren Grund nicht in der Verschiedenheit der Sicht- und Standorte von Maler und Fotograf. Daß jedoch die Winkelmaße, außer in den Burgtürmen und innerhalb der Kernstelle, zwischen Bild und Naturvorgabe voneinander abweichen, verweist darauf, daß architektonischen und architekturähnlichen Formen, die auf das Bildzentrum bezogen sind, oder es bilden, eine bestimmende Funktion in Dürers Arcobild (wie überhaupt in seinen Landschaftsaquarellen) zukommt. Dies hängt nicht nur von ihnen selbst ab, sondern, wie der Vergleich zwischen Bild 24 und 25 erhellt, von ihrem Verhältnis zu den umgebenden, begleitenden oder hervorbringenden organischen Formgebilden.

Abbildung 25 ist nicht exakt vom Gipfel der Höhe 202 aufgenommen, sondern von einer ca. 20 m tiefer gelegenen Stelle auf der Süd-Ost-Seite des Hügels.[86] Obwohl Bild 25 die günstigsten Bedingungen enthält, die in der Landschaft von Arco für ein bilderöffnendes Motiv der gewählten Art zu finden sind, ist die Differenz zu Dürers Gestaltung außerordentlich. Gegeben ist ein einzelnes hochgelegenes, schräg angeschnittenes Stück eines Abhanges. Daraus galt es, eine vollständige Fassung für den Bildkern zu formen. Gegeben ist im heutigen Anblick weiter eine perspektivisch günstige Anordnung der Olivenbaumreihen am Fuß des schroff abfallenden Abhangs. Aus dieser Vorgabe des Hinab und des Weiten war ein Übergang hinab und zugleich der Anstieg in die Höhe zu gewinnen. Dürers diesbezügliche Leistung erkennt man am deutlichsten an der Stelle, wo in der Talfuge zwischen Vordergrund und Fußzone des Burgbergs die Häuser versinken. Hier ist für die Bilderfindung nichts als ein Hindernis vorgegeben. Diese Bruchstelle in der Raumkontinuität stiftet keine Verbindung zwischen Betrachter und Hauptmotiv, sondern bedeutet Trennung. Verglichen mit der Gestaltung des Paßmotivs ist die Erfindung des gebuckelten Wegs, der aus der Eröffnungsfigur systematisch entwickelt wird, vielleicht ein unspektakulärer Punkt, aber er erweitert trotzdem in herausragender Weise unsere Kenntnis der Dürer'schen Gestaltprinzipien. Es handelt sich nicht um Steigerung eines keimhaft bereits angelegten flacheren Anstiegs aus einer Ebene. Die Überwindung der trennenden Taleintiefung und das gleichzeitige Heranziehen des Motivs ist nicht nur Steigerung, sondern vollständiges Umbilden einer minimalen Vorgabe. Aus umhüllenden und umfassenden Randzonen organischer Struktur werden in das Zentrum des Bildes verdichtete Formgebilde anorganischer kristalliner Struktur entlassen, die den Befestigungspunkt der Bildwaage bilden, in

86) Der Vergleich mit Bild 24, das von dem etwa 50 m nördlicher gelegenen und ca. 20 m höher gelegenen Gipfel der Anhöhe 202 aufgenommen worden ist, macht den Unterschied deutlich. Er verweist außerdem mit der vom linken Bildrand hereindringenden Zungenform (unterhalb des „Calodri") auf die charakteristische Motivvorgabe aus schollenähnlich verschobenen Steinplatten, die Dürer für die Gestaltung des kahlen Hanges am Fuß des „Adenauergesichtes" verwendet haben dürfte (Abb. 30). Dieser Nebenstandort befindet sich auf der Nordseite der Höhe 202. Prüfstelle ist die Übergangszone vom Vordergrund zum Sockel des Burgberges im Mittelgrund, in die die Stadtmauer eingleitet. Einmal sind die Häuser von Arco in ganzer Gestalt zu sehen (Abb. 24), und einmal sehen wir gerade noch ihre Firstkanten (Abb. 25). Ebenso deutlich ist die Verschiebung des Standortes an der Strukturveränderung der Bäume des Vordergrundes abzulesen. Bei beiden Aufnahmen wirkt der Neigungswinkel der zypressenumstandenen Stadtmauer um das gleiche Maß steiler als im Aquarell Dürers.

dem der „Augpunkt" des Betrachters und „Hauptpunkt" der Horizontlinie zur Deckung kommen.
Die Bedeutung dieser als Visierfeld verwendeten Architekturformen wird durch weitere Beobachtungen bestätigt. Im Zentrum des Burgbergs hat Dürer ein Motiv (Abb. 25, 36) vorgefunden, das er trotz aller Veränderungen mit großer Treue übernommen hat. Der obere Teil der Stadtmauer zielt in der Natur – jedoch ohne Dürer'sche Präzision – auf eine Felsengruppe, die durch ihre dominant vertikale Aufrichtung, ihre bereits weitgehend vorgegebene Aufteilung in einen Hauptpfeiler und begleitende Nebenpfeiler, durch die bereits ahnbare Dreigliederung des Hauptpfeilers, ja sogar durch eine oben querliegende Architravform (die heute durch Pflanzenbewuchs verunklärt wird) sehr nah an Dürers Bildgestaltung herankommt. Nur die leuchtende Farbigkeit fehlt völlig. Überall in der Zone des Burgbergs herrscht heute – wie zu Dürers Zeiten – ein helles gleichmäßiges Blaugrau des Felsentons. Ein Seitenblick von unserem Standort 202 in nordöstlicher Richtung, verrät in ca. 520 m Entfernung Dürers Anregungsquelle für seine Entscheidung im Farbigen (Abb. 39). Neben der leuchtenden Ockerfarbe, die innerhalb eines Blickfeldes von 360° nur an diesem Detailmotiv des „Calodri" vorkommt (ausgenommen sind die Ocker-Rot-Töne am Felswandmotv), erkennen wir ein zweites Moment, das diese Annahme stützt. Die der Felswand des „Calodri" vorgelegte, mächtige Halbsäule und der darüber waagrecht gelagerte Architrav aus Kalkstein bilden ein auffälliges und vom rechten Winkel beherrschtes Architekturmotiv, wie es in dieser farbig akzentuierten Form in der gesamten Umgebung von Arco nicht mehr vorkommt. Anders als bei der Integration des „Adenauerfelsgesichts", die eine Verschmelzung weit voneinander entfernter Ansichten erforderte, konnte Dürer diesmal von ein und demselben Hauptstandpunkt aus, die beiden bereits in der Rohform verwandten „Architekturmotive" sehen und miteinander kombinieren. Die Farbigkeit und das tektonische System des „Rundpfeilermotivs" des „Calodri" sind übernommen worden. Die Unentschiedenheit der rundlichen Felsformen mußte jedoch verworfen werden, da ihre Weichheit weder einen Gegensatz zu organischen Formen noch die erstrebte Zentrierung zugelassen hätte.
In Verbindung mit diesem Hervorbringen architektonisch wirkender Zusammenhänge ist diejenige unscheinbar wirkende Felsformation (Abb. 36), die vom mürrisch wirkenden Mund des Hauptfelsengesichts, schräg zurückführt zur Nahtstelle, von Interesse. In der Natur trifft sie, irgendwie und unbestimmt, unterhalb des Visierpunktes auf die Stadt-

mauer auf. Dürer dagegen verankert diese Detailform durch Parallelverschiebung im Koordinatenschnittpunkt. Im Auftreffen, das besonders gut an der Richtung der inneren und dunkelsten Falte des Felsenzuges zu überprüfen ist, entstehen aus dem senkrechten Felspfeiler und dem darauf zurückführenden Stadtmauerteil zwei – von dem so gebildeten Ankerstamm – sich gleichwinklig wegbreitende Arme. Dürer verankert jedoch nicht nur Felsformationen, sondern gibt zugleich der bewegten Form des Felsengesichtes Bezug und Halt. Bei aller nachmeßbaren Präzision ist verblüffend, daß diese „konstruierten" Strukturveränderungen gegenüber den natürlich aussehenden Formen der Felsen nicht fremd wirken, obwohl Dürer diese komplizierten Formen der Natur sehr getreu übernimmt. Besonders im rechten Teil des Schrägzuges an der stark abgedunkelten Auftreffstelle, reicht die buchstäbliche Übernahme bis in das „kleinste Zäserchen". Aber auch auf der linken Seite kann nahezu jede winzige Teilform für die Kinn- und Mundpartie des Felsengesichts wiedergefunden werden. Was jedoch den Vergleich erschwert, ist die Verkürzung der Felsformation auf etwa die Hälfte.

Mit der architekturgemäßen Einbeziehung des blaugrauen Felsenmotivs ist seine deutliche farbige und formale Abtrennung von der ockerfarbenen, weich gewölbten Fußzone des Bergkopfes zusammen zu sehen. In der Natur verebbt das Stufenmotiv des Felsenzuges allmählich nach unten. Dürer dagegen grenzt abrupt ab, gewinnt aber damit paradoxerweise Verbindungsmöglichkeiten. Nicht nur das Felsengesicht hat seine Anfangsstelle am Koordinatenschnittpunkt, auch die gesamte wellenförmig verlaufende Fußlinie des Bergkopfs beginnt von hier aus ihren Lauf in die Schattenseite. (Nach rechts ist die Formgrenze weniger auffallend. Hier arbeitet Dürer eher mit komplexen Vermittlungen und Durchdringungen.) So wie die gesamte Breite des Felsmotivs auf etwa die Hälfte ihres Maßes gekürzt ist, so sind auch die Kurven der Fußlinie des Berges zusammengeschoben und buchstäblich verdichtet. Hilfsweise könnte man sich für einen Moment vorstellen, daß jeweils in der Mitte einer geraden oder gebogenen Form ein Zwischenstück herausgeschnitten wird, bevor die Seitenstücke wieder zusammengeschoben und neu verbunden werden. Dürer hat, diesem Schlüssel entsprechend, alle Formationen der felsigen Schattenseite des Burgbergs – und auch der helleren Lichtseite – im Grad der Steilheit gesteigert und im Grad der Breitenausdehnung vermindert. Fast unmöglich ist die Nachprüfung dieser „Verdichtung" innerhalb der Binnenformen, da Dürers Verfahren die relativ einfache Operation des Formverkürzens weit übertreffen.

An dem genauer in den Blick genommenen Musterbeispiel der schräggeführten Felsformation, die Kinn und Hals des Felsgesichts bilden, kann gut studiert werden, daß über das nachweisbare Mittel der Verkürzung hinaus – hier wie sonst – andere Mittel, wie z.B. absichtsvolles Verstärken bestimmter Formakzente, rascheres Auslaufen dominanter Teileinheiten, aber auch kontinuierliches Übergehenlassen durch allmähliche Richtungsveränderung für verdichtende Gestaltbildung sorgen.

Wie kühn die Verfahren der Formbildung ausfallen können, zeigt ein weiteres, dem Koordinatenschnittpunkt zugeordnetes Teilmotiv, das ebenfalls an der Bildung des Felsgesichts teilhat. Die charakteristische Formation der nach oben und unten ausgreifenden Felsenadern (Abb. 36, 40), die im Aquarell (Abb. 41) zwischen dem Felspfeiler und der glatten Hautstelle – die ja nichts anderes ist als die Wangen-Schläfenpartie des Felsgesichts – die formale Verbindung herstellt, ist auch in der Natur vorhanden. Allerdings befindet sie sich nicht da, wo sie erwartet werden dürfte. Das Felsadernmotiv ist dort identifizierbar, wo drei deutlich sichtbare Lichtkanten des Wandreliefs von der hier noch intakten Burgmauer herablaufen, um sich ungefähr in einem Punkt zu vereinen. Dieser Punkt liegt nicht in der Nähe des Pfeilers und damit am Anfang der schräg gezogenen Felsformation wie bei Dürer, sondern am äußersten linken Ende dieser Motivvorgabe. Prüft man genauer, so erweisen sich die beiden einander näher zugeordneten Felsadern als Vorgabe für die beiden stärker betonten und länger nach oben ausgreifenden „Adern" in Dürers Bild. Aber auch die im Aquarell zurückgenommene „Ader" ist in unmittelbarer Nähe ihrer auffallenderen Begleiterinnen in der Natur sichtbar.

Das Vorbild für die lanzettförmig herabgreifende Form der glatten, leuchtend ockerfarbenen Hautstelle ist ebenfalls zweifelsfrei zu identifizieren. Es ist die helle, in der Natur blaugrau gefärbte, flache Wandfläche, die als langgezogenes Dreieck auf den gemeinsamen Treffpunkt der drei Lichtkanten zielt. Wo im Aquarell die Ockerfarbe endet und die Glätte der Wangen-Schläfenzone allmählich in den stärker reliefierten Fels der Profilzone des Gesichts übergeht, kann man eine fast geradlinig verlaufende Farbgrenze beobachten. Diese Farbgrenze ist identisch mit der vereinzelten, deutlich erkennbaren dritten Lichtkante ganz links. Sie gab Dürer den Anlaß für die Ansatzstelle des großen Felsgesichts. Sowohl der Steigungswinkel dieser Ansatzlinie als auch der des nahezu senkrechten Mittelpfeilers sind unverändert übernommen worden. Die

Neigungswinkel der zwischen diesen Meßlinien befindlichen linearen Formen hat Dürer gegenüber der Natur verändert, so daß eine kontinuerliche und proportionierte Stufenfolge bis zur entschiedenen Neigung im Profil des Gesichts (ca. 70°) entsteht. Das Profil des Felsgesichts markiert im Bild den Ort des entschiedenen Umbruchs in die düstere Schattenseite, so wie in der Fotografie die Lichtkante.

Man kann zurückdenken an das Paßmotiv des „Calodri". Dort war die Felskante, die Dürer zu einem Gesicht herausforderte, offensichtlicher vorgegeben. Hier mußte sie mehr erfunden werden. Noch weniger kann das Felsgesicht des Alten aus den in der Natur vorhandenen Felsformen vorgestellt oder erahnt werden. In der Tat sucht man die gesamte Westseite vergeblich nach entsprechenden Spuren ab. Dies dürfte einer der Gründe dafür sein, daß die Suche nach einer realen Vorgabe für Dürers „phantastisch" wirkende Felsphysiognomie bisher unterblieb. Nimmt man jedoch, aufgrund der bisherigen Einsichten, Dürers eigentümliche Einheiten aus genauester Naturbeobachtung und Kunsterfindung ernst, so muß eine Naturvorgabe zu diesem Gesicht zu finden sein. Die im folgenden vorgelegte Identifizierung der Naturvorgabe für das große Felsengesicht erlaubt auf geometrisch-exakter Grundlage Einblicke in Dürers bildnerisches Denken, denen bisher noch nicht nachgegangen werden konnte.

Wenn man vom südöstlich gelegenen Torbole auf Arco zugeht und die uneinnehmbare Rückwand der Burganlage im (seltenen!) Streiflicht betrachtet, kann man ein riesiges Felsengesicht, das den gesamten Bergkoloß zu einem Kopf formt, erkennen (Abb. 42). Ohne vorherige Kenntnis der Dürer'schen Felsbildung ist es schwer, das Gesicht wiederzuerkennen. Der erste bedeutende Unterschied ist die Seitenverkehrtheit. Bei Dürer ist das Felsgesicht zur linken Bildseite gerichtet, in der Natur dagegen nach rechts. Im Gegensatz zum Aquarell ist es auch nicht vorgeneigt, sondern der ganze Felsenkopf ist wie ein königliches Haupt aufgerichtet und scheint ins Weite zu blicken; das Profil ist sogar etwas nach hinten geneigt, so daß die Kinnzone weiter in den Raum vordringt als die Stirn. Um unter diesen Umständen leichter vergleichen zu können, stellen wir die Seitengleichheit zwischen Aquarell (Abb. 41) und Naturvorgabe her (Abb. 43). Die erste Übereinstimmung zeigt sich in der markanten Augenbraue, die wie ein Gebälkstück weit vorspringt. Bis in die Feinheiten der längeren Lichtseite und der verkürzten Schattenseite hat Dürer die Vorgabe aufgenommen und zugleich umgewandelt. So ist der rechte Winkel zwischen dem Augenbrauenbalken und der auffallend

großen Nase zu einem spitzen Winkel verändert. Sogar für die Markierungsstelle, wo unterhalb der Augenbrauen die verschattete Augenhöhle zur Schläfe hin rechtwinklig begrenzt wird, finden wir die Vorgabestelle im Fels. Auch unterhalb der dachartig vorspringenden Augenbraue – und von außen an den Kontur der Nase angrenzend – finden sich kleine Motivvorgaben, die Dürer in seinem Bild verwendet hat, um die Verbindung mit den Felsstrukturen des schattigen Teils der Ansichtsseite der Burganlage herzustellen. Die Nase ist in ihrer Form, in ihrem Größenverhältnis zu den übrigen Hauptformen, insbesondere der Stirn, und auch in den Kleinformen, genau beachtet. Die merkwürdig abgeschrägte Form des Nasenrückens, die trotz der vorherrschenden Profilstellung des Gesichts, den Eindruck von räumlicher Drehung ins Dreiviertelprofil vermittelt, ist in Natur und Bild übereinstimmend. Ebenso findet sich der charakteristisch gewinkelte Konturverlauf von Nasenspitze zu Nasenflügel wieder. Eine winzige Unterscheidung genügt dem Maler hier, um Fremdes als Eigenes zu sichern. In der Natur sehen wir den Augenbrauenfels und auch die Unterkante der Nase aus der Untersicht. Für die im Aquarell über der Horizonthöhe liegende Form der Augenbraue behält Dürer diese Untersichtigkeit bei. Die Nasenflügelgrenze, die im Aquarell dann aber in die unmittelbare Nähe der Horizontzone hinabreicht, wird folgerichtig so gezeigt, als befänden wir uns mit ihr auf gleicher Augenhöhe.
Nur für den Bereich unterhalb der Nase geht der Vergleich ins Leere. Das Allgemeine der Formmassen enthält keine wesentlichen Teilmotive, außer zwei dunklen Parallelspuren, für Mund, Kinn oder Hals. Dieser Mangel ist unerheblich, denn die fehlenden Formbildungen sind bereits aus der Untersuchung der entsprechenden Felsformation im Kernpunkt des Aquarells bekannt (Abb. 36). Der Bereich oberhalb des Augenbrauenfelsens ist die einzige Zone des Naturmotivs, wo die Felsstrukturen die Form des Burgberges in ihrer gesamten Breite durchgehend bestimmen. Erst die Felsformationen oberhalb dieser Schichtenzone sind wieder amorph. – Der Augenbrauenbalken ist die Grundlage für daraufliegende parallele Gesteinsschichten. In der Natur beschreiben sie einen schwach gewölbten Bogen, der zunächst nahezu waagrecht verläuft, um nach der Hälfte seines Laufs stärker nach unten und hinten abzuknicken. Dürer hat für die Bildung der zerknitterten Stirn und ihrer Falten nur die erste Hälfte des vorgegebenen Motivs aufgegriffen. Das Motiv des Abknickens der Gesteinsschichten benutzt er lediglich an einer Stelle, hier aber verstärkt, für die Begrenzung des Schädeldaches des Alten durch

die Burgmauer. Hier ist das Durchgreifen des Formmotivs über die volle Breite des Burgbergs sinnvoll, da somit die Einbindung des Kopfes in den Berg gewährleistet ist. In der Höhe der Stirn dagegen wäre die unveränderte Übernahme der durchgreifenden Schichtungen sinnlos, da sonst der Kopf so wichtig würde wie im Naturmotiv.
Daß der Anblick des Felsengesichts Dürer mit Macht betroffen haben muß, darf als sicher gelten.[87] Aber warum gibt er sich nicht mit der unveränderten Übernahme eines so großartigen Motivs, das von der Form, die den ganzen Berg ergreift und von seinem herrscherlichen Ausdruck ein Ganzes zu sein beansprucht, zufrieden? Das von Süden nach Norden gerichtete Blicken des Felsenkopfes (Abb. 28) geht ohne Ziel ins Leere. Es gibt kein Motiv, das antworten könnte. Dies war der Kardinalpunkt, der Dürer bewegte dieses Ganze, Einzelne, aber nach außen Wirkende, und insofern Nicht-Abgeschlossene, in einem größeren Zusammenhang einzuordnen, der – in Gestalt eines alle Bildbereiche umfassenden Plans – zuvor bereits bestanden haben muß. Wir können aber trotz der Suggestivkraft des Naturmotivs und trotz seiner Verwendung in der unmittelbaren Nähe des Bildzentrums nicht mit voller Sicherheit schließen, wie die detaillierte Reihenfolge der Schritte im bildnerischen Prozeß erfolgt ist. Es bleibt eine zwar sinnvolle, aber letztlich nicht sicher beweisbare Annahme, daß Dürer das der Burg und dem Ort Arco näher gelegene Hauptgesicht im Fels nicht nur früher entdeckt, sondern auch früher gemalt haben mag, als das räumlich abgelegenere Profil des „Adenauergesichts“. Als sicher dürfen wir wohl annehmen, daß Dürer den Koordinatenschnittpunkt sehr früh bedacht hat. Vorerst können wir feststellen, daß die allmähliche Entstehung der Bildvorstellung in der Zeit im Zusammenhang mit dem Durchwandern der Landschaft aus der nachgewiesenen örtlichen Verschiedenheit der verwendeten Motive unabweislich ist. Im Bilde sind sie jedoch so gegeben, daß sie trotz ihrer jeweiligen Über- und Unterordnung Gleichzeitigkeit beanspruchen. Entsprechend steht fest, daß beide Kopfmotive in den genauesten Wirkungszusammenhang miteinander und mit allem übrigen gebracht

87) Die Übereinstimmung mit anderen Renaissancekünstlern wird durch Michelangelos Gedicht „I'mi son caro assai piu ch'io no soglio, Poi di'i't ebbi nel cor, piu di me vaglio...“ nahegelegt. Alberti (S. 96) spricht davon, daß die Natur selbst „an den Bruchstellen von Marmorstücken nicht selten Centauren und *bärtige Gesichter von Königen* male“.

worden sind. Mit Sicherheit steht außerdem fest, daß ein Einfügen des Felsgesichts aus dem Gedächtnis ausgeschlossen ist. Das Felsgesicht des Alten mit seinen komplizierten Teilformen und dem noch komplexeren Beziehungsgeflecht im übrigen Bild, zeigt trotz aller künstlerischen Veränderungen eine so stupende Übereinstimmung zwischen Natur und Kunstwerk, daß nur die Erklärungsmöglichkeit des Malens in unmittelbarer Gegenwart der Natur bleibt. Das gilt auch dann, wenn man als gesichert unterstellen darf, daß Dürer fähig war, auch kompliziertere Gegenstände ohne deren Gegenwart zur Darstellung zu bringen. Denn die Distanz von der Höhe 202 bis zum Anblick des Hauptfelsengesichts auf der Rückseite des Burgbergs beträgt 900 m Luftlinie und ca. 1500 m Gehweg. Die Distanz zwischen den drei bisher nachgewiesenen Hauptstandorten ist somit nicht nur außerordentlich groß, sondern es steht fest, daß vom Hauptstandort 202 das „Adenauergesicht" lediglich als allgemeine Örtlichkeit, bei einer Drehung des Betrachters um 180°, gesehen werden kann; und daß das Hauptgesicht auf gar keinen Fall von dort gesehen werden kann.

Die Tatsache, daß Dürer die Naturvorgabe des Felsengesichts seitenverkehrt im Bild wiedergibt, läßt gesteigerte Einsicht in sein bildnerisches Denken zu. Entgegen dem bereits erwähnten Fall der Landschaft der „Nemesis" (Abb. 1–2), wo durch den drucktechnisch bedingten Umkehrungsvorgang künstlerische Gründe für eine Umkehrung ausgeschlossen sind, gibt es im Falle des Aquarells nur die bewußte künstlerische Veränderung als einzige Erklärung. So entsteht die Frage nach Dürers Umkehrungsverfahren. Der denkbare Weg, mit einem passend aufgestellten Spiegel das Felsengesicht der Naturvorgabe einzufangen und es aus dem Spiegel seitenrichtig, im Hinblick auf die Verwendung im Aquarell, auf ein handliches Format abzukonterfeien, ist möglich. Da die Übergröße des Naturmotivs allerdings Dürer kaum Schwierigkeiten bereitet haben dürfte, können wir folgenden Weg annehmen: Dürer hat vor der Natur ein genaues Porträt des „Königskopfes" aufgenommen, das in etwa, oder aber schon möglichst genau, der im Bild beabsichtigten Größe entsprach. Dieses Porträt enthielt alle wichtigen Hauptformen. Insbesondere waren deutlich ausgearbeitet: Der Augenbrauenbalken, der untere Teil der Stirn, die Stirnfalten in ihrer gesamten Erstreckung, die Nasenform, der Ansatz der Oberlippe unterhalb der Nasenspitze, die beiden Parallelfugen des Gesteins in Mundhöhe, aber auch auffallendere Faltenzüge im Wangenbereich und die Umrißform des Kinnbartes. Dieses Porträt hat von den Umrissen her so ausgesehen, wie es die relativ grobe Nachzeichnung (Abb. 44) in den Grundzügen ahnbar macht. Die Zeichnung ist durch Nachziehen der Hauptlinien des fotografisch erfaßten Naturmotivs auf einem durchsichtigen Papier entstanden. Die Seitenverkehrung konnte so durch Umdrehung leicht hergestellt werden. Ein Lot konnte hierzu mit Hilfe der im Foto miterfaßten senkrechten Eckkanten der Häuser am Fuß des Felsgesichts recht genau ermittelt werden. Dürer hat mit an Sicherheit grenzender Wahrscheinlichkeit die Seitenverkehrung ebenfalls mit einer Durchzeichnung auf durchsichtigem Papier bzw. durchsichtiger Leimfolie erreicht.[88] Gegenüber der umständlicheren Spiegelung läßt dieses Verfahren vor allem bis zuletzt die kompositionelle Entscheidung für eine bestimmte Blickrichtung des Gesichts offen. – Ausgehend von den Größenmaßen des Augenbrauenbalkens und der Nasenlänge läßt sich photographisch leicht ein Detailfoto des gemalten Felsengesichts (Abb. 41) herstellen, das maßstabsgleich mit dem Gesicht der Naturvorgabe ist. Von dem gemalten Felsengesicht kann unschwer ebenfalls eine Durchzeichnung mit Hilfe eines durchsichtigen Papiers angefertigt werden (Abb. 45). Die besondere Ermittlung eines Lotes entfällt hier, da wir es, ebenso wie den Koordinatenschnittpunkt aus senkrechter Bildachse und Horizontlinie, bereits in der Gestalt des Felsenpfeilers und seines Fußpunktes besitzen.

Wird nun die Durchzeichnung der fotografierten Naturvorgabe über die Durchzeichnung des Dürer'schen Felsengesichtes gelegt, ergeben sich aufregende Einblicke: Um Deckungsgleichheit zwischen den leitenden Formen des Augenbrauenbalkens und der Nasenform zu erreichen, muß die Durchzeichnung der Naturvorgabe um ca. 20° gegen den Uhrzeigersinn aus dem Lot gedreht werden (Abb. 46). Mit dieser Drehung kommen dann auch die Stirnfalten, soweit sie Dürer für sein Aquarell benutzt hat und die Stirnkontur zur Deckung. Auch die verwirrenden Formstrukturen des Naturmotivs innerhalb der Wangenzone sind mit den gemalten Felsadern in der unmittelbaren Nachbarschaft des Pfeilers

88) Vergl. die bestätigenden Untersuchungen zum Werkprozeß der „Grünen Passion" bei Edmund Schilling (S. 22 ff.). Schilling verweist in Fußnote 12 (S. 23) auch auf die Verwendung der zum Pausen verwendeten Gelatineblätter, wie sie bei Meder (Die Handzeichnung 1919, S. 295, Anm. 2; S. 535 (Hilfszeichnungen), S. 534 (Transparente Folien)) ausführlich beschrieben wird. Aus der Vielzahl der möglichen Beispiele aus der „Apollogruppe" seien stellvertretend W. 415 und W. 421 genannt. W. 416 und W. 422 stellen jeweils die darauf bezogenen Durchzeichnungen dar.

prinzipiell deckungsgleich, und die Umrißform des Kinnbartes schließt exakt mit dem Verlauf der Oberkante des oberen Teils der Stadtmauer. Dabei geht die Identität der beiden Durchzeichnungen so weit, daß der Koordinatenschnittpunkt am Fuß des Architekturpfeilers in Dürers Aquarell mit dem Endpunkt des Kinnbartkonturs der Naturvorgabe präzise da zusammenfällt, wo er mit deutlicher Richtungsänderung in den Backenbart übergeht. Auf diesen Punkt, der der gemeinsame Drehpunkt der beiden zur Deckung gebrachten Durchzeichnungen ist, zielen die beiden parallelen Felsrisse, die in der Naturvorgabe die Mundzone markieren. Dieser Drehpunkt (er ist auch deckungsgleich mit dem Augpunkt!) erhält besondere Bedeutung, indem an ihm die architektonische Formenfiguration am Koordinatenschnittpunkt des Aquarells – aus Felspfeiler, oberem Mauerstück und Kinn- und Halszone – die, wie hiermit noch einmal bestätigt ist, zu Recht in entwickelter Form auf der Hauptansichtsseite identifiziert wurde, in ihrem völligen Einklang mit der – allerdings unentwickelten Formvorgabe – auf der Rückseite des Burgbergs erkennbar ist. Dürer hat also sowohl die Einzelform durchschaut als auch die Art und Weise, wie die Natur ihre Gestalten verfertigt, erkannt und in seinem Werk, im Sinne einer „Totalisierung“ (Klee) des Gegenstandes, angewandt.

Dies Ergebnis läßt zwingende Schlüsse zu: Dürer muß seine absichtsvoll erzeugte, seitenrichtige Naturstudie des Felsengesichts während des Malens an der Gesamtansicht vor sich gehabt haben. Er hat die physiognomische Studie so lange gedreht und hin und her verglichen, bis sie ihm in optimaler Weise auf die übrigen Bildkompartimente bezogen erschien. Die Übertragung ist wohl zum Teil mechanisch, in entscheidenden Teilen jedoch frei vorgenommen worden. Denn mit dem Erstaunen über die Dürer mögliche Genauigkeit der Nachahmung der Natur darf nicht übersehen werden, daß dem Maler mit *fast (!)* den gleichen Formen ein völlig anderer Ausdruck und Sinn geglückt ist. Dieses andere ergibt sich nicht nur aus der Neigung des Kopfes oder aus der Bezugnahme zu einem Teilmotiv, sondern aus den kleinen, aber wirkungsvollen und im genauen Vergleich ersichtlichen Gestaltverwandlungen, die alle vorkommenden Formen betreffen. Der uns zur Verfügung stehende Maßstab der „objektiven“ Fotografie bringt die Formveränderungen und Kombinationen deutlicher zum Vorschein, die am gemalten Bild allein nicht abgelesen werden könnten, da weder „Deformation“ noch fehlende Verbindung der mannigfaltigen Erscheinungen erkennbar sind. Die Veränderungen können nun nicht nur überblickt werden, sondern sie erweisen sich gerade am Maßstab des bloß Gegenständlich-Richtigen als Erfindung. So zeigt etwa die fehlende Identität der Winkel zwischen Nasenrücken und Augenbrauenbalken – die ihrerseits z.B. in den Längenmaßen identisch sind – die offenbar für Dürer jederzeit erreichbare Treue gegenüber der Natur, sowie die zugleich jederzeit erreichte Realisation bestimmter Sinnzusammenhänge durch die Bevorzugung bestimmter Lagen, Farben oder Perspektiven, durch Klärungen und Verunklärungen, durch Schwächungen und Steigerungen der Formen. Die Einsicht, die uns Dürer in sein Verhältnis zu den Objekten erlaubt, ist sehr eigenartig. Obwohl der Gegenstand Felsengesicht mit geradezu wissenschaftlicher Akribie auf seine Stofflichkeit, Gestaltbildung, seine Teile und Verhältnisse untersucht wird, sieht Dürer diesen Gegenstand doch zugleich nicht objektiv vermessend ohne Teilnahme an. Er sieht ihn immer schon hin als einen individuell hervorgebrachten, durch ihn gesehenen Gegenstand, der so nicht noch einmal existiert. Die Freiheit zur künstlerischen Hervorbringung bedeutet dabei nie beliebige Verformbarkeit, sondern Verwandlung eines in der Natur als Keim Gesehenen, unter Beibehaltung und sogar Steigerung von Stofflichkeit, Tastbarkeit, Farbigkeit und sinnlich wahrnehmbarer Unmittelbarkeit. – Obwohl eindeutig nachgewiesen werden konnte, daß Dürer, ohne das Hilfsmittel des Fotoapparates zu besitzen, die Deckungsgleichheit zwischen dem fotografisch erfaßten objektiven Abbild und dem gemalten Bild des Objektes erreichen könnte, tut er dies gerade nicht.[89] Er setzt vielmehr das menschliche Auge als das zu jeder lebendigen Hervorbringung von Bildern dazugehörige leiblich-geistige Organ und als den zugleich dazugehörigen Maßstab[90] in sein Recht. Analog zum Vermögen zur „richtigen" Wiedergabe, die die freie Erfindung zuläßt, ja herausfordert, knechtet ihn ganz entsprechend auch die Kenntnis der perspektivischen Sehordnung nicht, sondern erlaubt den freien Zugang zum Schauen, den Bezug des Sehenden auf das Gesichtshafte – und selbst Anschauende – der Natur. Die Objekte oder Gegenstände (Felsen, Wege, Bäume, Landschaften) sind für Dürer demnach nichts schlechthin Gegebenes, Objektives. Sie sind nicht bloße Objekte der Untersuchung, sondern Phänomene, die sich zeigen. Sie bestimmen die Form seines Anschauens und Denkens, ebenso wie seine Auffassungsweise und -kraft die Gegenstände

89) Vergl. Goethe I, S. 185.
90) Vergl. Leber II, S. 29 ff.

bestimmt. Die Dinge sind bei Dürer nichts Materielles, denen das Geistige erst verliehen werden müßte, und sie sind nicht Objekte, über die beliebig verfügt werden kann, sondern sie bedeuten etwas. Deshalb wirken die gefundenen und erfundenen Objekte in Dürers Bildern nicht, als ob sie vernutzt werden könnten, sondern sie sind darin aufgehoben.

Bisher stand vor allem Dürers Kraft zur Synthese im Mittelpunkt des Interesses. Jetzt soll, entsprechend der Besonderheit der bisher noch nicht genauer untersuchten Bildteile, das noch nicht vollkommen zur Synthese Gebrachte, dem das Zusammengesetzte der Teile noch angespürt werden kann, stärker in das Blickfeld gerückt werden. Hierzu kehren wir wieder zum Hauptstandpunkt 202 zurück. Von der Piazza Italia aus überqueren wir deshalb die Sarca, umrunden mit der Hauptstraße Arcos die Südausläufer des Burgbergs und wandern die Via Fossa Grande in Richtung Santa Maria di Laghel bergauf (Abb. 28–29), folgen, uns linker Hand haltend, der Via Lomego in süd-westlicher Richtung, um nach erneuter scharfer Umbiegung in nord-westlicher Richtung bis zur Gipfelhöhe des Standortes 202 aufzusteigen. Die Zone, die wir von hier aus noch einmal genauer in den Blick nehmen, ist vor allem die Talfuge zwischen dem waagrecht gelagerten Vordergrundsbereich und der Fußzone des Burgberges, wo die am höchsten gelegenen Häuser Arcos und der darüber sichtbare, üppig mit Ölbäumen bewachsene Fuß des Burgbergs sichtbar werden (Abb. 25). Alle wichtigen Teilmotive der Vorgabe, außer dem Vordergrundsbereich, sind von Dürer aufgenommen worden. In Entsprechung zu den künstlerischen Veränderungen innerhalb der linken Bildhälfte ist alles näher zusammengeschoben und zugleich in den Neigungswinkeln und Höhenmaßen gesteigert worden. So ist jede auffallendere Ein- oder Auswölbung im Konturverlauf des Burgbergs, vom Pallas bis hinab zum Meß- und Haltepunkt des Turmes der barockisierten Kirche von Arco, nachvollziehbar. Am Anteil der Licht- und Schattenflächen ablesbar, ist er wie alle übrigen Turmgebäude von der Höhe 202 aus durch Dürer aufgenommen worden. Auch der charakteristische Zick-Zack-Weg, der von Arco aus mit rasch aufeinander folgenden Spitzkehren über Vortürme zur Wohnburg hinaufführt, ist noch erstaunlich genau nachvollziehbar (Abb. 31). Bei grundsätzlicher Übereinstimmung in Foto und Aquarell (Abb. 23, 31), hat Dürer im unteren Bereich gegenüber der Naturvorgabe den Steigungswinkel geschwächt, ihn nach der 1. Kehre, in Höhe des horizontal gelagerten Blindweges, allmählich gesteigert, um den Weg nach der 3. Kehre

schließlich sehr steil in die Höhe zu führen. Der Zick-Zack-Weg beginnt bei dem Kirchturm unten, der innerhalb der Häuser „Arcos" den ruhig beherrschenden Anfang setzt, und kulminiert im raumhaltig mächtigen Knotenpunkt der Wohnburg, von dem aus Mauerführungen geradlinig zu den akzentuiert, aber sehr klein gesetzten Formeinheiten des Bergfrieds und des äußeren Wachtturms aufsteigen.
Vor allem aber umfaßt die Übereinstimmung zwischen Naturmodell und Bild auch die im Aquarell stufig gebrochene Boden- und Standlinie von Arco, die zugleich die obere Formbegrenzung des ockergrundigen Weinbergs ist. Über die Identität der bereits verglichenen oberen Stadtmauerteile hinaus sind auch die Formverläufe der Häuserstandlinie des Aquarells und der Übergangszone zwischen Vordergrund und Sockel des Burgbergs identisch (Abb. 24, 31, 51). Dürer hat den in der Natur vorgegebenen Konturverlauf des Vordergrundes, der ja durch den Bewuchs mit Ölbäumen nur etwas höher geschoben ist, übernommen und ihn sogleich umgedeutet zur oberen begrenzenden Form des von unten her schräg ansteigenden Weinberges. Diese Übernahme geht so weit ins Detail, daß die Hausdächer von Arco, ungefähr in der Mitte dieser getreppten Konturgrenze bzw. Standlinie, bei Aquarell und Foto in der gleichen Weise „versinken". Wäre nicht die geschickte Wiederaufnahme des Motivs der Stadtmauer unterhalb des Kirchturms und nahe bei der Porta Scaria, die das im ganzen Umfassende der Stadtmauer trotz des Intervalls der Maueröffnung suggeriert, so wäre das Versinken der Häuser hinter dem Sandwall auffälliger. Im Bild ist dies die einzige Stelle, wo auch ohne Vergleich mit den topographischen Gegebenheiten ein Rest von Zusammen-Gesetztem spürbar und nachweisbar bleibt. So gelungen die Verwandlung des (heutigen) waagrecht gelagerten Olivenhains, an dessen Stelle auch zu Dürers Zeiten ebenes Terrain sich ausdehnte, in den Schräghang des Weinbergs anmutet[91)], so sehr provozieren die kleinen Formen der Rebstöcke den Größenvergleich mit den Formen der Häuser; und diese sind wiederum unmittelbar vergleichbar mit den prachtvollen Ölbäumen, die den Zick-Zack-Weg begleiten. Sobald man einmal darauf aufmerksam geworden ist, ist zu sehen, daß die Häuser insgesamt zu klein und die ihnen zugeordneten Olivenbäume zu groß geraten sind. Bei genauester Einhaltung und Beherrschung(!) kor-

91) Inwiefern die Rebenpflanzung langweilig ist und von Dürer unvollendet gelassen sein soll, wie Pappenheim (S. 54) meint, bleibt unerfindlich.

rekter, perspektivischer Darstellung bei den Turmwerken, dem Mauerwerk und auch bei den lebhaft verschachtelten Häusern von „Arco"[92] ist in diesem Bildbereich ein wichtiges Perspektivgesetz, das Dürer allerdings mit Sicherheit gekannt hat, verletzt: Gleichartige und etwa gleichgroße Gegenstände dürfen nicht in der Größe differieren, wenn sie in gleicher Ebenbreite, und damit gleichem Abstand vom unteren Bildrand, im Bild erscheinen, da sonst Diskontinuität im Erleben der Raumtiefe fast unvermeidbar ist. Dürer führt selbst ein Muster exemplarischer „richtiger" Raumerschließung vor. Der Zug der Olivenbäume in der linken Bildhälfte zeigt, zugleich mit der allmählichen Verringerung der Höhenmaße, auch die stetig wachsende räumliche Distanz zum Betrachter an.[93] Aber der Vergleichsblick auf die Größen der Olivenbäume, in der gleichen Höhe der horizontalen Querachse, auf der rechten Bildseite zeigt auffällige Größenunterschiede. Der im ganzen vorbeitreffende Vorwurf Stadlers: „Arco wird aus seinen Teilen zu einer Einheit legiert. Es ist noch das additive Sehen der Frühgruppe, aber mit der Fähigkeit der Einordnung des Einzelnen in ein Ganzes." (Stadler, S. 8), läßt sich für einen Teilbereich des Bildes belegen. Allerdings scheint das Erstaunen über die Selbstverständlichkeit, mit der diese „Fehler"[94] unwirksam gemacht sind, fruchtbringender zu sein als das Konstatieren einer aus Perspektivfehlern erschlossenen „primitiven Kompositionsstufe";[95] denn innerhalb der Waage der Bildgewichte sind die „Fehler" notwendig und aufgehoben. Man stelle sich nur probeweise die Olivenbäume oberhalb der Stadt auf die Größe der Exemplare der Gegenseite reduziert vor.

Wie kunstvoll das in der Logik des Bildes richtige Maß der „zu kleinen" Stadthäuser erzeugt ist, zeigt der Blick auf den Grenzverlauf zwischen Häusern und Weinberg (Abb. 23). Bei aller bisher nachgewiesenen Über-

92) Rapkes (S. 14 ff.) Bemerkung über die unzulässige Annahme verschiedener Horizonte innerhalb eines Bildes verkennt die für Arco bis heute charakteristische Mannigfaltigkeit mittelalterlicher Baukunst (vergl. Abb. 29, 31).

93) Vergl. hierzu die Ausführungen Hermann-Fiores (I, S. 56 ff.). Eine sprunghafte Veränderung der Größen bei den Olivenbäumen von „Arco", die Fiore sieht, kann ich allerdings nicht erkennen.

94) Hermann-Fiores (I, S. 56) hat darauf hingewiesen, daß es bei derartigen Größenunterschieden gleichartiger Objekte allerdings erstaunlich ist, daß sie zunächst unbemerkt und mit natürlicher Selbstverständlichkeit vorhanden sind.

95) Stadler, S. 8.

einstimmung zwischen Naturvorgabe und Bild bleiben an dieser empfindlichen Grenzstelle zwischen Vorder- und Mittelgrund zwei Unterscheidungen:

1. Bei Dürer ist die Stadt als Ganzes horizontal gelagert. Sie wirkt mit am System der achsialen Bildfestigung. Im Foto ist dagegen das in der Wirklichkeit vorgegebene schräge Herabsinken der Häusermasse gegen die rechte Bildseite erfaßt.
2. Die gesamte weit ausgreifende rechte Flanke des Berges, mit dem Zick-Zack-Weg und der Stadt ist im Bild zu steilem Ansteigen und Aufragen zusammengeschoben und verdichtet.

Das zuletzt genannte Faktum hat mehrfach zu der Vorstellung der „gotischen" Übersteigerung verlockt.

Nach den bisherigen Beobachtungen zu Dürers Bildbaugesetzen und seiner eminenten Fähigkeit zur Zwiesprache mit der Natur ist dies nicht mehr haltbar.[96] Bild 47 ist von einem 2. Hauptstandort Dürers aus aufgenommen worden, von dem aus die Gesamtansicht überblickt werden kann. Er liegt 600 m (Luftlinie) weit entfernt vom Standort 202 in südöstlicher Richtung, nahe bei der Anhöhe 150, oberhalb von Chiarano (Abb. 28). Die Standortveränderung und die damit verbundene Blickwinkeländerung um etwa 15°, bringen erhebliche Veränderungen des Anblicks der Burganlage mit sich. Insgesamt wirkt der Burgberg steiler und rückt so näher an Dürers Sicht. Vor allem erscheint der vorher weit auszüngelnde olivenbewachsene Fuß des Berges jetzt passender in seinen kompakteren Proportionen. Der Zick-Zack-Weg ist in seinen Winklungen jetzt fast identisch mit dem Aquarell. Die horizontale Lagerung der Stadt ist jetzt ebenfalls ganz nahe an Dürers Auffassung. Allerdings zeigt die fehlende Übereinstimmung der Grenzzone zwischen Vordergrund und Standlinie der Häuser, daß Dürer die Stadt in ihrer flächenbezoge-

96) Vergl. die gegensätzlichen Auffassungen z.B. bei Gerstenberg, S. 435 und Pappenheim, S. 35. Was in Dürers Bild vermißt werden muß, ist die zeichenhafte Überhöhung mittelalterlicher Bilder von Burgen und Städten, die von jeder ablenkenden Stofflichkeit, die die Aktivität des Ragens schmälern könnte, befreit sind. Bei einem Vergleich von Bildern S. Martinis und entsprechenden Fotos der Naturlandschaft (vergl. U. Feldges, S. 30) kann deshalb höchstens von „Porträtzügen" gesprochen werden. Dürer gibt dagegen ein *Landschaftsporträt im umfassenden Sinn*. Insofern sind auch nicht die Erfahrungen mit venezianischer Malerei für Dürers neuen Weg entscheidend, sondern seine neue Naturschau (vergl. Hermann-Fiore, S. 32 ff.).

nen Umrißform nicht von hier aus gemalt hat.[97] Lediglich den Akzent der waagrechten Lagerung hat Dürer hier für die Anlage der Stadt gewinnen können. In jedem Fall macht der Einbezug dieses zweiten Standortes[98] deutlich, daß für das bildnerische Prinzip der „Verdichtung" bzw. der Höhensteigerung in der Natur handfeste Vorgaben zu entdecken waren. Wie kunstvoll Dürer es verstanden hat, trotz starker Änderung des Standortes einen unnatürlich wirkenden Bruch zwischen den beiden verschiedenen Ansichten zu vermeiden, wird aus der Beobachtung eines Details ersichtlich (Abb. 47), das er in analoger Weise benutzt wie die Abbruch- oder Umschlagkanten bei der Bildung von Zusammenhang erzeugenden Felsgesichtern.

Oberhalb des modernen Zweckbaus, der den Vordergrund beherrscht, ist einer der drei Rundtürme[99] der Westmauer sichtbar. Unmittelbar rechts daneben steht eine vereinzelte Zypresse. Das nächstliegende größere Gebäude ist das heutige „Albergo Belvedere". Man könnte den Turm ohne Ortskenntnis für den Rundturm in Dürers Blatt halten. Erst der Vergleich mit Abb. 24, 36 und die Überprüfung der Lagebezüge zum Koordinatenschnittpunkt machen deutlich, daß Dürer diesen neu in den Blick geratenen Rundturm gar nicht als Modell für seinen Turm genommen haben kann. Er erkannte ihn als geeignete Verknüpfungsstelle der beiden Hauptansichten. Da der von der Hauptansicht und der vom jetzigen Standpunkt aus sichtbare Turm gleich aussehen, hat er beide in eins fallen lassen und so das ganze Zwischenstück des für seine Zwecke zu breit ausgedehnten Bergsockels ausgelassen. Noch ein dritter Hauptstandpunkt wurde von Dürer benutzt. (Die beiden Felsgesichter bedingen einen vierten und fünften Standpunkt.) Von Riva kommend, fahren wir auf der Hauptstraße in nordöstlicher Richtung ca. 700 m vor den ersten Häusern Arcos nach links in Richtung des Santuario delle Grazie ab, um nach 250 m Halt zu machen. Von diesem Standpunkt in der Ebene haben wir eine gute Aussicht auf den ca. 2200 m entfernten „gotisierend-steilen" Burgberg von Arco (Abb. 48, 28). Sowohl der linksseitige Burg-

97) Hier irren sich Tappainer und Clerico, da sie zwar richtig die Gesamtlagerung der Stadt bemerkt haben, aber nicht das System der Grenzbildungen, die bei Dürer immer auch Übergänge ermöglichen.

98) Vergl. Pappenheim, S. 53.

99) Der dritte, gleichartige Halbrundturm, den Dürer ebenfalls weggelassen hat, befindet sich in der Nähe des Wendepunktes der dargestellten oberen Staudtmauerteile und wird durch Zypressen verdeckt.

bergkontur, mit dem jetzt steiler wirkenden Paßmotiv, als auch der rechtsseitige Kontur, mit dem jetzt ganz nah herangerückten Kirchturm, bringen das Ragungsaktive[100] zum Vorschein. Die Genauigkeit der Standortbestimmung geht so weit, daß ein für die Bilderfindung relevanter Standort im Südosten der Sarcaebene, etwa unterhalb von Nago, ausgeschlossen werden kann. In diesem Fall würde der abrupte Felsabbruch der Ostseite des Burgbergs durch seine asymmetrisch halbierte Gestalt die Vorstellung der Ganzheit der Berggestalt empfindlich stören (Abb. 49). Wir haben also ein Lehrstück der Perspektive vor uns, das zeigt, wie die Gestalt der Objekte von Standort und Augenhöhe des Betrachters abhängt. Es darf angenommen werden, daß der Anblick des Berges, wie Dürer ihn aus der Ebene gesehen hat, in der Stufenfolge des bildnerischen Prozesses am Anfang gestanden hat.

100) Vergl. insbesondere M. Gosebruch III, S. 56 ff und M. Gosebruch IV, S. 32 und 51 ff., wo die Kategorie der „aufragenden Figur" der Bildwelt Giotto's und Dante's zugeordnet wird. Dieser kunstgeschichtliche Begriff läßt sich nicht auf Dürer übertragen.

DER ZUSAMMENHANG ZWISCHEN DEN ÄSTHETISCHEN LEHRSCHRIFTEN DÜRERS UND SEINER LANDSCHAFTSMALEREI

Die Felsgesichter des Arcobildes und ihr Bezug zur Proportionslehre

Dürer begegnet uns im Arcobild als ein Maler, dessen Beschäftigung mit dem Schönen in hohem Maß als neuzeitlich zu kennzeichnen ist und dessen Bewußtheit am Grad der verändernden Eingriffe in die vorgegebene Natur erkannt werden kann. Es stellt sich die Frage, inwiefern die Gestaltungsprinzipien des Arcobildes mit Dürers Aussagen in seiner theoretischen Kunstlehre, besonders auch solchen, die das Wesen des Schönen betreffen, zusammenhängen. Als erschwerend für unsere Fragestellung könnte eingeschätzt werden, daß Entwürfe und ausführlichere Konzepte ausdrücklich ästhetischen Inhalts erst aus späterer Zeit (1512/13 und später) erhalten sind.[101] Hinzu kommt, daß die ästhetischen Schriften Dürers, wie alle Kunsttheorie der Renaissance, sich *vor allem auf das Schöne in der Gestalt des Menschen beziehen.*[102] Diese Schwierigkeit wird jedoch, wie im Laufe der Darlegung deutlich werden soll, beseitigt, indem mit dem sog. „Ästhetischen Exkurs" Dürers – am Schluß des dritten Buches der Druckausgabe der Lehre von menschlicher Proportion (1528) – *eine definitive Zusammenfassung der ästhetischen Gedanken Dürers vorliegt, die nicht nur für bestimmte Gegenstände der Kunst oder bestimmte Entwicklungsstufen des Werks, sondern für Dürers gesamte Natur- und Kunstanschauung von entscheidender Aussagekraft ist.*[103]
Die Bedeutung dieses „Ästhetischen Exkurses" zeigt sich bereits in seiner Entstehungsgeschichte, wie sie aus den erhaltenen Entwürfen sowie aus seiner Stellung innerhalb der Kunstlehre Dürers deutlich wird. Nach der Rückkehr von der zweiten Italienreise wird Dürers Plan für ein *Lehrbuch der Malerei* aus verschieden erhaltenen Entwürfen faßbar. Und „bereits 1513/15 berichtet Christoph Scheuerl ..., daß Dürer als

101) Vergl. Rupprich I, Bd. 1, S. 39.
102) Vergl. Panofsky I, S. 78.
103) Vergl. Panofsky I, S. 122 f. und Rupprich I, Bd. 3, S. 267 ff.

einziger nach Apelles ein Buch „Von der Kunst und Ursach der Malerei" geschrieben habe." (Rupprich I, Bd. 1, S. 7). Dieses Lehrbuch der Malerei ist allerdings nie veröffentlicht worden. Der Plan war so umfassend, daß nahezu drei Jahrzehnte theoretischer Arbeit Dürers – die fast ausnahmslos in engstem Zusammenhang[104] mit seinen künstlerischen Arbeiten zu denken ist – zu seiner Ausführung nicht hinreichten. Nach den erhaltenen Niederschriften Dürers hat H. Rupprich eine Rekonstruktion des gesamten Vorhabens erstellt.[105] Aus einem der vier erhaltenen Entwürfe von 1508 zur Vorrede und Inhaltsangabe des Lehrbuches ist das Gesamtvorhaben deutlich erkennbar. Die Inhaltsangabe des zweiten Hauptkapitels geben wir im fortlaufenden Text wieder, da einige Unterkapitel unser gesamtes Anliegen unmittelbar berühren:

Dürer	*Rekonstruktion (Rupprich)*
Daz sind trey hawbtpunkt des gantzen puchs.	
I. Item der erst deill des puchs jst die vorred. Item die vorred peschlewst jn jr trey teill …	I.
II. Item daz ander teill des puchs ist die verfürung[7] des molens. Daz jst awch jn treierle weis.	II. Die Durchführung (Ausübung) des Malens.
1. *Item der erst teill seit von der freÿikeitt[8] molens, jn sexerle weis.*	1. Von der Freizügigkeit des Malens: a – f
2. Item der ander teill seit von der messung der menschen vnd gepew vnd was nottorft zwm molen ist, jn sexerle weÿs.[9]	2. Von der Proportionslehre und den Bedürfnissen zum Malen. a) Die Maße der Menschen b) Die Maße der Pferde

104) Innerhalb dieser prinzipiellen Zusammengehörigkeit kann dann allerdings mit H. Rupprich (I, S. 19) unterschieden werden. In der ersten geometrischen Phase der Proportionsstudien zeigt sich der Niederschlag der Einsichten Dürers unmittelbar in den künstlerischen Arbeiten (z.B. „Adam und Eva" von 1504, W. 333). Um die Zeit der 2. Italienreise lernt Dürer ein arithmetisches Verfahren kennen. Mit der Veränderung seiner Meßmethoden geht die Entstehung des Plans zu einem großen Lehrbuch der Malerei einher. Der vorher ganz nahe Bezug zwischen eigener künstlerischer Arbeit und wissenschaftlichem Forschen wird allgemeiner und übergreifender.

105) Rupprich I, Bd. 2, S. 84.

3. *Item der dritteill seitt von allem dem, daz man sich*[10]*, schilt*[11] *sich eins teills ab, daz zw machen. In sex weÿs.*	c) Die Maße der Gebäude d) Perspektive e) Licht und Schatten f) Farbenlehre 3. Von den sichtbaren Dingen und ihrer Auswahl zum Malen: a – f
III. Item das tritteill des puchs jst die beschlissung. Vnd hat awch treÿ teill …	III.

(Rupprich I, Bd. 2, S. 91)

Leider sind zu II, 1 (a – f) und II, 3 (a – f) keine detaillierten Inhaltsangaben erhalten.[106)] Wie bedauerlich dies ist, zeigen die Anmerkungserklärungen 8 und 11 Rupprichs. Das Wort „freÿikeitt" übersetzt er mit *Freizügigkeit.* Er betont jedoch, daß dies „selbstverständlich [nur] im Rahmen des damaligen Kunstbetriebes" gemeint sein könne, und bezweifelt, daß an „freidikeit, Keckheit" zu denken sei.[107)] Damit in Zusammenhang steht die Erklärung zu Anmerkung 11: „Das überlieferte „schilt" ist nicht Schreibfehler, wie Lange-Fuhse annahmen, sondern gehört zu schielen, schillen, schilchen swv., in schiefer Richtung blicken, von der Seite anblicken, beobachten, refl. *mit Blicken für sich etwas auswählen,* für sich entnehmen, sich aneignen. Der Satz ist zu übersetzen: Der dritte Teil handelt von all dem, was man sehen könne, er sondert für sich ein Teil ab, um es nachzubilden, in sechserlei Weise." (Rupprich I, Bd. 2, S. 92) Das im Arcobild Kennengelernte erlaubt nun doch an ein keckes Vorgehen zu denken, das den Rahmen des damaligen Kunstbetriebs sprengt! Wie man sich „eins teills ab schilt" und mit „freÿikeitt" für sich auswählt, hat Dürer in „Arco" vorgeführt.
Ein zweiter erhaltener Entwurf von 1508[108)] geht sogar über die Arcoerfahrungen hinaus: „Daz tzehent *van freyen gemell, daz alein an alle hillff aws der fernunft*[8] gemacht würt." (Rupprich I, Bd. 2, S. 95). Der „Naturnach-

106) Vergl. Rupprich I, Bd. 2, S. 84.
107) Vergl. Rupprich I, Bd. 2, S. 92.
108) Vergl. Rupprichs detaillierte Begründungen (I, Bd. 2, S. 94 f.).

ahmer" Dürer geht bereits 1508 so weit, daß er ein Bild ganz frei ohne jede Hilfe durch eine Naturvorgabe oder ein Modell, allein aus der Vernunft, nicht nur für erzeugbar hält, sondern zu lehren beabsichtigt, wie man das macht. Daß darüber hinaus gerade auch die Landschaftsmalerei im Rahmen des Lehrbuchs zur Darstellung kommen sollte, können wir aus dem Bericht Pirckheimers im Nachwort zum Druck über das Lehrbuch der Malerei entnehmen.[109] Unser Anliegen, die hier klaffende empfindliche Lücke für den Bereich der Landschaftsmalerei zu schließen, ergibt sich auch daraus, daß Dürer die Hoffnung auf eine Ausführung des Malehrbuchs bis an sein Lebensende aufrecht erhielt.[110] Es ist nicht dazu gekommen, aber aus den zahlreichen schriftlichen Entwürfen und Vorstufen des Gedankens, Skizzen und Konstruktionszeichnungen gingen schließlich drei überwiegend mathematisch geprägte, umfassende theoretische Werke in Druck: 1525 die Unterweisung der Messung, 1527 der Unterricht zur Befestigung der Städte und 1528 die Proportionslehre. Zu dieser Folge der Hauptwerke sind einige andeutende Bemerkungen notwendig. Mit zunehmendem Interesse an der menschlichen Gestalt und ihrer Schönheit wird für Dürer die „Lehre von menschlicher Proportion" immer wichtiger, so daß 1513 der Plan des Malerbuchs zurückgestellt wird. Um über das bloß „natürliche Wohlgefallen" hinauszugelangen, war der Schritt zu einer Proportionslehre unumgänglich. Eine der frühesten ästhetischen Aussagen Dürers zeigt das Wissen um die Notwendigkeit dieser Entwicklung klar an: „Das Urtheil der schon Gestalt ist glaubhaftiger bei einem Kunstreichen [Wissenschaftlich-Kenntnisreichen], dann bei den, die ein *natürlich Wohlgefallen* nehmen. Dann ein künstreich Mensch mag etwan Ursach anzeigen, woran ein Gestalt hübscher sei weder die ander. *Eine rechte Maß gibt eine gute Gestalt, nit allein im Gemäl, sunder in allen erhabnen Dingen, wie die fürbracht [hervorgebracht] mügen werden*". (Lange-Fuhse, S. 240). Es ist im Rahmen unseres Themas nicht notwendig, auf die verschiedenen Methoden Dürers oder ihre Entwicklung von einem zunächst geometrischen Verfahren, mit deutlicher Beziehung zu Vitruv, zu einem arithmetischen, mit deutlicher Beziehung zu Alberti, ausführlich einzugehen.[111] Nur da, wo neue

109) Rupprich I, Bd. 1, S. 126. Vergl. zu dieser Stelle Rupprich I, Bd. 2, S. 89.
110) Belegstellen bei Rupprich I, Bd. 1, S. 101 und Bd. 2, S. 88 f.
111) Zu verweisen ist auf die Werke von H. Klaiber, H. Rupprich I, E. Panofsky I und H. Kauffmann I.

Bezüge gezeigt werden können, sollen ausführliche Erklärungen erfolgen. Für den Fortgang der theoretischen Studien bleibt entscheidend, daß die Gewinnung der wohlportionierten Maße das eigentliche Hauptkapitel der praktischen Kunsttheorie Dürers geworden ist, dem vieles andere weichen mußte. 1523 war die Proportionslehre schon sehr weit gediehen, aber der Druck unterblieb, weil Dürer noch eine Vorbereitung des Publikums für nötig erachtete. Er veröffentlichte daher zunächst die „Unterweisung der Messung", die dem leichteren Verständnis der Proportionslehre dienen sollte. 1528 lag schließlich die in vier Büchern „gepesserte" „Lehre von menschlicher Proportion" vor, so daß noch zu Lebzeiten Dürers mit dem Druck begonnen werden konnte. Es bestehen nicht nur vielfältige Zusammenhänge zwischen diesen drei Werken der praktischen Kunstlehre und dem darin eingebundenen „Ästhetischen Exkurs", sondern wichtige Teile des „Ästhetischen Exkurses", der uns neben der gedruckten Endfassung in einer großen Zahl von je verbesserten Vorentwürfen vorliegt, hängen mit der Vorrede für das nach 1508 projektierte Malerbuch, „genennt eine Speis der Malerknaben", bzw. mit den Proportionslehren von 1512/13 und 1523 zusammen.[112)] Andere Teile des „Ästhetischen Exkurses" sind inhaltlich vor allem durch ihren Ort, am Ende des 3. Buches der Proportionslehre, bestimmt. Die im 3. Buch aufgezeigten Möglichkeiten zur Veränderung der Proportionen des Kopfes, vor allem aber der Aufweis der geometrischen Umkonstruktionsmöglichkeiten der menschlichen Gestalt durch die Mittel des *„Verkehrers", „Wählers", „Zwillings", „Zeigers" und der beiden „Fälscher"*, d.h. die Eröffnung unbegrenzter Möglichkeiten Menschen „aus der Maß" zu machen, erforderten am Ende des 3. Buches eine prinzipielle Begründung der komplizierten Proportionsstudien und zugleich eine Klärung der ästhetischen Prinzipien des künstlerischen Hervorbringens. In den ersten beiden von insgesamt *„Vier Bücher von menschlicher Proportion"* eröffnet Dürer den Ausblick auf eine große Anzahl paradigmatischer menschlicher Gestalten unterschiedlichster Art. Im dritten Buch zeigt er, über diese *„varietà"*, die *„Unterschied"*, hinausgehend, geometrische Verfahren, mit deren Hilfe man beliebig viele weitere Varietäten erzeugen kann.[113)]

112) Vergl. H. Klaiber, S. 238 ff. und Rupprich I, Bd. 1, S. 269.

113) Panofsky (V, S. 160–163) hat gegenüber der Auffassung von H. Kauffmann bewiesen, daß die Figuren des ersten und zweiten Buchs Anwendungsobjekte dieser geometrischen Variationsverfahren sind.

Ein ausdrückliches Anliegen sieht er darin, sein „Werkstattgeheimnis" nicht für sich zu behalten, sondern den Schlüssel zur Gestaltung der „Unterschied" im allgemeinen – vorzüglich aber zur Gestaltung des Menschen – allen Künstlern zu übermitteln.[114)] Das Sendungsbewußtsein, mit dem uns Dürer entgegentritt, ist durchaus gerechtfertigt. Denn, was er geben will, ist nicht wenig: Größtmögliche „varietà" und „convenienza" bei *stets beachteter Naturmöglichkeit*. Dürer gebraucht für „convenienza" nicht den allgemeineren Begriff „Harmonie", sondern den der *„Vergleichlichieit"*. Beide Begriffe, „varietà" und „convenienza", „Unterschied" und „Vergleichlichkeit", spielen im „Ästhetischen Exkurs" des 3. Buches eine entsprechende Rolle. Das 4. Buch dient zur Veranschaulichung der Bewegungslehre. Da zeigt er systematisch auf, wie bewegte Figuren nach geometrischen Prinzipien perspektivisch richtig dargestellt werden können und auch welche Bewegungen möglich sind: „... So nun fil jn den fordern dreien büchlen beschriben ist, wy dÿ bilder gemacht, ferendert vnd durch mencherley vnderschid ferkert mügen werden, so tut dornach nott, das man wis, wo man sÿ jn jren glidern bigen und ferwenden soll, wÿ mans haben will, so fer sich das leiden kan[1] [sich zusammenreimt]." (Rupprich I, Bd. 3, S. 250). Sobald die Bewegungslehre von der Beschreibung rein mechanischer Vorgänge übergeht auf die Beschreibung innerer seelischer Zustände, die die Regung der Gebärde bedingen, muß das geometrische Verfahren notwendig an seine Grenze kommen.[115)] Dürers Bemerkungen bleiben dann eher andeutend.[116)] Es herrscht hier eine deutliche Diskrepanz zwischen Dürers theoretischer Lehre und seiner künstlerischen Verwirklichung großartiger Gebärdenerfindungen im Werk, das sonst in enger Beziehung zur Theorie gesehen werden darf. Diese Diskrepanz[117)] ist wohl am ehesten dadurch zu erklären, daß Dürer eine psychologisch begründete Bewegungslehre nicht auf objektive Weise für lehrbar hielt. Sie setzt ja, ihrer Natur gemäß, den höchsten Grad künstlerischer Subjektivität voraus.

114) Lange-Fuhse, S. 299.

115) Vergl. Panofsky (I, S. 71), der hier auf die Überlegenheit Leonardos verweist.

116) Lange-Fuhse, S. 232, 5 und S. 234, 22.

117) Panofsky (I, S. 72 f.) wertet Dürers Leistung scharf ab, indem er sie mit Leonardos „aus allerfeinster Beobachtung erwachsene[n] psychologische[n] Bewegungslehre" vergleicht.

Im 3. Buch, wo außer geometrischen Variationen der menschlichen Figur auch die Möglichkeiten der *Gesichtsbildung* erörtert und mit Zeichnungen illustriert werden, schreibt Dürer 1528: „In diesem allem mus [muß] man der wörter der vnderschid [groß, klein-lang, kurtz-usw.], dÿ jm anfang beschriben sind, gar eÿgeltlich acht nemen. Dan doraws find man, das dreÿerleÿ vnderschid der angesicht nach der seiten [im Profil] zw sehen sind, nemlich ein *schlechtz [schlichtes] ebens* angesicht, *ein aws gebogens* als dÿ hasen köpff [wie Hasenköpfe], vnd ein *eingebogens*[7] ... ... Diese dreÿerleÿ sort der angesicht sind vntzelich zw ferendern ... Aber sölch mein schrift antzw[z] eigen, hab ich mein meinvng sölcher dreÿer angesicht hinach awff gerissen[8] ..." ... „so mus man dorbeÿ merken, das jn einem jtlichen sunderlichen kleinen teill des angesichtz dÿ wörter als *eben,* oder *aws* – vnd *eingbogen* zw brawchen sind, gleich so woll jn teilen als jn den dreien vnderschidlichen angesichten. Doraws kumt dan, das dw magst machen, ein schlechte[12] [schlichte] aws – oder ein gebogne stirn. Des gleichen ist zw than mit der nasen, lebsen [Lippen], mvnd vnd kin vnd in allen andern dingen. Es ist zw mercken, das dÿ linj, dordruch dÿ rundung des hawbtz gemacht würd nach der seiten zw sehen, mancherleÿ weis gefürt mag werdenn, dan mancher hat ein *flach* hawbt, der ander ein *spitzigs,* der drit ein *ecketz,* also forthin[13] villerleÿ sort, *wÿ das dÿ natur fillerleÿ gibt ...*"
Die hier unterbrochene Zitatstelle verdeutlicht zum einen die methodisch-didaktische Verfahrensweise Dürers, zum andern zeigt sie, inwiefern die Verschiedenheit der Formen von ihm in Zusammenhang mit der Natur gesehen wird. Zum dritten bereitet sie eine uns besonders betreffende Kernstelle vor, die trotz der erheblichen zeitlichen Distanz einen unmittelbaren Zusammenhang zu den beiden Felsgesichtern des Arcoaquarells beweisbar macht. Darüber hinaus führt sie zu einem Kardinalpunkt unserer Untersuchung hin: *Alle Proportionslehre, die es ja zunächst nur mit der exakten Bestimmung von Quantitäten zu tun hat, mündet in das Problem der Bestimmung des Schönen ein.*
„... *Aber jn sölchen dingen halt jch dÿ fergleichlichen ding für dÿ schönsten*[14]. Wy woll dÿ andern *abgeschidnen ding ferwunderung bringen, so sind sÿ doch nit alle liblich.* Des halb ist ein exempell zw nemen beÿ den obgemeltn antzeigungen, das man mag sagen, kein spitzig hawbt, awch kein flachs seÿ wolgestalt, aber ein rund hawbt ist [für] hübsch geacht, *dorum das solches ein mittel zwischen den andern ist. Durch das ist dorum nit beweist, das ein jtlich mitell zwischen allen dingen das best seÿ.* Allein nÿm jch dis für jn etlichn dingen zw brawchen, [21[b]] als so man spricht: das ist ein zw langs

oder zw kurtz angesicht. Des gleichen in teillen: das ist ein zw *lange, kürtze, bewlette*[15] *[bucklige] oder grubette [eingedellte] Stirn.* Also ist awch mit der nasen zw handeln. Dan etlich haben *gros, hoch, hokett*[16] *[höckerichte], lang vnd überhanget nasen.* Dorgegen widerum haben etlich gantz *kurtz oder murret*[17] *nasen, awffgeworffen, dick, kolbett,* dÿ do zwischen des awgen *tiff hinein* sind getrügt, oder sÿ sind *hoch herawssen* der stirnen geleich. Dornach haben etlich *tiffe kleine awgle,* oder hohe *grosse boltzette*[18] *[glotzende] awgen.* Etlich tund jrre awgen *eng awff* wÿ ein schwein vnd zihen etwan jrs vnders glid mer *übersich* dan dÿ öbern *vndersich.* Awch sind etlich, dÿ tzerren jr awgen *tzirkels weit* awff, also das man jn den gantzen awgenstern sicht. Dan sind etlichen jr awgenbrawen *hoch erhaben* ob [über] den awgen, den andern *ligen sÿ gar dorawff* oder *hangen jn dorüber,* vnd sind etlich awgenbrawen *dün,* dÿ andern *dick ..."* Nach dem Durchforschen der extremen, aber immer naturmöglichen und immer aus der Naturerfahrung gewonnenen Gesichtsbildungen, erscheint der Abschluß des vorgeführten Textes, in dem Dürer das Fazit seiner kunstpädagogischen Absichten zieht, sehr aufregend: *„... Aber solche ob [oben] beschribne meinvng dint als mer zw vnderschid dan zw gestalt der hübsche* [dient mehr zur Unterscheidung als zur Gestalt der Schönheit]. *Doch mus man solche vnd der geleichen ding wissen, also das man aws fill erfarungen mancherley lerne. Dan [Denn] nÿmant würt woll wissen, was ein gut gestalt gibt, er wis das for [es sei denn, daß er zuvor weiß], was ungestalt geb."* (Rupprich I, Bd. 3, S. 236 ff.).

Was kann aus diesem Abschnitt zur Physiognomik (von 1528) entnommen werden? Dürer denkt von den Grenzfällen auf eine Mitte hin. Das Mittlere zwischen den Extremen wird für das Schönste gehalten. Allerdings ist das Schönste nicht immer auch das Beste. Dürer läßt Ausnahmen zu. Sein Hauptziel geht jedoch auf das Vermeiden des „Abgeschiedenen"; denn die Extreme, die als „abgeschiedene Ding" beobachtbar sind, bringen wohl Verwunderung (des Betrachters) hervor, aber sie besitzen keine Hübschheit (Schönheit). Dürer lehrt, wie die Gesichtsformen in ihren unzähligen Varietäten gebildet sein *können,* damit der Künstler daraus lernen kann, wie sie zu gestalten sind, wenn sie für schön oder häßlich gehalten werden sollen.[118)] Dies ist ein Hauptgrund,

118) Vergl. Panofsky (I, S. 76), der den Vergleich mit Leonardo zieht: „Leonardo lehrt, wie die Gesichtsformen gebildet sein können, damit man sie so darzustellen wisse, wie sie sind... Dürer lehrt, wie die Gesichtsformen gebildet sein können, damit man sie so darzustellen wisse, wie sie sein sollen..."

warum die Natur erforscht werden muß. *Ohne gründliche Kenntnis der naturmöglichen Bildungen ist Unterscheidungsfähigkeit auf das hin, was Gestalt oder Ungestalt gibt, nicht erreichbar.*

Der Weg, den Dürer zeigt, um zur Schönheit zu gelangen, ist sehr eigenartig. Nicht eine verblaßte Erinnerung oder ein unbestimmter Begriff des Schönen ermöglicht das Ausscheiden der „abgeschiednen Ding", sondern der Entzug des Schönen ist das, was für den Künstler erkennbar und in der Natur erfahrbar ist.[119] Es liegt nahe zu vermuten, daß diese Auffassung aus lebenslanger Bemühung gewonnen wurde. Wir begegnen ihr jedoch auch bereits in früheren Lebensabschnitten. 1512 schreibt Dürer: „Es lebt auch kein Mensch auf Erden, der beschließlich [endgültig] sprechen möcht, wie die allerschönest Gestalt des Menschen möcht sein. Niemands weiß das dann Gott allein ... Schön und Schöner ist uns nit leicht zu erkennen ... *Die Schönheit, was das ist, das weiß ich nicht, wiewol sie viel Dingen anhangt* ... Zwischen zu viel und zu wenig ist ein recht Mittel, des fleißs dich zu treffen in *all* dein Werken". (Lange-Fuhse, S. 300 f.). Auch bereits 1508 ist sich Dürer über die Eingeschränktheit des menschlichen Erkenntnisvermögens gegenüber der Schönheit klar: „*Waß aber dÿ schonheit seÿ, das weis jch nit*[16]. Jdoch willl jch hÿ dÿ schonheit also vür mich nemen: was zw den menschlichen tzeiten van dem meinsten teill schön geacht würt, des soll wir vns fleissen zw machen. Item der mangell an eim jtlichen ding ist ein geprech. Dorum zw vill vnd zw wenig verderben alle ding. *Dy vergleichlichen ding, eins gegen dem anderen [im Sinne des Zueinanderpassens], sind schon [schön]*, vnd das vnnücz ist zw vermeiden. Aber der nutz[17], ist ein grosser teill der schonheit. *Es ist eine grosse vergleichung*[120] *zw finden jn vngeleichen dingen*[18]". (Rupprich I, Bd. 2, S. 100).

Panofsky hat angenommen, daß Dürer den die Ausnahme so auffällig betonenden Satz der Hauptstelle „Durch das ist dorum *nit* beweist, das ein jtlich mitell zwischen allen dingen das best sey" erst spät in den Text eingefügt habe.[121] Der Satz von 1512 „zwischen zu viel und zu wenig ist

119) Belegstellen für diese Methode Dürers sind zahlreich. Panofsky (V, S. 171) nennt z.B. (L.F. 222,6), (L.F. 305,5 – 306,18), (L.F. 301,22), (L.F. 304,25), (L.F. 352,20), (L.F. 227,36 ff.); betont aber, daß nicht die gesamte Dürer'sche Kunstlehre auf diesem Prinzip beruht.

120) Rupprich (I, Bd. 2, S. 100) verweist ausführlich auf die Quellen des Begriffs bei Plato, Aristoteles, Cicero und Meister Eckhart.

121) Vergl. Panofsky V, S. 179, Fußn. 4.

ein recht Mittel, des fleißs dich zu treffen in *all* deinen Werken", und die ebenfalls durch Panofsky[122] in den Blick gerückte Aussage „Und mitell die Dinge recht. Dann du hast allweg ein rechts Mittel zwischen zuviel und zu wenig, *des vergiß in keinem Werk*" (Lange-Fuhse, S. 306) legt tatsächlich nahe, daß Dürer 1512/13 „dem Postulat des Mittelmaßes" eine ganz allgemeine Geltung einräumen wollte. Diese wenigen Verweise lassen auf eine in den einzelnen Stufen der Gesamtentwicklung *verschiedene* Auffassung Dürers hinsichtlich der Gewichtung des normativ bestimmbaren Schönen und des Individuellen schließen. Wobei die 1528 so dezidiert durchgeführte Bestimmungslehre des Schönen mit Hilfe des Häßlichen zeigt, daß Dürer zu diesem Zeitpunkt nicht mehr gehofft hat, eine endgültige Formel für die Bestimmung des Schönen zu finden, es aber für nötig hielt, diese „ewige Aufgabe" nicht aus den Augen zu lassen.[123] Zu diesem Gedankengang möchten wir eine zweite Beobachtung hinzunehmen. Die Physiognomielehre von 1528 ist, ebenso wie die Proportionslehre, bei der Bestimmung des Schönen durch die *prinzipielle Auslassung der Mittelgrade zwischen den Extremen* gekennzeichnet. Ein nur in der Vorstellung erzeugtes Mittleres wird durch zwei äußerste Gegensätze eingegrenzt.[124] Bei den physiognomischen Versuchen (W. 656, Abb. 35 und W. 657, Abb. 34), die, entsprechend dem Hinweis Panofskys, auf die Blütezeit des „Mittelpostulats" von 1512/13 bezogen werden dürfen, liegen Dürer die schroffen Gegenüberstellungen fern. Ausgehend von einem zunächst sichtbar gemachten Normalprofil, werden nicht antithetische Paarbildungen gesucht, sondern durch allmähliche stufenweise Entwicklung ihrer Einzelbildungen die Gesichter immer mehr ins Groteske abgewandelt, bis durch das Faltengesicht eines Mantelwurfs das Ende der menschlichen Gesichter und der Übergang zu Amorphem markiert wird. Augen, Nase, Mund dieses Faltengesichts sind für sich gesehen schwer zu erkennen. Im Zusammenhang der drei Leitlinien für Augen, Nasen und Münder sind sie jedoch einwandfrei zu orten. Nicht Gegensatzbildung auf ein Mittleres hin, sondern Stufengang und Entwicklung ist das Thema.

122) Panofsky V, S. 164 f.
123) Vergl. Panofsky V, S. 171.
124) Vergl. Panofsky V, S. 169.

Die Felsgesichter aus „Arco" (Abb. 26) erlauben eine Erweiterung des eben skizzierten Bildes von Dürers Entwicklung. So wie bereits mit der oben zitierten Äußerung von 1508 zum Problem der Schönheit deutlich wurde, daß Dürer relativ früh eine kritische Position einnahm, so belegen die Felsgesichter, daß bereits der Physiognomiker von „Arco", und nicht erst derjenige von 1528, um die Frage, ob ein Mittleres immer oder nur in etlichen Dingen das „best sey", nicht nur wußte, sondern sie auch gelöst hat. Wüßte man nicht, daß die beiden Felsgesichter lange vor den ersten kunsttheoretischen Niederschriften und sehr lange vor der Proportionslehre gemalt worden sind, so dürfte man annehmen, daß Dürer sie als illustrierende Lehrbeispiele für die zu vermeidenden „abgeschiedenen Ding" – im dritten Buch der Proportionslehre – erfunden hätte. Was wir vor uns haben, ist ohne Zweifel einer der Ausnahmefälle, die als „abgeschiedne Ding" Verwunderung bringen, nicht aber „lieblich" sind. Wir hatten in der oben zitierten Kernstelle „Aber in solchen dingen halt ich dÿ vergleichlichen ding …" (Rupprich I, Bd. 3, S. 237, 244 ff.) gehört, daß für die ganze Gestalt eines Kopfes die Schönheit am ehesten dann erreichbar ist, wenn sie ebensoweit von der Möglichkeit *des spitzigen, wie von der des flachen Hauptes* entfernt gehalten wird. In „Arco" finden wir jedoch zwei Profilköpfe, die *etwa gleich weit abgeschieden sind* von der Form des mittleren und daher für schön gehaltenen *runden Hauptes*. Das „Adenauergesicht" am linken Bildrand ist *insgesamt flach* gedrück. Das „Gesicht des Alten im Burgberg" ist *insgesamt spitzig*. Daß es sich bei den Felsgesichtern um antithetische Gegensatzbildungen im Sinne der Proportionslehre von 1528 handelt, läßt sich für alle Einzelteile der Gesichtsbildung überprüfen. Wir stellen hierzu die Einzelformulierungen des Dürertextes zur Physiognomik von 1528 (Rupprich I, Bd. 3, S. 237) fortlaufend untereinander. Sie ergeben einen vollständigen Vergleich der beiden Felsgesichter des Arcoaquarells:

„Adenauerfelsgesicht"	*„Gesicht des Alten im Burgberg"*
1. Da gibt es ein „zw lange", und zu glatte stirn.	Und es gibt eine „zw kürtze, zw bewelette [bucklige]" und „zw grubette [gedellte] stirn".
2. Da gibt es eine zu flach gedrückte „murret nasen".	Und es gibt eine zu „gros, hoch, hockette [höckerichte]", zu „lang und v̈berhanget nasen".

3. Da finden wir eine Nase „hoch herawssen der stirnen geleich“.	Und wir sehen eine Nase, die „zwischen den awgen tiff hinein getrügt“ ist.
4. Da wird das Auge aufgetan „eng ... wÿ ein schwein“.	Da ist das „Auge [genauer die Augenhöhle]“ „tzirkels weit awff getzerrt“.
5. Da sind die „awgbrawen hoch erhaben ob den awgen“... und ... „dün“.	Da „hangen die awgbrawen jn darüber...“ und sind... „dick“ wie Balken.
6. Da gibt es „dünne eingebisne lebsen [Lippen]“.	Und es gibt „dicke hohe kolbette mewler [Mäuler]“.
7. Da geht „der ober lebß für [vor] den vndern“.	„Und widerum [umgekehrt]“.
8. Der eine hat „fan der nasen ein langen lebsen“.	Der andere hat ein „kurtzen lebsen“.
9. Der eine hat „einn kleins spitzigs kin“.	Der ander hat ein „breit, gros kin“.
10. Der eine hat ein Kinn, das „ab geschliffen gegem hals zw ist“.	Der ander hat eins, das „fer[20] herforn vam hals hindan“ ist.
11. Da gibt es einen langen Hals.	Der andere hat einen kurzen, ja fast gar keinen Hals.

„Van disen dingen möcht vÿl geschriben werden, wÿ man sÿ jn den aller kleinsten teillen brawchen sölt, doch würt sölchs ein fleissicher nachsucher, woll bald finden.“ (Rupprich I, Bd. 3, S. 237/290 ff.).

Mit diesen Worten Dürers könnte man die lange Litanei der Übereinstimmungen zwischen den Kontrastprofilen des Arcoaquarells und den kunsttheoretischen Äußerungen Dürers für beendet halten. Den bisherigen Kontrastbegriffen können jedoch folgende weitere antithetischen Begriffspaare zugeordnet werden:

„Adenauergesicht“	*„Gesicht des Alten im Burgberg“*
„groß [hoch]	klein niedrig
lang	kurtz
schmall	breit
Dornach sind etliche angehangette oder zw fellige ding, dy da awch dy gestalt ferkern [verändern], als do ist	
jung	alt
lind	hert
Dornach brawcht man aber andere ding, dÿ da [3^b] dienen zw solchen dingen zw ferendern, alls	
schlecht (schlicht)	krum
eben	vneben
hoch	nieder
rund	eckett
schtumpf	spitz
……	
Awch ferkert fast	
wenig	vill
Dornach brawcht man etwan	
linck	recht
oben	vnden.“ (Rupprich I, Bd, 3, S. 224 f.).

Diese eben aufgeführten Gegensatzpaare stammen nicht aus der Physiognomielehre, sondern aus dem Anfang des dritten Buches der Lehre von menschlicher Proportion. Aus der Gesamtheit der von Dürer hier aufgezählten Gegensätze sind lediglich 5 Paare (dick – dün, feist – mager, lieblich – häßlich, nehmen – geben, forn – hinden) und die Begriffe (awffrecht – v̈bertzwerch [waagrecht], vberort) weggelassen. Bei einigen Paaren mußte die Zuordnung zur rechten oder linken Spalte vertauscht werden. Dies alles deutet nicht nur auf den grundsätzlichen Zusammenhang zwischen dem frühen Landschaftsphysiognomiker und dem späten Theoretiker der Physiognomik, sondern auch zu dem Theoretiker der Proportionslehre. Die Übereinstimmung zwischen Physiognomielehre und Proportionslehre besteht in folgenden Hauptpunkten:
1. Die in den beiden ersten Büchern jeweils behandelten „Normalformen“ werden im dritten Buch sowohl für die menschliche Gestalt als auch für den menschlichen Kopf in ihren Variationsmöglichkeiten ge-

lehrt. Was innerhalb der Physiognomik gelehrt wird, gilt grundsätzlich auch für die Proportionslehre und umgekehrt.
2. Alle Variationsmöglichkeiten werden an Gegensatzpaaren demonstriert, wobei das methodische System auf beiden Gebieten im Eingrenzen eines *in der Vorstellung* erzeugten Mittleren durch je zwei Extreme besteht.
3. Die antithetischen Gegensatzpaare sind nicht das Ergebnis formalästhetischer Überlegung, sondern beruhen auf Naturerfahrung.
Die Felsgesichter in der Landschaft von „Arco" sind eine der Grundlagen für das Bekenntnis zur Darstellungswürdigkeit des Häßlichen, das in einer mittleren Phase 1512/13 zurückgedrängt wurde, um dann 1528 in den kunsttheoretischen Schriften endgültig festgelegt zu werden. Oben wurde ausführlich gezeigt, daß Dürer bei außerordentlicher Fähigkeit zur Wiedergabe des „objektiv" Gegebenen, weder die Einzelbildungen noch ihren Zusammenhang sklavisch abgebildet hat. 1528 formuliert er in aller Schärfe seine Gedanken zur Unerreichbarkeit des Abbildhaften für den Fall, daß Übereinstimmung erstrebt würde. „Darumb gibt gott den kuenstreichen [kenntnisreichen] menschen in solchem vnd andern vil gewaltz ..., so weyß man doch wol [genau], das alle ding, die ein mensch thon kan, sich von jn selbs von einander vnderscheiden. *Also das kein künstner lebt, der so gewiß sei, der da zwey ding so gleych an ein ander kuen machen,* das sie nit for [von] ein ander zu erkennen [zu unterscheiden] weren ...". Noch nicht einmal in den Bereichen technisch-mechanischer Reproduktion hält Dürer volle Identität für erreichbar. Er fährt „Arco" ebenso wie die Kunst im ganzen betreffend, folgendermaßen fort. „... Diß ist aber nit die vnderschyd, von der ich hie red. Dann ich sag von der vnderschyd, die ein mensch sunderlich fuernimmt vnd das in seinem willen stet ... *ein solch vnderschyd, die da huebsch vnd heßlich macht,* die man durch die woerter der vnderschid [die aufgeführten Gegensatzpaare] forn im buechlein beschriben zw wegen bringt." (Rupprich I, Bd. 3, S. 291).
Die Entscheidung für die Unterschiede „schön" und „häßlich" kann der Künstler treffen. Bei den Felsgesichtern in „Arco" hat Dürer sich für „häßlich" entschieden. Dabei dachte er nicht daran, die Extreme zu mäßigen, sondern eher zu verschärfen. Das Extreme als Abgeschiedenes, nicht Vergleichliches, also die „Ungestalt"[125] als etwas, das in der Natur

125) Die Thesen Kauffmanns, daß „Ungestalt, das ist, was in der Natur nicht vorkommt ... und keine Bewertung im Sinne von Schön und Häßlich" einschließt, hat Panofsky (V, S. 171 f.) widerlegt.

nicht nur vorhanden ist, sondern gefunden werden kann, bleibt, insofern es naturgegeben ist und die Grenze des Naturmöglichen nicht überschreitet,[126] von da an darstellungswürdig. Diese 1528 deutlich formulierte Auffassung ist durch die Erfahrung des „Landschaftsmalers" vorbereitet.

H. Kauffmann (I) hat eine Umdeutung des Begriffs des *„Mittleren"* als des „Vergleichlichen" vorgeschlagen. Die Veranlassung hierzu ergab sich für ihn aus dem in zahlreichen Darstellungen herrschenden Kompositionsprinzip Dürers, das die Vermischung extremer Charaktere, Typen und Gebärden mit vermittelnden Zwischenstufen vorführt (z.B. Abb. 35). Panofsky[127] hat diesen Versuch Kauffmanns widerlegt und gezeigt, daß aus der fraglichen Stelle „... Aber in sölchen dingen halt ich die vergleichlichen ding für dy schönsten ..." (Rupprich I, Bd. 3, S. 236 ff.) ein generelles Kompositionsprinzip – aus vermittelnden Zwischenstufen zwischen Extremen – nicht ableitbar ist. Aus der obigen Zitatstelle von 1528, die durch die Arcogesichter veranschaulicht wird, ist jedoch ein generelles Kompositionsprinzip ableitbar, wenn auch nicht dies der „vermittelnden Zwischenglieder". Jeder einzelne Arcokopf ist von einem Mittleren, das selbst *nur* in der Vorstellung anwesend ist, abgeschieden. Die beiden „abgeschiednen Ding" werden also nicht durch dieses dritte, fehlend-anwesende Mittlere vermittelt, sondern sie stehen in Differenz dazu. Sie sind nicht abgeschieden (verschieden) voneinander, insofern die Differenz zweier Verschiedener ausgesagt ist, sondern sie sind abgeschieden vom Vergleichlichen, Mittleren. Es kommt also darauf an, was und wovon etwas abgeschieden – und das heißt verschieden – ist.[128] Zugleich bilden aber die unterschiedenen und so von einem vorgestellten Mittleren abgeschiednen Einzeldinge, insofern sie als Zweiergruppe auftreten – und das tun sie sowohl im dritten Buch der Proportionslehre als auch in den Felsgesichtern von „Arco" – unvermittelte Gegensatzpaare, die in größter Spannung aufeinander bezogen sind. *Das Zusammengehörige ist ein Angewiesensein aufeinander, aus Mangel und aus Überschuß zugleich.* Wir wissen, daß Dürer die beiden in der Landschaft weit voneinander entfernt liegenden Felsgesichter, aus ihrer Zu-

126) Für Naturunmögliches benutzt Dürer nicht den Begriff „Ungestalt", sondern „Traumwerk". Es ist das, was „die Natur nit leiden künn". Vergl. Panofsky V, S. 172.

127) Vergl. Panofsky V, S. 165 ff.

128) Vergl. die Erklärung des Begriffs bei Panofsky V, S. 174, Anm. 1.

fälligkeit und Naturgegebenheit heraus, so in Entsprechung zueinander gesetzt hat, daß sie zum Vergleich auf ein Mittleres hin herausfordern; so, als ob die Natur selber auf dieses nicht Eingelöste hinziele. Damit ist ein generelles Kompositionsprinzip im vollendeten Zustand zu sehen und auch im Entstehungsvorgang vorstellbar geworden. Es wirkt da außerordentlich stark, wo zwei Figuren der gleichen Gattung – hier der männlichen Felsgesichter – sich in extremer Weise *unvermittelt* gegenüberstehen. Die Felsgesichter des Arcobildes sind demnach ein Beispiel für die Zusammenstimmung von extrem Gegensätzlichem. Die Vergleichung kommt nicht zustande durch Gleichartigkeit, sondern durch Verschiedenheit der aufeinander angewiesenen Bildungen. Unsere Frage nach der Ausnahme innerhalb der „vergleichlichen Ding", von der wir jetzt ein Anwendungsbeispiel kennen, hat auf „die Vergleichung im Ungleichen" geführt. Für die Felsgesichter des Arcobildes gilt Dürers Satz: „Es ist eine grosse vergleichung zu finden in vngeleichen dingen." (Rupprich I, Bd. 2, S. 100).

Damit bleibt noch etwas aufzuzeigen, was die Schlagkraft des soeben geschilderten Kompositionsprinzips von einer anderen Seite erhellt. So sehr die Felsgesichter des Arcoaquarells im ganzen extrem gegensätzlich zueinander sind, in sich sind sie in ihren Einzelheiten zueinander „vergleichlich". Die Überprüfbarkeit dieser Behauptung ergibt sich wiederum aus Dürers kunsttheoretischen Äußerungen im „Ästhetischen Exkurs" von 1528:

„So dann, wie for gemelt, ein mensch [und wir dürfen nach den obigen Erörterungen einfügen „ein Kopf"] ein stueck ist, das von villerley teyl zusammen gesamelt ist, vnnd wie ein yedlicher der selben sein sunder art hat ...". „... Vnd also fleysig sol die stirn, backen ... mit jrem ... sunderlichen gestalten gezogen werden ...". „... Aber doch das man darinn anzeygung geb eins rechten verstands ... vnd das *die art durch den gantzen leyb gleichformig wer*, auch in allen bilden, es sey ni herter oder linder art, fleyschechtig [fleischig] oder mager. Nit das ein teyl feyst, der ander duer sey, als ob du machtest feyste beyn vnd mager arm vnd wiederins ... *auff das sich all ding vergleychlich*[39] *reymen vnd nit felschlich zu samen versamelt werden. Dann vergleychliche ding acht man huebsch.* Deshalb sol auch in einem yedlichen bild in all seinen teyln der glyder ein gleych messig alter angezeyt werden. Vnd nit das daß haubt von eim jungen, die brust von eim alten ... abgemacht werde ... *Dann so es der natur entgegen ist, so ist es boeß*[40]." (Rupprich I, Bd. 3, S. 294, 286 ff).

Die Natur selbst liefert die Kriterien des „Schönen-Vergleichlichen". Die vom Künstler gebildeten Gestalten sind dann der Natur gemäß, wenn sie bei aller Verschiedenheit der Einzelglieder, einen durchgängigen Zusammenhang aufweisen. Die Arcofelsgesichter sind *„vergleichlich"* in der Beschaffenheit ihrer durchgängigen Art. Die Nase des grämlichen Alten ist genauso hart, kantig, faltig wie die Stirn, das Kinn oder der Hals. Die Stirn des „Adenauergesichts" ist genauso glatt und mager wie Nase, Kinn, Wangen oder Hals. Alle Komponenten des Ganzen sind für sich genommen auf gleiche Weise „vergleichlich", obwohl die Köpfe, als ganze Gestalten Extreme „pewrischer" Art sind und im Gegensatz zu „adellicher" Art stehen. „Hübsch" werden die Arcogesichter als ganze nicht. Aber das ebenfalls wieder aus der unmittelbaren Naturerfahrung abgeleitete Prinzip der gleichförmigen Art einer Einzelgestalt erlaubt erstaunlicherweise die Herrschaft des „Vergleichlichen – Schönen" im insgesamt „Abgeschiedenen – Häßlichen". *Das „Abgeschiedene" bewegt sich – insofern es naturgemäß ist – innerhalb des Horizontes des Schönen.*

Im Rückblick zeigt sich, daß Dürer die Bedeutung des Mittelmaßes als entscheidende Bedingung der Schönheit erkennt. Darin unterscheidet er sich nicht von den anderen großen Künstlern der Renaissance. Er ist aber der einzige,[129)] der dieses antike Prinzip – das auf einem inneren Zusammenhang von Mittelmaß (Ebenmaß) und Harmonie aufbaut – ausdrücklich auf eine Formel brachte: „Zwischen zu viel und zu wenig ist ein recht Mittel, das fleiß dich zu treffen in all deinen Werken." (Lange-Fuhse, S. 300). Die besondere Abweichung besteht darin, daß die Vermeidung der Extreme weder am Anfang noch am Ende seines bildnerischen Denkens zum allgemein bestimmenden Prinzip erhoben wird und daß Dürer nicht nur Werke hervorbringt, die „Abgeschiedenes" enthalten, sondern daß er, außer Leonardo,[130)] der die künstlerische Notwendigkeit des „Abgeschiedenen-Häßlichen" zuläßt, der einzige Renaissancekünstler ist, der entsprechende Formulierungen zu Hauptgedanken seiner Kunsttheorie erhebt. Dürer bricht damit ausdrücklich und bewußt mit der allgemeinen Auffassung der Renaissancetheorie, daß die künstlerische Qualität eines guten Kunstwerks mit dem vorkünstlerischen ästhetischen Wert seines Gegenstandes unauflöslich verbunden ist.[131)] So sehr

129) Vergl. Panofsky I, S. 140.

130) Vergl. Panofsky I, S. 158, Anm. 2.

131) Diesen Gedanken entnehmen wir Panofsky I, S. 158. Wir sehen keinen Grund, an einem bewußten Bruch mit der allgemeinen Auffassung zu zweifeln, den Panofsky bloß für wahrscheinlich hält.

aus allen uns bekannten Äußerungen Dürers zur Schönheit zu entnehmen ist, daß er in der Gestaltung der Schönheit die höchste Aufgabe der Kunst sah, so sehr ist andererseits die Darstellungswürdigkeit des Häßlichen anerkannt.[132] Daher mußte sich für ihn das Problem der Schönheit, im Vergleich zu anderen Kunsttheoretikern der Renaissance, als ungleich schwerer zu lösende Frage zeigen. Um über das „natürlich Wohlgefallen" hinauszugelangen, versucht Dürer zunächst einen sicheren Grund zu finden.

Der mathematisch-geometrische Begriff der „Vergleichlichkeit" – Maß und Gestalt des schönen Menschen als bestimmende Grundlage der Arcolandschaft

Für die Maße der Teile eines menschlichen Organismus in einer richtigen „versamlung" forderte Dürer: „Und so ein yedlichs fuer sich selbs wolgeschickt gut sol sein, also sol es sich in seiner gantzen versamlung wol zusamen vergleychen. Darnach sol der hals sich wol zum haubt reymen, weder zu kurtz noch zu lang noch zu dick oder duenn seyn." (Rupprich I, Bd. 3, S. 294, 306 ff.).

Weder zu kurz noch zu lang, das sind *Maßangaben,* denen die mathematische Präzisierung fehlt. Daß die Teile des Glatten und Hochmütigen zur Linken alle „vergleichlich" überlängt sind, und daß die Teile des spitzigen Alten zur Rechten alle ihrer Größe nach zueinander passend proportioniert sind, meinen wir zu erkennen. Aber es stellt sich die Frage, wann die Maße der versammelten Teile miteinander und mit dem Ganzen überprüfbar in Einklang stehen und ob es eine mathematische Formel gibt, die die geforderte richtige Zusammenstimmung garantiert.

Neben der bisher behandelten Bedeutung des Begriffs „vergleichlich", der auf die richtige Zusammenstimmung in Maßverhältnissen hinzielt, sich aber als ästhetischer Begriff der Mathematisierbarkeit entzieht, gibt

132) Belegstellen zur Darstellungswürdigkeit des Häßlichen: Rupprich I, Bd. 3, S. 270, S. 281, 293.

es die mathematisch eindeutig bestimmbare „Vergleichlichkeit". Hier heißt „vergleichlich" nichts anderes als proportional. Bei der mathematischen „Vergleichlichkeit" ist also nicht die Konstanz eines Elementes, sondern die Konstanz eines Verhältnisses zwischen mehreren Elementen wesentlich. Konstant bleibt eine Gestalt – sei sie ein lineares oder ein räumliches Gebilde – dann, wenn sie trotz Vergrößerung oder Verkleinerung ihren „angezeigten Inhalt" in all ihren Maßen und Teilen behält.

Im 3. Buch der Proportionslehre will Dürer „antzeigen, wie man dy forbeschribnen massen [Maße-Proportionen] endern vnd ferkern mag[1], nach eines jtlichen willen *all ding mern oder myndern*, dardurch ein bild vnbekant würd, gar nichtz bey seiner vorigen gestalt vnd mas bleibt ..." (Rupprich I, Bd. 3, S. 224). Bevor er an die praktische Durchführung der Variationsmöglichkeiten geht, erörtert er die Voraussetzung zur Veränderung in Form der aus der Betrachtung der Felsgesichter bereits bekannten antithetischen Begriffspaare (groß-klein..., viel-wenig..., rechts-links ...). Die auf diese grundlegenden Gegensatzpaare aufbauenden geometrischen Veränderungen führt er anhand von einfachen, bis in heutige Kunst verfolgbaren[133)] Hilfskonstruktionen durch. Es sind dies die Variationsmöglichkeiten des „Verkehrers", des „Wählers", des „Zwillings", des „Zeigers" und der beiden „Fälscher" (Abb. 50a–f), die im folgenden auf der Grundlage der Zeichnungen und ausführlichen Beschreibungen Dürers[134)] charakterisiert werden.

Der „Verkehrer" (Abb. 50a) dient, anders als das Wort nahelegt, zur gleichmäßigen „vergleichlichen" Vergrößerung oder Verkleinerung nicht nur der menschlichen Gestalt, sondern aller möglichen Dinge. „Durch diesen ferkerer mag ein jtlich ding, das vnnenlich[3] [nicht nennliche, d.h. komplizierteste Maße] teill hatt, gleich formig in ein grossers oder kleiners getzogen werden ..." (Rupprich I, Bd. 3, S. 227, 105). Die Abbildung 50a zeigt, wie die Vergrößerung oder Verkleinerung nach dem Strahlensatz vorzustellen ist. Man benötigt eine mit Maßeinteilun-

133) Vergl. B.J. Avramidis, Katalog der Kestnergesellschaft Hannover, 1966/67, F. Botero, Art-Kunstmagazin, Erstausgabe Hamburg 1980.

134) Vergl. Dürer, nach Rupprich I, Bd. 3: Verkehrer, S. 226 f., Wähler, S. 227 ff., Zwilling, S. 240 f., Zeiger, S. 243 f., Fälscher, S. 244 ff. Hinzugezogen sind außerdem die Darstellungen bei Panofsky (V, S. 158 f. und Tafel 2) und Rupprich (I, Bd. 3, S. 297 ff.)

gen für Fußpunkt, Nabel, Halsgrube, Scheitel usw. punktierte senkrechte Linie als Längenmaß der Figur AB. Auf die Seite, weit davon entfernt, setzt man den Punkt C. Aus C werden Verbindungslinien durch alle Meßpunkte auf AB gelegt. Rechts und links von AB werden die längere Senkrechte FG und die kürzere Senkrechte DE eingetragen, deren „vergleichliche“ Teilung nach dem Muster von AB gewünscht wird. Mit Dürers Worten: „Also ist nun geteilt, was wir begern durch dÿ aws streimetten[2] [wie bei den Sehstrahlen der perspektivischen Konstruktion ausstrahlenden] linien aws dem puncten c, durch dÿ dreÿ aufrechtten linien de, ab, vnd fg getzogen, vnd ist ein jetliche linj der anderen gantz gemes gteiltt. ... Vnd jn disen ferkerer magstw setzen, was dw bedarffst, das ferendert er dir vergleichlich.“ (Rupprich I, Bd. 3, S. 226, 94 ff.).

Die „Verkehrung“ kann natürlich auch nur auf einen Teilabschnitt einer Gesamtlänge oder -breite angewendet werden, während ein anderer Teil derselben Größe belassen oder in einen anderen Maßstab übertragen wird. Dies bedeutet dann eine Veränderung, die aus der beim normalen „Verkehrer“ „vergleichlich“ geteilten Figur ein „anderes“ macht. Die Konstruktion, mit der man beliebig ausgewählte Teilstücke einer gegebenen Geraden vergrößern oder verkleinern kann, nennt Dürer den „Wähler“ (Abb. 50b). Er läßt sich beschreiben als eine Art beweglicher „Verkehrer“. Zunächst wird eine Waagrechte AB festgelegt. Aus dem Punkt A „schtreicht eine andere linj“ nach C. Die Linie AC soll beweglich gehalten werden, beispielsweise mit Hilfe eines straff gespannten Seidenfadens, der in A angenadelt ist. Auf der Waagrechten AB wird mittig eine Senkrechte DE errichtet. „Auf dise linj de [DE] mus dein fürgenumenner teil, es seÿ leng, dick oder breiten, den dw dann ferendern wilt, gelegt werden, das er vnden dÿ zwerch linj [Waagrechte] ab [AB] mit einem end an rür. Dornoch nÿm den faden ... und streck in aws, also das er oben an rür den teill, den dw auff dy linj de [DE] gelegt hast. Nun erlenger dein fürgenumen teil, so vill dw wilt [nun verlängere die Größe, die du vergleichlich verlängert haben willst auf das gewünschte Maß], vnd setz dÿ selb mit dem einen end awff die zwerch linj ab [AB] ... gegen dem end b [B] ... awffrecht, bis das sÿ oben den gestragten [gestreckten] faden ac [AC] an rür. Dise awffrechte linj sei fg [FG].“ (Rupprich I, Bd. 3, S. 228, 208ff.). Ist an eine Verkürzung der Strecke DE gedacht, wird mit einer Senkrechten hj [HJ], die dann zu A hingerückt wird, das Verfahren wiederholt. Ganz gleich, ob der Faden AC hoch oder niedrig geführt wird, „so macht er fergleiche teill gegen einander“. Wie bei dem „Verkehrer“ liegt der Wert des Verfahrens in einer erheblichen Arbeits-

vereinfachung, beim systematischen Verändern auch komplizierter Maße.
Das dritte Verfahren ist geeignet, aus einer bestimmten Figur ein „anderes" zu machen, indem auf ein und dieselbe Figur das Schema des „Verkehrers" unterschiedlich angewendet wird. Wenn die Horizontalmaße oder Vertikalmaße gesondert behandelt werden sollen, indem die einen vergrößert, die anderen verkleinert oder beibehalten werden soll, benutzt Dürer das Verfahren des „Zwillings" (Abb. 50c). Die übrigen drei Verfahren erzeugen unmittelbar von sich aus eine Verschiebung der Maßrelationen. Der „Zeiger" (Abb. 50d) dient dazu, eine schon vorhandene Figur bei unveränderten Höhenmaßen (Längenmaßen) von unten nach oben, oder umgekehrt zu verbreitern oder zu schmälern. Der „erste Fälscher" (Abb. 50e) bewirkt das gleiche mit den Höhenmaßen. Der „andere Fälscher" (Abb. 50f) projiziert die gegebenen Maße einer Figur auf einen Kreisabschnitt, die je nach Lage der Figur eine Verzerrung bewirkt, in der Art eines Konvex – oder eines Hohlspiegels.
Im Vergleich des fotografisch erfaßten Naturvorbildes von „Arco" mit der Bilderfindung Dürers waren die Prinzipien der Steigerung der Höhenmaße, bei gleichzeitiger Verminderung der Breitenmaße, die allmähliche Steigerung von Neigungswinkeln usw. als bildbestimmend aufgefallen. Die in der Analyse des Bildes nachgewiesenen bildnerischen Verfahren Dürers erinnern – mit Ausnahme des Schemas des „anderen Fälschers" – sehr stark an die soeben skizzierten geometrischen Veränderungsverfahren der Proportionslehre. So entspricht etwa die Veränderung der Bergform dem Schema des „Zwillings", der ja den „Verkehrer" ebenso in sich enthält wie den „Wähler". Die Veränderung des Zick-Zack-Weges erinnert an das Schema des „Zeigers". Die verschattete Seite des Burgbergs könnte nach dem Muster des „ersten Fälschers" erzeugt worden sein. So stellt sich die Frage, ob Dürer die auffällige Höhensteigerung des Burgbergs, die, von der Hauptansichtsseite her beurteilt, in der Natur fehlt, frei ermittelt hat oder ob er geometrische Hilfsmittel dazu benutzt hat. Um das erhebliche Ausmaß der Höhensteigerung verläßlich beurteilen zu können, mußten nicht nur die beide in gleicher Weise(!) minimal von der Senkrechten abweichenden Mittelachsen der Fotografie und des Aquarells aufeinander gelegt werden, sondern es mußte auch ein gemeinsames Grundmaß festgelegt werden, auf das beide „Figuren" in gleicher Weise bezogen sind. Nachdem eine möglichst getreue Durchzeichnung des Arcobildes mit Hilfe einer originalgroßen Reproduktion angefertigt war, konnte das fotografische

Abbild des Burgbergs (Abb. 25) – unter Beibehaltung der Größenrelationen – mit Hilfe eines Diaprojektors eingezeichnet werden (Abb. 51). Entscheidend war dabei die gemeinsame „Fußzone". Auf dieser Fußlinie – in Gestalt der waagrechten Horizontlinie durch den Koordinatenschnittpunkt A – sind die Strecken vom Koordinatenschnittpunkt A bis zum Punkt B des Paßdurchgangs einerseits und diejenigen vom Koordinatenschnittpunkt A bis zum Schnittpunkt der linken Begrenzungskante des Hauptturmes der Wohnburg mit der Horizontlinie in C andererseits in beiden Bildern gleich groß. Erst auf der verbleibenden Teilstrecke, rechts von Schnittpunkt C, gibt es eine kleinere Verschiebung der gemeinsamen Grundmaße, so daß hier bei der Begrenzung nach rechts kein exakter gemeinsamer Schnittpunkt auf der Horizontachse mehr gegeben ist. Wir besitzen also drei senkrechte Achsen, auf denen je zwei Schnittpunkte der beiden Bergbilder übereinander (wenn auch in der Höhe stark verschieden) zu liegen kommen. Das so ablesbare Maß der Höhensteigerung gegenüber der Naturvorgabe ist erheblich. Die Höhenmaße der beiden Berge verhalten sich wie 3 : 2. Es ist nun die Frage, ob diese Vergrößerung des Längenmaßes – der Höhe des Burgbergs im Aquarell – „vergleichlich" aus der Vorgabe gewonnen ist.

Ausgehend von der Kenntnis der geometrischen Veränderungsschemata Dürers, wurde folgende Probiersituation geschaffen. Aus der Abb. 51 wurden die beiden Figuren der Burgberge (Foto und Aquarell), unter Beibehaltung der Maße, getrennt herausgezeichnet. Auf einer waagrechten Rangierachse wurden dann diese beiden Figuren gegeneinander verschoben, um herauszufinden, ob wichtige Meßpunkte miteinander korrelieren. Nachdem sich für eine Reihe der auf den Senkrechten über dem Koordinatenschnittpunkt G_1 und über dem Schnittpunkt E_1 liegenden Meßpunkte – und den fraglichen Meßpunkten auf den entsprechenden Senkrechten über G und E – ein gemeinsamer Bezugspunkt in A abzeichnete, wurde eine genauere Konstruktion (Abb. 52–53) im Sinne der ersten drei Schemata Dürers, insbesondere aber des „Wählers" durchgeführt: Entsprechend der Anweisung Dürers wurde zunächst die Linie AB festgelegt (A liegt – wie sich am Ende zeigte – zufällig exakt über der Turmspitze der Kirche von Arco). Identisch mit den aus Bild 51 ermittelten Vorgaben wurde daraufhin das fotografische Abbild des Burgbergs mit den Senkrechten $\overline{DE}$ und $\overline{FG}$ eingezeichnet. Auf der Senkrechten $\overline{DE}$ liegt der Teilungspunkt H. Er ist definiert als linker Eck-Fußpunkt des Burgpallas. Von A aus wurde nun durch die Meßpunkte D und H je-

weils eine gerade Linie nach C und C_1 gezogen. Nun war die senkrechte Strecke $\overline{D_1 E_1}$ mit ihrem Teilungspunkt H_1 als gewünschte „vergleichliche" vergrößerte „Erlengerung" der Größe DE an der richtigen Stelle einzutragen. Also wurde eine Senkrechte mit dem Streckenmaß $\overline{D_1 E_1}$ aus der Durchzeichnung der originalgroßen Reproduktion mit dem Zirkel herausgegriffen und probiert, wann der Punkt D_1 an die Linie AC *„oben anrührt"* (bzw. es kann zur Geraden AB eine Parallele im Abstand $D_1 E_1$ gezeichnet werden, die den Strahl AC in D_1 schneidet). Aus Abb. 51 wissen wir, daß die Fußlinienabschnitte $\overline{EG}$ (= $\overline{AC}$ in Abb. 51) und $E_1 G_1$ (= $\overline{AC}$ in Abb. 51) gleichgroß sein müssen. Insofern kann es sich nur um eine fiktive Suche handeln. – Entscheidend ist, wenn es sich um eine „vergleichliche" Vergrößerung handelt, dann muß sich auch der Fußpunkt des Pallas H_1 wie sein Gegenspieler H mit der Linie AC_1 in der richtigen am Originalmaß überprüfbaren Höhe schneiden.
Aber dies soll nicht ausreichen: Die Senkrechte $\overline{DE}$ des fotographischen Bildes ist eingebunden in ein zahlreiche Punkte umfassendes System. Wir wissen aus Abb. 51, daß nicht nur der Horizontalabschnitt EG gleich groß mit $E_1 G_1$ (dort $\overline{AC}$) ist, sondern daß auch $\overline{GP}$ so groß wie $\overline{G_1 P_1}$ (dort AB) ist. Wenn daher im folgenden Schritt eine weitere „gestragte" Linie von A durch F als den Höhenmeßpunkt des Bergfrieds im Fotoabbild gezogen wird, dann muß sich auf der Verlängerung dieser Linie irgendwo der Punkt F_1 als oberer Höhenmeßpunkt des Bergfriedes des Aquarells befinden. Er konnte wiederum durch probierendes Einpassen des in den Zirkel genommenen Originalmaßes der Achse $\overline{G_1 F_1}$ ermittelt bzw. dadurch gewonnen werden, daß von E_1 aus die Strecke $\overline{EG} = \overline{E_1 G_1}$ abgetragen wurden, um so den zweifelsfreien Fußpunkt der senkrechten Bildachse des Arcoaquarells zu erhalten. Diese exakten Meßachsen $\overline{D_1 E_1}$ und $\overline{F_1 G_1}$, der Teilpunkt H_1 und die Strahlen von A nach C, C_o, C_1, C_2 mußten nun durch die noch fehlende Konturzeichnung des Burgbergs, nach der originalgroßen Reproduktion des Aquarells, vervollständigt werden (Abb. 53). Es ergibt sich folgendes Resultat: Da $\overline{F_1 G_1}$ nicht nur eine isoliert gesuchte Vergrößerung der gegebenen Strecke $\overline{FG}$ darstellt, sondern da auch $\overline{D_1 E_1}$ innerhalb eines gemeinsamen Zusammenhangs die vergleichliche Vergrößerung von $\overline{DE}$ ist, liegt die Annahme nahe, daß Dürer innerhalb des überprüften Bereiches seines Bildes mit geometrischen Mitteln die „Gliedmaße" der Naturvorgabe auf die ihm wünschenswert erscheinende Größe gebracht hat. Dafür spricht auch durchaus die Beobachtung, daß auf der Senkrechten $\overline{FG}$ im oberen Teil keine Meßpunkte zu sehen sind, die vergleichlich übertragen werden

könnten. Die Burgmauer des fotografisch gewonnenen Bildes liegt deutlich tiefer als die Linie von A nach C_1. Aber auffallend ist, daß die Linie AC_2, die in der „Naturvorgabe" mit der Oberkante des gut erhaltenen Mauerstücks neben dem Pallas der Wohnburg zusammenfällt, der großen Burgmauer des Aquarells recht genau die Höhe und die Richtung zumißt. Auch der Strahl AC_3 teilt die Pfeilergruppen im oberen Teil recht genau „vergleichlich".

Gegen die Annahme, daß Dürer zum Mittel einer konstruierten Vergrößerung gegriffen habe, spricht die Künstlichkeit des Unternehmens. Warum sollte er zunächst die Naturvorgabe unverändert übernehmen, um sie dann auf konstruktivem Wege mühselig wieder zu beseitigen? Andererseits sind die beobachteten Fakten nicht von der Hand zu weisen. Sie sprechen dafür, daß die Bemühungen um das rechte Maß, wie es in der Proportionslehre eine Hauptrolle spielt, dem Maler der Arcolandschaft ebenfalls ein Anliegen war.

Als Ergebnis der bisherigen Forschung scheint festzustehen, daß Dürer zu Anfang seiner kunsttheoretischen Bemühungen versuchte, eine von den Schwankungen des individuellen Urteils unabhängige Schönheit zu finden.[135)] Ausgehend von Vitruv und Barbari, legte er ein erstes Proportionsschema fest, das nicht nur die Maße, sondern auch Haltung und Konturen der Figuren mit Hilfe von Zirkel und Richtscheit so weit wie irgend möglich festlegte.[136)] Die Annahme, daß er dabei die Proportion einer „unbedingten Schönheit"[137)] erstrebte, ist insofern berechtigt, als Dürer dasselbe Proportionsschema für thematisch ganz verschiedene Figuren verschiedenen Geschlechts und verschiedener, allerdings immer auf „anfängliche" Schönheit gerichteter Bedeutung verwendete.[138)] Mit der Rückkehr von der zweiten italienischen Reise zeitlich zusammenpassend, gibt Dürer diese geometrische Konstruktion der Schönheit auf und der einheitliche Kanon beginnt zu zersplittern.[139)]

135) Vergl. Panofsky V, S. 187 f. und Panofsky I, S. 127 f.

136) Rupprich I, Bd. 2, S. 35, Panofsky V, S. 187, Panofsky I, S. 81 ff.

137) Vergl. Panofsky V, S. 188: Camerarius übersetzt Dürers Ausdruck „rechte Hübsche" mit „absoluta pulchritudo".

138) Z.B.: Apoll W. 262, Adam W. 421, Venus–Eva W. 415, Venus W. 416, Adam und Eva W. 333, Hl. Sebastian W. 322.

139) Vergl. Panofsky (I, S. 128) und Panofsky (V, S. 188).

Kennzeichnend für die Konstruktion des ersten Proportionsschemas[140] ist die Anordnung des in möglichst reiner Profil- und Frontalansicht flächengemäß ausgebreiteten Körpers um eine senkrechte Achse (z.B. Abb. 54 (W. 415), Abb. 55 (W. 421)). Diese Achse geht, ausgehend von der Ferse des Standbeins (dem Standpunkt), durch die „Weiche", wo Brustkorb und Beckenzone gegeneinander verschiebbar sind, bis zur Scheitelhöhe und legt so die Gesamtlänge fest. Die von unten her beginnende Verschiebung des Rechts und Links wirkt sich in der gesamten Haltung der Figuren aus, besonders aber in der Haltung des antikisch ponderierten Stand- und Spielbeins und in der leichten Verschiebung des Bauchvierecks gegen das Brustviereck. Der „schöne" Kontur wird (so weit wie möglich) mit Hilfe von Zirkelschlägen ermittelt. Und die Maße der einzelnen Körperteilungen werden durch gerade Linien in einem „schönen" Verhältnis, nach den Maßangaben Vitruvs, bestimmt.
Die Anordnung einer in möglichst reinen Profil- und Frontalansichten bildflächengemäß ausgebreiteten „Landschaftsfigur" um eine senkrechte Bildachse, die von der Eröffnung am „Fuß" des Bildes an die Gesamtkomposition trägt, bis zur Scheitelhöhe der Figur aufsteigt und dabei ein stetiges leichtes Gegeneinanderverschieben der Bildgewichte meßbar macht und zugleich im Aufsteigen an wichtigen Stellen von geraden Linien so geschnitten wird, daß einzelne Körperstücke zueinander „schön" proportioniert werden, *dies alles kennen wir aus dem Arcoaquarell.* (Daß die Achse des Burgbergs – entsprechend der Naturvorgabe – nicht exakt senkrecht aufragt, schwächt dabei die Argumentation nicht, da solche Abwandlungen des Systems auch bei den Proportionsfiguren vorkommen (vergl. die nach rechts geneigte Konstruktionsachse des Adam in W. 333, Abb. 56)).
Die skizzierten Analogien könnten schon ausreichen, um Zusammenhänge zwischen diesen sehr verschiedenen Dingen nahezulegen. Vor einem buchstäblichen Vergleich zwischen dem Proportionsschema Dürers nach Vitruv (Kopflänge = 1/8, Gesichtslänge = 1/10, Brustbreite = 1/4 der Körperlänge usw.) und der Proportionierung der Arcolandschaft möchte man dagegen eher zurückschrecken. Daß und wie Dürer „architektonische" Zusammenhänge aus den Vorgaben der Landschaft entwickelt, ist nachgewiesen worden, aber dies ist doch etwas anderes als eine Landschaft mit Zirkel und Richtscheit „aus dem Maß" zu erzeu-

140) Vergl. Panofsky I, S. 82 ff. und Rupprich I, Bd. 2, S. 36 f.

gen. Was gegen die Vorstellung einer „erzirkelten" Landschaft einnimmt, ist das Postulat der „Freiyigkeitt" des Malens. Daß in der Proportion eines menschlichen Angesichts oder einer menschlichen Gestalt schon eine geringe Abweichung von dem Verhältnis der einzelnen Körperteile zueinander und auch schon ein geringes Verfehlen der Maße eines Einzelteils die Unähnlichkeit erzeugt, weiß jeder Porträtmaler, dessen Auftraggeber Wiedererkennbarkeit fordert. Und umgekehrt kann jeder Laie sich vorstellen, daß ein zusätzlicher Ast am Baum einer Landschaft oder eine kleine zusätzliche Überhöhung des Arcoberges noch nicht gleich die ganze Komposition gefährdet. Daher fordert Dürer von seinem Standpunkt der Reife das Maß vor allem für die menschliche Gestalt: „Also würdet nütz sein, daß man zu sölchen Bildern der menschlichen Maßs gar fleißig Acht hab und alle ihre Arten dürchsüch ... Welcher das recht herausziehen kann, dem will ich mehr folgen dann dem, *der ein neu erdichtte Maßs*, der die Menschen kein Theil gehabt haben, machen will[3]. *Dann einmal müßs die menschliche Gestalt beleiben abgeschieden [unterschieden] von andern Creaturen, sie [bestimmte Künstler] machens sunst, wie sie wöllen[4].*" (Lange-Fuhse, S. 351).

„Aber Landschaften zu sehen und machen, da man etwan sechs oder sieben Meil sieht, hat es aber sein sunder Art." (Lange-Fuhse, S. 195). Hier gelten also andere Bedingungen. Auch weist er 1528 auf die Grenzen des Messens: „Aber so du wol messen hast gelernt, vnd den verstandt mit sambt dem brauch vber kumen [die theoretische Kenntnis mit der künstlerischen Praxis wie aus einem Guß beherrschst], also das du ein ding auß freyer gewißheyt kanst machen vnd weyst einem yetlichen ding recht zu thon, *als dann ist nit alweg [immer] not, ein ydlich ding alweg zu messen, dan dein überkumne kunst macht dir ein gute augen maß, als dann ist die geuebt hand gehorsam.*" (Rupprich I, Bd. 3, S. 297, 600 ff.). Und in einer anderen Stelle des „Ästh. Exkurses" begegnet eine vergleichbare zweiseitige Antwort: „Vnd durch die Geometria magstu deins wercks vil beweyssen. Was wir aber nit beweyssen kuennen, das musen wir bei gutter meynung vnd der menschen vrteyl bleyben lassen ..." (Rupprich I, Bd. 3, S. 295, 439).

Angesichts dieses Für und Widers soll überprüft werden, ob Dürer sein Proportionsschema nach dem Kanon des Vitruv in der Arcolandschaft mitbenutzt hat oder nicht. Eine erste Einzeichnung der Dürer-Vitruv'schen Menschenfigur (W. 415, Abb. 54) in die Arcolandschaft (Abb. 57) bringt Ergebnisse zum Vorschein, die kaum glaublich sind. Die Doppelgestalt ist folgendermaßen entstanden. Die mit feiner Linie gezeichnete weibliche Figur mit dem nach rechts geneigten Kopf und den rhythmisch bewegten Armen, ist die Durchzeichnung nach der Eva-Venus (W. 415), die von Panofsky um 1500/01, von Flechsig und Winkler um 1506[141] datiert wird. Entscheidender als mögliche Differenzen der Datierung, die aber darin übereinstimmen, daß nicht vor 1500 zurückgegriffen wird, ist, daß das oben angedeutete Konstruktionsschema Dürers zur Erlangung der „unbedingten Schönheit" deutlich ablesbar verwendet worden ist: Die Brust ist aus dem Quadrat konstruiert. Die Konturen der Hüftzone, der Bauchform, der Schoßform und sogar die charakteristische inselartige Vierergruppe am Übergang vom Bauch in die Brust, durch deren Mittelpunkt die sich kreuzenden Grenzlinien der gegeneinander verschobenen Formen des Bauches und des Brustvierecks gehen, sind durch Zirkelschläge ermittelt. Die durch die gesamte Länge der Figur gehende, senkrechte Konstruktionsachse, die die Verschiebung der Gewichte des Links und Rechts überprüfbar macht, ist ebenso vorhanden wie die, gemäß dem antikischen Ponderationsprinzip, je leicht geneigten, aber geradlinigen Teilungslinien, die die „schönen" Proportionen festlegen. Über diesen figürlichen Kern konnte das Arcoaquarell – unter Beibehaltung der authentischen Maßverhältnisse beider Bilder – relativ leicht mit Hilfe eines Diaprojektors passend projiziert und als Zeichnung festgehalten werden. Relativ leicht, weil ja bedacht werden muß, daß zwischen mindestens sechs verschiedenen Meßpunkten Deckungsgleichheit erreicht sein muß, um von einem nachweisbaren Zusammenhang sprechen zu dürfen. Außerdem war nicht von vornherein klar, ob die menschliche Proportionsfigur auf die Formathöhe des Bildes zu beziehen wäre oder allein auf die Figur des Berges. Hier ergab die Durchsicht der verschiedensten Proportionsfiguren Dürers (z.B. W. 333, Abb. 56, W. 421, Abb. 55) Eindeutigkeit. Immer ist nur die menschliche Figur ausdrücklicher Gegenstand der Vermessung. Alles andere ist Hintergrund oder Vordergrund usf., wird aber nicht in das „Maß"[142] einbezogen. In diesem Zusammenhang darf in Erinnerung gebracht werden, daß in der Analyse des Arcobildes die Bedeutung der „Vordergrundsfigur" für die Bildkomposition nachgewie-

141) Rupprich I, Bd. 2, S. 37. Winkler (IV, Bd. 2, S. 105) stimmt Flechsig jedoch für ein etwas früheres Datum zu: „Da ... die Haltung an die Eva von 1504 erinnert, ist mit Flechsig anzunehmen, daß sie die erste der hier gruppierten Proportionszeichnungen gewesen ist."

142) Eine Ausnahme bildet die Vorzeichnung zum „Großen Glück" (W. 266, Abb. 64).

sen werden konnte: *Der asymmetrische Konturverlauf der Eröffnungsfigur ist die Fußlinie der Berggestalt.* Durch Dürers Eingriffe in die Naturvorgabe gibt es darüber hinaus – in Analogie zu den Proportionsfiguren – auch *einen Fuß- oder Standpunkt der Bergfigur*. Er liegt da, wo sich die Verlängerung der (fast) senkrechten Bildachse durch den Kernpfeiler mit dem Kontur der Eröffnungsfigur schneidet (Abb. 51). Dieser Punkt ist auffällig durch die senkrechte Aufrichtung der pflanzlichen „Wimpern".

Wo aber ist – in Entsprechung zur Scheitelhöhe der Proportionsfigur – die Gesamthöhe des Berges zu begrenzen? Zählt der Bergfried mit oder ist der Scheitel des Berges der Meßpunkt? Bei verschiedenen Integrationsversuchen ergab sich folgendes. In dem Augenblick, wo außer der Deckungsgleichheit der beiden Hauptachsen auch die Deckungsgleichheit der *„Fußpunkte"* (bestehend aus dem Fersenpunkt des Standbeins von W. 415 und dem Schnittpunkt der Bildachse von „Arco" mit dem Kontur der Eröffnungsfigur), der *„Scheitelpunkte"* (bestehend aus der Kontur des Bergscheitels, unmittelbar neben dem Fußpunkt des Bergfriedes und dem Kontur des Kopfes der Eva) und schließlich die Identität eines *„Mittelpunktes"* besonderer Art (bestehend aus dem Nabel! der Eva und dem Koordinatenschnittpunkt des Arcobildes) hergestellt war, war auch die Proportionsfigur in ihrer Gesamtwirkung ein integrierter Bestandteil der Gesamtkomposition. Obwohl die menschliche Figur im Vergleich zu den absichtlich grob hervorgehobenen Konturen des Arcoaquarells sehr zart gezeichnet ist, wirkt sie nicht wie eingesperrt in ein Maßsystem, sondern wie frei herrschend in ihrer Gebärde.

Die Einschmiegung der Kopfform der Eva ist schon von der Art der Einbindung des Königskopfes von der Ostseite vertraut. Oberhalb der querteilenden Burgmauer des Aquarells findet der Konturverlauf des Felsengesichts seine Fortführung in der Umrißform des Berggipfels. Die Form dieser Linie ist in den Hauptzügen aus der Naturvorgabe übernommen worden (Abb. 44). Der Stirnkontur fällt jeweils im Höhersteigen mit der Umrißform des Berggipfels ineins. Das Herabblicken der Eva nach rechts und ihre regsamere Gebärde auf dieser Körperseite korrespondiert mit dem Herabsinken der Kontur des Burgbergs auf diese Seite. Die strengere Gebärde des lang herabgreifenden Armes auf der Gegenseite korrespondiert entsprechend mit dem schroffer fallenden Kontur der Schattenseite des Berges. Und schließlich ist die asymmetrisch geteilte „Fußlinie" des Vordergrundes, mit ihrem rascheren bzw. langsameren Gefälle, auf der die Proportionsfigur steht, rhythmisch genau auf das statischere oder regsamere Bein der menschlichen Gestalt bezogen; wobei jetzt der strengeren Gebärde oben (links) die freiere unten (links) und der freieren oben (rechts) die strengere unten (rechts) antworten. Außer der Ordnung, gemäß den senkrechten Konstruktionsachsen, gibt es demnach auch eine Verstärkung über die Diagonalen. Und schließlich sind Kopfneigung und Blickrichtung der „Eva" gegensinnig bezogen auf das „Gesicht des Alten" im Berge. All diese Beobachtungen, die die Gebärden und die Gliedmaßen der Proportionsfigur betreffen, sind nicht mit geometrischen Mitteln exakt nachweisbar wie die Identität der „Fußpunkte", „Mittelpunkte" und „Scheitelpunkte" der beiden Figuren. Sie sind aber doch kaum zufälliger Art, wie die Gegenprobe ergab.

Dem exakten Bereich nähern sich folgende Beobachtungen. Der große Waagbalken der Burgmauer ist in Richtung und Höhenverlauf fast identisch mit dem Verlauf des Kinnbackens. Die vom Bergfried zur Wohnburg herabzielende kleine Burgmauer ist identisch mit dem Verlauf der Augenbraue bzw. sie teilt die Gesichtshöhe bis zum Haaransatz von der Gesamthöhe des Kopfes. Insgesamt wird die Maßhöhe des Kopfes recht präzise durch den Abstand zwischen großer Burgmauer und oberem Bergkontur abgemessen. Die Inselformen oberhalb des „Nabels" sind in ihrem Formverlauf an vielen Stellen deckungsgleich mit den Formverläufen innerhalb der Felspfeilergruppe des Aquarells, so daß die prägnantesten Zentrierungsformen des Aquarells innerhalb des Brustquadrates liegen. Weiter fällt auf, daß die Stadtmauer vor allem in ihrem unteren Verlauf mit den Abmessungen der Proportionsfigur zusammenzuhängen scheint. Der Begrenzungsbogen des Unterbauchs und der Begrenzungsbogen des Schoßes scheinen mit der oberen und unteren Kante der Mauer zu korrespondieren. Schließlich sind die deutlichen Richtungsbezüge zwischen den querteilenden geraden Linien zu nennen, die die „schönen" Verhältnisse der Figur in der Hüft- und Bauchzone und den Wegen festlegen. Alles in allem findet sich also nicht nur Identität in drei Hauptpunkten, sondern vielfältige Entsprechung, so daß die Annahme eines Zufalls kaum berechtigt ist.

Da sich bei einer Bestätigung der Ergebnisse unserer ersten verhältnismäßig groben Vergleichung vertiefte Einblicke in Dürers bildnerisches Denken ergeben werden, müssen wir die Frage nach seinem Proportionsschema intensivieren, indem wir die von ihm benutzten Maßeinheiten anwenden und das Vergleichsgefüge erweitern.

Zunächst nehmen wir eine Dürerfigur, die noch nicht aus dem Maß gemacht ist, und prüfen, ob sie sich auch in das Arcobild einfügen läßt. Mit der von Dürer selbst *1493* datierten schönen Naturstudie einer nackten Frau (W. 28) (Abb. 58)[143] gibt es einen geeigneten Festpunkt für folgende Überlegungen. Unsere Durchzeichnung ist recht genau in den Konturen und der Angabe wichtiger Lagepunkte, doch mußte sie schon deshalb scheitern, weil die Dichte der Strichlagen keine Entscheidung mehr über die zeitliche Folge der einzelnen Schraffuren zuläßt. Dies wäre aber notwendig, wenn mit einem gewissen Schwung die Linienzüge treffend nachvollzogen werden sollen.

Die Fähigkeit, mit architektonisch streng gefügten und doch zugleich vibrierend lebendigen Schraffursystemen Körper in ihrer Plastizität und ihrem Schimmer – „im Hervorsprung ihrer Lebenskraft" – zu bilden, hat Dürer innerhalb seiner künstlerischen Entwicklung noch über das 1493 erreichte Maß hinaus gesteigert. Ein Höhepunkt ist hier die Vorzeichnung[144] (W. 333) (Abb. 56) für den Kupferstich „Adam und Eva" von 1504. Die Art und Weise des Wölbens und Modellierens der Körpermassen ist ein verbindendes Element zwischen den Figuren von 1493 und 1504, die hierin nur durch den Entwicklungsgrad getrennt sind. Gibt es in analoger Weise Zusammenhänge zwischen der „Badefrau" (von 1493) und der „Eva" (W. 415) (Abb. 54) – die ihrerseits mit der Adam- und Eva-Zeichnung (W. 333) von 1504 zusammenhängt – hinsichtlich der statuarischen Prinzipien und Proportionen? Auf den ersten Blick könnte man versucht sein, die Naturstudie von 1493 (Abb. 58–59) für nah verwandt zu halten mit der „Eva" (W. 415) (Abb. 54, 57). Besonders die sich frei nach außen regende Hand, der leicht nach rechts geneigte Kopf und auch das enge Stehen könnten Vergleichspunkte bilden. Prüft man jedoch die Art des Stehens genauer, so wird der Unterschied deutlich. Die Füße stehen bei der „Badefrau" noch nicht wirklich auf der Erde, sondern sie wirken wie herabhängend. Auch die Figur im ganzen steht nicht fest. Der gesamte untere Teil bis zur Übergangsstelle von Bauch und Brust scheint nach links umzufallen. Erst die entschiedene Verlagerung

143) Vergl. Winkler V, Bd. 1, S. 26. Panofsky, der nachzuweisen versuchte, daß Dürer bei der Entwicklung seines Proportionsschemas von den „Weibern" ausgegangen ist, nimmt das Beispiel der „Badefrau" von 1493 als abschließendes Argument: „Wieso Dürer zuerst nur Frauen konstruierte, weiß ich nicht: vielleicht, daß ihm das Schönheitsproblem überhaupt zuerst am weiblichen Körper sich offenbarte: besitzen wir doch schon aus dem Jahre 1493 einen Frauenakt" (Panofsky I, S. 90 f.).

144) Vergl. Winkler IV, Bd. 2, S. 57.

der Gebärden der Arme und das Herüberdrehen des Kopfes mit dem suggestiv wirkenden Blick erzeugen eine flächengemäße Ausgewogenheit. Daß dies nichts mit statuarischer Festigkeit und Auspondiertheit zu tun hat, offenbart die überprüfende Einzeichnung der in den Proportionsfiguren stets enthaltenen senkrechten Achse, die wieder deckungsgleich mit der Bildachse des Arcoaquarells eingezeichnet wurde. Neben der Schwierigkeit, den Standpunkt festzulegen, der ja mit der nicht erkennbaren Ferse identisch sein müßte, bringt die Einzeichnung der Maßachse zum Vorschein, daß die Figur sich diesem Achsialprinzip gegenüber völlig fremd verhält. Allerdings kann man sich, die Kenntnis der späteren Entwicklung vorausgesetzt, vorstellen, daß aus der jetzt noch stark nach links verschobenen, aber bereits intensiv gerundeten Form des Bauches später der erzirkelte Bauch-Kreis des Proportionsschemas (Abb. 57) entstehen kann. Auch innerhalb des Oberkörpers glaubt man das spätere Brustquadrat ahnen zu können. Im genauen Vergleich von W. 415 (Abb. 54) und W. 28 (Abb. 58) ist aber das Vage der Ansätze, z.B. der Oberarme in der Höhe der Achseln oder auch der Schulterkuppen unübersehbar. Dürers Korrekturen in den sog. „Reuestrichen" bei Brust, Armen und Kopf (der noch zu groß ist für das Dürer-Vitruv'sche Schema), zeigen ihn deutlich als Suchenden. Einesteils fehlt also das Prinzip des achsial-statuarischen Aufbaus 1493 noch völlig. Andernteils aber begegnet man bereits 1493 einem Künstler, dessen intensive Bemühung um die menschliche Gestalt glaubhaft macht, daß er ein ganzes Königreich dafür hergeben würde, um den Schlüssel zu besitzen, aus dem schöne Menschen konstruiert werden können.
In der Frühzeit der Konstruktionsversuche (1500–1507)[145)] hat sich Dürer auf den Kanon des Vitruv gestützt.[146)] Da dieser aber nur die Grundmaße des Mannes bereithielt, mußte sich Dürer mit Hilfe der Naturbeobachtung und umfangreichen Meßauswertungen alle Detailmaße selbst ausarbeiten. Das Konstruktionsverfahren, über das er ab 1500/1502 verfügte,[147)] wird am deutlichsten greifbar durch die von ihm selbst stammenden Einzeichnungen in der „Adamzeichnung" (W. 421) (Abb. 55). Diese Zeichnung steht in engster Beziehung zu dem Adam- und Eva-

145) Vergl. die Datierungshinweise bei Rupprich I, Bd. 2, S. 37 f.
146) Rupprich I, Bd. 2, S. 38 und Justi S. 8.
147) Vergl. Rupprich I, Bd. 2, S. 36 und Justi S. 7 ff. Panofsky (I, S. 82) konnte durch seine Einzeichnung des Konstruktionsschemas in W. 322 das umstrittene Datum (1502) des Hl. Sebastian glaubhaft machen.

Kupferstich von 1504 (Abb. 60), ist jedoch erst 1506 als eine Art von verdeutlichendem Lehrbeispiel entstanden.[148] Eine Nachkonstruktion[149] (Abb. 61) versucht das Verfahren Dürers in den Grundzügen nachvollziehbar zu machen:

1. Mit einer Senkrechten AB, die von der Scheitelhöhe durch die Weiche (wo Brustkorb und Becken gegeneinander verschiebbar sind) bis zur Ferse des Standbeines geht, wird die Gesamtlänge der Figur festgelegt.
2. Von Punkt C aus, der vom Scheitel 2/6 der Körperlänge entfernt ist, wird der „frei" bestimmte Neigungswinkel des Oberkörpers abgetragen. Auf dem freien Schenkel dieses Winkels wird von C aus 1/6 der Gesamtlänge abgetragen, bis zu dem Halsgrubenpunkt D. Die gewonnenen Punkte C, D dienen als Mittelachse eines Quadrates, das vom Zentrum aus mit dem Brustkreis umzogen wird. Mit dem oberen Bogenteil legt er die Kontur der Schultern, rechts und links vom Hals, fest. Eine Parallele zur oberen Seite des Quadrates, im Abstand von 1/10 der Gesamtlänge, bestimmt den Ansatz der Brustmuskeln. Die Brustwarzen liegen auf den Diagonalen von D zur Parallele und sind von D um 1/10 entfernt.
3. Bei der Ausarbeitung der Beckenzone wird analog zur Konstruktion der Brust wieder von dem Punkt C aus der Neigungswinkel der Hüfte „frei" festgelegt. Auf dem freien Schenkel dieses Winkels wird von C aus 1/6 der Gesamtlänge abgetragen und der Punkt E, in der Höhe des Geschlechts, gewonnen. Um den Nabel, dessen Lage sich als Schnittpunkt des Brustkreises mit dem freien Winkelschenkel ergibt, wird der Bauchkreis gezogen, dessen Durchmesser (FG) 1/6, dessen Radius 1/12 (bei der „Eva" 1/10) der Körperlänge beträgt. Er bildet einen Teil der Hüftkontur. Senkrecht zu CE und von E um 1/10 nach oben gerückt, wird eine Querlinie geführt. Ihre durch den Umfang des Bauchkreises gegebenen Endpunkte H,I markieren die Einziehung oberhalb der Weichen. Die Weichen selbst werden mit Hilfe eines dritten Kreises, des Hüftkreises, gewonnen, dessen Zentrum im Schnittpunkt des Bauchkreises mit der Beckenachse JK liegt. Sein Radius ist so groß wie die Strecke bis zur Einziehung einer der

148) Nähere Angaben zur Problematik der Entstehung bei Winkler (IV, Bd. 2, S. 106 f.).
149) Vergl. Panofsky I, S. 84, Justi, S. 7 ff.

Weichen. Der Durchmesser des Hüftkreises – parallel zur Querlinie HI – schneidet den Kreis in den Punkten J, K, von denen aus die Kniehöhe bestimmt werden kann.

4. Die Breite der Schenkel, in der Höhe des Geschlechts, wird auf einer Senkrechten zu CE gewonnen, indem von E aus nach links 1/10 und vom Schnittpunkt der Senkrechten mit der Körperachse AB nach rechts 1/10 abgetragen wird. Der Kniemittelpunkt L des Standbeins wird durch eine vom linken Durchmesserschnittpunkt J des Hüftkreises zu B gezogene Verbindungslinie gewonnen. Die Kniehöhe M des Spielbeins wird durch einen mit gleicher halber Länge, aber vom rechten Durchmesserschnittpunkt K aus geschlagenen Kreisbogen erzeugt.

Die Veränderungen innerhalb dieses frühen Proportionsschemas, das „bereits den Keim zu allen vier Büchern von menschlicher Proportion in sich" (Panofsky I, S. 84) trug und nach dem Dürer eine ganze Reihe ähnlicher männlicher Konstruktionsfiguren hergestellt hat, sind sehr gering. Die wichtigste Entscheidung ist darin zu sehen, daß er noch innerhalb dieser frühen Periode seinen Versuch, den „schönen" Kontur möglichst vollständig aus Zirkelschlägen zu gewinnen, aufgab. Dies ist für unsere Untersuchung von Bedeutung. Falls die Konturen der Oberschenkel oder Unterschenkel usw. der in das Arcobild eingezeichneten Proportionsfiguren mit irgendwelchen Konturen der Landschaft korrelieren, so ist dies zwar nicht ohne Aussagewert, aber die entscheidenden Meßpunkte sind an die Teilungswerte der senkrechten Meßachse gebunden. Schrittstellung, Neigung, Gebärde sind bis zu einem gewissen Grad variabel innerhalb ein und desselben Proportionsschemas. Bei der Übertragung von Meßwerten auf außerhalb der Längsachse liegende Punkte (Halsgrubenpunkt usw.) entstehende Fehler nimmt Dürer in Kauf. Trotz der räumlich komplizierten Stellung, verfährt er so, als handele es sich um kerzengerade aufgerichtete Figuren. Aus unserer Durchzeichnung der „Eva" (Abb. 61), nach der Zeichnung (W. 333) von 1504 (Abb. 56), ist zu ersehen, daß Dürer das Konstruktionsschema des „Adam" in allen Zügen auf die „Weiber" übertragen hat,[150] bei insgesamt verkleinerter Gesamtgröße. Das kleinere Maß der weiblichen Figu-

150) Siehe zu dem Problem der Veränderungen innerhalb der weiblichen Proportionsfiguren vor allem Panofsky I, S. 84 ff. und Rupprich I, Bd. 2, S. 36 f.

ren – das Dürer in W. 333 durch eine Anhebung der Bodenfläche ausgleicht – ist in unserer Gegenüberstellung zur leichteren Vergleichbarkeit etwas vergrößert worden. Beim Vergleich stellt man fest, daß die Brustwarzen und der Nabel des „Adam" deutlich höher gesetzt sind. Der Nabel liegt *nicht* genau auf der senkrechten Hauptachse. Bei der „Eva" liegt er dagegen (fast) präzise auf der Hauptachse. (Dies war bei der „Eva" (W. 415) (Abb. 54, 57), entsprechend der stärkeren Bewegung der Hüftzone, nicht so.) Er ist allerdings deutlich tiefer gesetzt als bei der Figur des „Adam".

Für unsere zweite Überprüfung der möglichen Zusammenhänge zwischen Dürers frühem Proportionsschema und dem Arcobild ziehen wir eine weitere Durchzeichnung hinzu, die der „Eva" von 1504 (W. 333). Die Genesis der Abb. 62 ist trotz der verwirrenden Vielzahl der Liniensysteme, in die sich das Auge allmählich hineinfinden muß, leicht vorstellbar. Zunächst wurde die möglichst genaue Konturzeichnung der „Eva" erstellt und die Proportionsmaße hinzugefügt. Hierfür und für die Maßangaben, die an die Seiten verlegt wurden, wurde eine feine schwarze Linie vorbehalten. Darüber wurde in der oben bereits geschilderten Methode, mit Hilfe des Diaprojektors, das Arcoaquarell projiziert. Alle Konturlinien, aber auch die wichtigsten Binnenformen des Bildes, wurden so sorgfältig wie möglich mit einer dickeren dunkelbraunen Linie nachgezeichnet. Für die das Bildganze klärenden Formen wurde eine mittlere Strichstärke und eine ebenfalls dunkelbraune Farbe gewählt. Die so entstandene Doppel-Proportionsfigur bringt eine Reihe von präzisen Übereinstimmungen zum Vorschein, die die Vorstellungen, die sich aus dem ersten Versuch ergeben haben, bestätigen. Bezogen auf die Konstruktionsachse, herrscht zwischen folgenden Hauptmeßpunkten und -linien vollkommene Identität:

1. Zwischen der Fersenhöhe (B) der Eva und dem Fußpunkt des Berges.
2. Zwischen dem Anfangspunkt der Scham (E) und der geometrischen Mitte der gemeinsamen Proportionsachse nach 3/6 der Gesamthöhe.
3. Zwischen dem Nabel und dem Koordinatenschnittpunkt am Fuß des Hauptpfeilers.
4. Zwischen der Höhenmaßangabe 4/6 (dem Punkt C der Konstruktion) und zwischen der Nahtstelle zwischen dem ersten und zweiten Segment des Kernpfeilers.
5. Zwischen der Höhe des Halsgrubenpunktes (D) und dem oberen Endpunkt des kleinen turmartigen Blocks, der die Folge der 3 Teil-

blöcke, die zusammen den Kernpfeiler bilden, fortsetzt. Beide Höhenmaße liegen exakt bei der Maßangabe 5/6 (von unten gerechnet). Wir wissen, und dies verstärkt die Bedeutung dieses Meßpunktes, daß Dürer in Abweichung von Vitruv, dessen Angaben für Kopflänge = 1/8, Gesichtslänge = 1/10 und Halsgrube bis Scheitel = 1/4, Halsgrube bis Haaransatz = 1/6 widersprüchlich sind, da der Teil vom Haaransatz bis zum Scheitel einmal 1/40, das andere Mal = 1/12 sein müßte, geändert und die Länge Halsgrubenpunkt bis Scheitel = 1/6 festgesetzt hat.

6. Zwischen der Höhen- und Richtungsangabe des oberen Segmentes des Brustkreises und dem entsprechenden Stück der „Standlinie" der großen Burgmauer. (Hier ist auch auffallend, wie exakt der Mittelturm der großen Burgmauer in die Nackenform der Eva einbezogen ist.)
7. Zwischen der Höhen- und Richtungsangabe der Kinnlade und dem oberen Konturverlauf der großen Burgmauer.
8. Zwischen dem Höhenmaß des Scheitels der „Eva" und dem Scheitel des Burgberges, unmittelbar neben dem Ansatz der den Bergfried umrundenden Schutzmauer des Gipfels.

Außerdem sind folgende Punkte zweifelsfrei Meßpunkte eines Landschaft und menschliche Figur beinhaltenden Proportionssystems Dürers. Sie sollen gesondert aufgeführt werden, weil sie zwar von den „schönen" Maßen der „Eva" bestimmt werden, aber nicht in unmittelbarer Nähe der Konstruktionsachse liegen. Sie haben erhebliches Gewicht für unsere Beweisführung, weil sie wie die ersten acht Meßpunkte charakteristische Stellen im Bilde markieren, die sinnvoll auf die Meßachse zurückbezogen werden können. (Wenn diese Schnittpunkte an der Peripherie liegen, sind sie allerdings schwer präzis zu ermitteln, da die geringste Verschiebung der Übertragungslinie sich verfälschend auswirkt).

9. Die Höhenangabe 1/6 (von unten her gelesen) ergibt einen Schnittpunkt mit der linken „herabhängenden" Spitze des gebuckelten Weges, von dem wir aus dem Vergleich mit der Naturvorgabe wissen, daß er allein der Erfindung Dürers verdankt wird. – Wir besitzen nun eine Teilerklärung für seine merkwürdige Form. – Daß außerdem präzise auf dieser Höhenangabe der Fußpunkt des größten Olivenbaumes im Bilde geortet ist, dürfte ebenfalls kaum ein Zufall sein.

Das Phänomen der Zuteilung der Standpunkte und der Firsthöhe der Dächer durch die waagrechten Maßangaben wiederholt sich auffällig oft.

10. Die Höhenangabe 2/6 erzeugt einen Schnittpunkt mit der zweiten nach links zielenden Spitze des gebuckelten Weges (in der Höhe seiner ersten taillenartigen Verengung), dessen stark betonter Kontur auffällig bis zur Doppelkrone eines Olivenbaumes herab verlängert ist.
11. Die Höhenangabe 3/6 (mit dem Durchgang durch E) erzeugt mit dem Fuß des Kirchturms von Arco, an der Stelle, wo seine Außenkante an die obere Grenze der Stadtmauer stößt, einen Meßpunkt.
12. Die Höhenangabe 4/6 durch den Punkt C durchquert die Nahtstelle zwischen Ober- und Unterlippe des „Alten im Berge" und ergibt mit dem Ansatzpunkt der Horizontlinie des Hintergrundes (der, wie wir wissen, durch die Fußlinie der Hintergrundsberge vorgegeben war) einen Meßpunkt.
13. Die Höhenangabe 5/6 durch den Punkt D ergibt mit dem oberen Ende des ersten kleinen Turmblocks (oberhalb der Pfeilergruppe) mit der großen Abtreppung innerhalb des Konturs der Schattenseite und mit dem Ende des Augenbrauenbalkens einen Meßpunkt.
14. Und schließlich ist die Höhenangabe 6/6 durch den Punkt A zu nennen, die mit dem Fußpunkt des umwallten Bergfrieds eine Schnittstelle ergibt.

Aufzuführen wären weiter die genauen Zusammenhänge, die sich anhand der Maßeinheiten 1/10 und 1/8 in der Kopfzone von Figur und Berg ergeben. Zu sprechen wäre auch davon, daß alle nicht geometrisch beweisbaren Zusammenhänge, die bei unserem ersten Einzeichnungsversuch mit W. 415 (Abb. 57) beschrieben wurden, auch im zweiten Durchgang erhalten bleiben. Besonders der Einbezug des „Alten im Berge" durch die damit kontrastierende Abwendung des Kopfes der „Eva" ist jetzt noch deutlicher greifbar geworden, so daß jetzt vom Ausgrenzen dieses „abgeschiedenen Dinges" aus dem Kreis des Schönen gesprochen werden könnte.
Was ergibt die 3. Überprüfung dieser Zusammenhänge am Beispiel des „Adam" von 1506 (W. 421) (Abb. 55, 63)? Als erstes – so möchte man sich außerhalb aller Notwendigkeit des Beweisens freuen – eine herrliche menschliche Gestalt! Selbst durch die zahlreichen „Tätowierungen" hindurch leuchtet die lebendige Schönheit dieses Adam-Apoll. Federnde

Kraft, zugleich Gelassenheit in der Freiheit des Stehens und wache Offenheit des Hinblickens zeigen ihn, unmittelbar sinnlich faßbar, als einen göttlich schönen Menschen. Als zweites ist noch vor dem Abwägen geometrischer Argumente eindrucksvoll, mit welcher Freiheit die menschliche Figur die Arcolandschaft als die ihr zukommende und sie umgebende äußere Natur erfüllt und beherrscht. Und es ist nicht hinderlich für unsere Entdeckung der bisher ungeahnten Zusammenhänge von Figur und Landschaft, sondern bestätigend, daß dies nicht nur für die Figur des „Adam", sondern auch für diejenige der „Eva" gilt.
Diese Beobachtungen enthalten ein wichtiges Argument: In der Literatur ist mehrfach das Merkwürdig-Künstliche und Umständlich-Komplizierte[151] der Dürer'schen Menschenkonstruktion vermerkt worden. Dies scheint aus der Kunsterfahrung der Gegenwart berechtigt. Die mathematisch präzise Konstruktion ist im Bereich der Kunst gewöhnlich nicht im Figürlichen, sondern in der Architektur und im Kunsthandwerk beheimatet. Würde sie im Bereich des Organisch-Lebendigen der bildenden Kunst angewandt, wäre normalerweise Unlebendiges, Steriles zu erwarten. Das Ergebnis des Dürer'schen Verfahrens, das ja so kompliziert auch wieder nicht ist, ist aber alles andere. Wüßte man nicht, daß es sich zum Beispiel bei den Figuren der Adam-Eva-Zeichnung (W. 333) (Abb. 56) um mit Zirkel und Richtscheit konstruierte Figuren handelt, würde kein Betrachter darauf verfallen, nach Konstruktionsachsen, Brustquadraten, Bauchkreisen usw. zu suchen. Auch die Proportionsfigur des „Adam" ist innige Einheit aus präziser, den Bruchteil des Millimeters umfassender Konstruktion, bei größter Lebendigkeit und Freiheit der endgültigen Gestalt.
Zum Herstellungsverfahren der Adam-Arcofigur (Abb. 63) ist wenig neu hinzuzufügen. In der Reihe der Doppel-Proportionsfiguren besitzt das vorliegende Blatt den größten Grad an Genauigkeit. Zunächst wurde Dürers Adamfigur (Abb. 55) minutiös mit feiner Feder und Sepia nach W. 421, in einer Gesamtgröße von 19,5 cm, durchgezeichnet, wobei die geometrischen Konstruktionsformen zur besseren Erkennbarkeit gestrichelt wurden. Beim Durchzeichnen bemerkt man, daß Dürer die Konturlinien nicht mit durchlaufenden Linien, sondern in kurzen Teilstücken festgelegt hat. Diese Teilstücke sind nie geradlinig, sondern stets kurvig bewegt. Nach dieser ersten Phase wurde das Blatt auf einen

151) Z.B.: Rupprich I, Bd. 2, S. 36, Panofsky V, S. 190.

Bogen Millimeterpapier aufgeklebt und die Quadrierung in Fünfmillimetereinheiten vorgenommen. Ausgehend von den durch Dürers Proportionsschema verlangten Maßabständen und ausgehend von den Erfahrungen mit Abb. 62, wurden die wichtigsten Meßabstände (1/6 = 3,25 cm, 2/6 = 6,5 cm, 1/8 = 2,43 cm, 1/10 = 1,95 cm usw.) eingezeichnet. In einem dritten Schritt wurde dann die Genauigkeit der zu integrierenden Arcozeichnung gesteigert. Die feinen Vibrationen aller Konturlinien, die beim Nachzeichnen stark auffallen, wurden so genau wie möglich übertragen. Auch kleinere Konturformen wurden diesmal durchgezeichnet. Dadurch ist die Übersichtlichkeit beeinträchtigt, aber eine weitere Überprüfung von Meßpunkten, deren Beschreibung zu aufwendig wäre, ermöglicht.

In Entsprechung zu unserem vorigen Beispiel (Abb. 62) gehen wir die dort aufgeführten signifikanten Meßpunkte auf Bestätigung oder Widerspruch durch:

Zu 1. (Fersenhöhe B und Fußpunkt des Berges): Übereinstimmung. Gemäß der genauer angegebenen Fußlinie des Standbeines kann Punkt B ebenfalls genauer ermittelt werden. Neu kommt die Übereinstimmung mit dem Maß hinzu, das Dürer für den „Fuß" der rechten Hangseite des Vordergrundes gewählt hat.

Zu 2. (Höhe der Scham nach 3/6 der Gesamthöhe der Konstruktionsachse): Übereinstimmung.

Zu 3. (Nabel und Koordinatenschnittpunkt): Erwartungsgemäß fehlt Übereinstimmung. Der Nabel des Adam ist nicht deckungsgleich mit dem Koordinatenschnittpunkt, sondern liegt etwas höher und ist minimal nach rechts verschoben.

Zu 4. (Höhe 4/6 der Proportionsfigur und Ende des 1. Pfeilersegmentes): Übereinstimmung.

Zu 5. (Halsgrubenpunkt und Ende des turmartigen Blocks): Übereinstimmung. Das Einbeziehen der Kinnhöhe des „Adenauerprofils" in das Maßsystem tritt neu hinzu.

Zu 6. und 7. (Brustkreissegment und Standlinie der Burgmauer – Kinnlade und obere Kante der Burgmauer): Es herrscht prinzipielle Übereinstimmung. Die leichten Verschiebungen der Maßlinien gegeneinander ergeben sich aus dem Hochheben des Kopfes des „Adam", im Vergleich zur „Eva", die ihren Kopf gesenkt hat. Der Einbezug des Mauersegments nach Richtung und Höhe ist sogar genauer geworden. Neu hinzugekommen ist die „Mundmarke" des „Adenauerprofils".

Zu 8. (Scheitel der Figur und Scheitel des Burgbergs): Übereinstimmung.

Zu 9. (Höhe 1/6 und 1. nach links herabhängende „Spitze“ des Wegs): Übereinstimmung. Entsprechend der genaueren Ermittlung des Fußpunktes B liegt der Schnittpunkt etwas tiefer und fällt daher präziser aus. Neu hinzu tritt der rechte Eckzipfel des gebuckelten Weges. Exakt an dieser Grenzstelle hört das helle Grün der Mulde auf und die Steinfarbe des Weges beginnt.

Zu 10. (Höhe 2/6 und zweite nach links zielende „Spitze“ des Wegs): Übereinstimmung und Präzisierung.

Zu 11. (Höhe 3/6 und Fuß des Kirchturms von „Arco“): Übereinstimmung und Präzisierung. Entsprechend der erhöhten Genauigkeit ergibt sich der Schnittpunkt mit der Höhenangabe des Geschlechts jetzt genau für den Fuß des Kirchturms. Neu hinzu kommen die auffallenden Schnitte mit den fünf Dachfirsten.

Zu 12. (Höhe 4/6 und Lippenfuge des „Alten im Berge“): Übereinstimmung.

Zu 13. (Höhe 5/6 durch D und Ende des kleinen Turmblocks, Abtreppung des linken Bergkonturs, Augenbrauenbalken): Übereinstimmung. Wieder gibt es zu dem auf der linken Bildseite im 2. Durchgang hinzugekommenen Meßpunkt auf der rechten Seite Entsprechung.

Zu 14. (Höhe 6/6 und Fußpunkt des ummauerten Bergfrieds): Es herrscht auch hier Übereinstimmung.

Obwohl inzwischen anzunehmen ist, daß eine Verfeinerung des Systems noch weitere Maßübereinstimmungen zum Vorschein bringen würde, soll die Überprüfung hier beendet werden. Der zunächst eher erahnte Zusammenhang hat sich überzeugend bestätigt. *Dürers Arcolandschaft ist nicht nur voller menschlicher Gestalt und Angesicht, sondern sie enthält in sich das Maß des schönen Menschen, der zugleich frei und streng geordnet ist. Es ist dies das Bild des Menschen, dessen Maß Dürer mit Hilfe Vitruvs und aus eigenem Nachsinnen gefunden hat. Die vollendete Gestalt des Arcobildes setzt die Kenntnis und die Beherrschung des Adam-Eva-Proportionsschemas voraus.*

Aus den nachgewiesenen Korrelationen ergeben sich Konsequenzen für die Ordnung der zeitlichen Abfolge.

Für die Frage der Datierung des Arcobildes existieren bisher folgende Haltepunkte: Das sichere Datum für die Naturstudie der „Badefrau“ von 1493 (W. 28 (Abb. 58–59), die Datierung der „Eva“ (W. 415) (Abb. 54, 57) von 1500/1501, die am Beginn der Proportionszeichnungen steht und die ihrerseits in der „Adam-Eva-Zeichnung“ (W. 333) (Abb. 56) von 1504 und dem entsprechenden Kupferstich (M 1) (Abb. 60) einen Höhepunkt erreichen. Wobei die Untersuchung der Adam-Proportionsfigur von

1506 (W. 421) (Abb. 55, 63), die im engsten Zusammenhang mit den Figuren von 1504 gesehen werden muß, den Schluß nahelegt, daß der Einbezug der menschlichen Gestalt in das Arcoaquarell besonders mit diesen vollendeten Figuren zusammengesehen werden darf. Darüber hinaus liegen außerdem divergierende Datierungsvorschläge verschiedener Forscher vor. Sie umfassen eine Zeitspanne von 1494 bis 1507. Allerdings hat sich die überwältigende Mehrzahl der Forscher, aus stilistischen und auch anderen Gründen,[152)] für ein Entstehungsdatum im Frühjahr 1495 ausgesprochen. Im Aufweis der nicht überall gleichmäßig erreichten Bildeinheit des Arcoaquarells hatten wir selbst bestätigende Argumente für dieses Datum – Mai 1495 – herbeigebracht. Nun wurde oben bereits darauf verwiesen, daß Dürer – nach bisherigem Forschungsstand – erst ab 1500 nachweislich über das Proportionsschema verfügte, dessen Kenntnis für die Ausführung des Arcoaquarells unabdingbar war. Da andererseits das Studium vor der Natur für dieses Bild eine unerläßliche Bedingung war, bleiben angesichts der so entstandenen Widersprüche zwei Lösungsmöglichkeiten. Entweder schließen wir uns der vereinzelt vorgeschlagenen Spätdatierung (2. Reise) an oder wir finden eine Erklärung, die sowohl den unabweislichen Kennzeichen des Frühen als auch der nachgewiesenen Verwendung des Proportionsschemas gerecht wird.

Es existiert eine Zeichnung, die möglicherweise weiterhelfen kann. Es ist die Vorzeichnung zur „Nemesis" (W. 266) (Abb. 64–65), dem berühmten Kupferstich „Das große Glück" (Abb. 1), die übereinstimmend[153)] bald nach 1500 datiert wird. Die Gestalt der „Nemesis" ist mit Feder in ein Netz kleiner Quadrate eingetragen, das als lediglich eingeritztes feines Liniengefüge die Ordnung der Figur vielfach festlegt und zugleich durch diese Quadrierung eine genaue Übertragung der Figur vorbereitet. Dieses Liniennetz, das nicht dem gesamten Blatt, sondern nur der Figur unterliegt, ist in Abb. 65 durch Verbindung der Vermessungspunkte vervollständigt worden. Die Einfügung der Figur in das Linien-

152) So hat etwa Rusconi (S. 135, Anm. 1) aus der Beobachtung des Austriebs der Weinstöcke für „Arco" das Datum „2. Hälfte Mai 1495" vorgeschlagen. Nachteilig ist hier, daß der Hang mit den Weinstöcken eine Erfindung Dürers ist.

153) Vergl. Rupprich I, Bd. 2, S. 37 und Winkler IV, Bd. 1, S. 186. Winkler erklärt ausführlich, warum es außer Zweifel steht, daß es sich um die Vorzeichnung zum „Großen Glück" handelt.

system zeigt, wie absichtsvoll Dürer auch da Ordnungszusammenhänge erzeugt, wo er an sich frei schalten könnte, so z.B. bei der Festlegung des oberen und unteren Ansatzes des Flügels, in der Bemessung der verschiedenen Längen der Federn des Adlerflügels oder des Pferdegeschirrs usw. Mit der Vorzeichnung zum „Nemesisstich" liegt „anscheinend der früheste Proportionsakt ... [vor] ... Die Proportionen (Gesamtlänge 7 Fußlängen, Haupt 1/8 der Gesamthöhe, Gesicht 1/10, Elle 1/4) entsprechend dem Kanon Vitruvs[25] [154] ...". (Rupprich I, Bd. 2, S. 37 f.).

Daran ist bedeutsam, daß die Proportionsfigur nicht an irgendeiner beliebigen Stelle in den Kupferstich eintritt, sondern an einem Punkt, der für die Erforschung der Landschaftsaquarelle der ersten Reise von Anfang an wichtig war. Seit der Identifizierung der Landschaft zu Füßen der „Nemesis" durch Haendcke ist unbezweifelt, daß Dürer in „Klausen" eine Naturstudie in der Art der uns bekannten Tirolaquarelle (W. 94 – W. 100)[155)] angefertigt hat. Wir besitzen also ein einigermaßen passend datiertes Beispiel, in dem Dürer eine Landschaft in der Art des Arcobildes mit einer menschlichen Proportionsfigur in unmittelbaren Zusammenhang gebracht hat. „Arco", als ein weiteres Beispiel für einen solchen Zusammenhang zwischen Landschaft und Proportionsfigur, steht also keineswegs isoliert da, auch wenn die in der Landschaft verborgene Konstruktion erst sichtbar gemacht werden mußte. In Analogie zum Nemesisstich liegt eine mögliche Erklärung für die Genesis des Arcobildes vor, die die entstandenen Datierungswidersprüche auflöst. Mit Sicherheit ist das Bild in großen Teilen vor der Natur entstanden. Die endgültige Form ist durch die Verschmelzung verschiedenster Anblicke erzeugt worden. Die gestalthafte Vorstellung dieser „Versammlung" ist im Anblick der Natur in Dürers Geist entstanden und zu großen Teilen vermutlich in Arco verwirklicht worden. Die endgültige Durchdringung des Landschaftsbildes mit den Maßen der Proportionsfiguren des Adam-Eva-Schemas, die die Arbeit mit Zirkel und Richtscheit voraussetzt, ist eine Angelegenheit des Arbeitstisches, nicht der freien Landschaft, gewesen. Ob dieser Arbeitstisch in Arco oder in Nürberg gestanden hat, wissen wir nicht. Beides ist möglich. Legen wir die Anwendung der vollendeten Proportionsfiguren von 1504 zugrunde, so würde dies

154) Die Anm. 25 bezieht sich auf: H. Tietze, Jahrbuch der Kunsth. S. in Wien NF 6 (1932), S. 119 ff; Panofsky, Dürer I, S. 81 f.

155) Vergl. Winkler IV, Bd. 1, Unterschrift zu Tafel XIII.

heißen, daß das Arcobild, ausgehend von den Anfängen im Mai 1495, frühestens um 1500, sicher aber nicht später als 1504, vollendet worden ist.

Als zweite Möglichkeit scheint es aber nicht ausgeschlossen zu sein, daß Dürer, ausgehend von dem Erlebnis der Barbarifiguren,[156] deren Herstellungsprinzip ihm zwar verschwiegen wurde, deren Unterteilungsmodus er aber mit begierigem Auge in sich aufgenommen haben wird, sich sofort an die Ausarbeitung eigener Proportionsfiguren machte.[157] Wobei ebenfalls nicht ausgeschlossen ist, daß er sich der Beihilfe Vitruvs[158] noch in Venedig versichern konnte; wobei hinzukommt, daß das Vitruvschema[159] ja nicht irgendeine ausgefallene und absonderliche Gestaltvorstellung festhält, sondern eine Bemaßung, die als ein „Mittleres" aus der Naturbeobachtung annähernd gewonnen werden kann. Wenn wir Dürers übliche Genauigkeit, wie sie sich besonders bei der Angabe von Zahlen bewährt, zugrundelegen, würde ihm vom 7.2.1495 (11 Jahre vor dem Brief vom 7.2.1506) bis Mitte/Ende Mai 1495 noch ein erheblicher Zeitraum für die eigene Entwicklung von Proportionsfiguren verblieben sein.[160]

156) Die entsprechenden Textstellen finden sich bei Rupprich I, Bd. 1, S. 101 ff.

157) Panofsky (I, S. 81) formuliert bezogen auf dieses Problem: „Die Mitteilungen Barbaris, von denen wir nur wissen, daß sie in der Vorlegung zweier oder mehrerer Proportionsfiguren bestanden – *zeitigen – scheinbar sehr bald* – eine ziemlich starke Produktion weiblicher und weiblicher Idealfiguren..."

158) Wann Dürer seine Vitruvstudien (deren für Dürer bedeutsamste Stelle sich im 1. Kap. des 3. Buches findet) begann, ist bisher ebenso wenig geklärt wie der Zeitpunkt seiner Begegnung mit Barbaris Proportionsfiguren. Er könnte jedenfalls 1494/95 bereits eine Ausgabe Vitruvs kennengelernt und erworben haben. „Neben zahlreichen Handschriften gab es 1500 gedruckte Vitruv-Ausgaben: 1. Von Giovanni Sulpizio di Veroli (*Rom 1486* [!]; Copinger 6268); 2. Florenz 1496 (Copinger 6269); 3. Venedig 1497 ...". (Rupprich I, Bd. 2, S. 34).

159) Vitruv, nach Fensterbusch, S. 137 ff.

160) Es ist bisher ungeklärt, ob die Aussagen in Dürers Brief vom 7.2.1506 sich auf die Proportionsfiguren Barbaris beziehn. Sowohl in den bekannten Passagen zur Widmungsrede der Proportionslehre (vergl. Anm. 156) wie im venezianischen Brief wird mit starker Betroffenheit von Kunstdingen gesprochen. Einmal sind es die Proportionsfiguren Barbaris, zum anderen Mal ein „ding", das Dürer vor 11 Jahren hervorragend gefallen hat, nun aber nicht mehr, die Dürer bewegen. Nach den bisherigen Einblicken in Dürers bildnerisches Denken halten wir es für gut möglich, daß es dieselbe Sache ist, von der jeweils die Rede ist. Die für eine mögliche Datierung des Anfangs der Proportionslehre wichtige Stelle in Dürers Brief vom 7.2.1506 lautet: „*Vnd daz ding*[15] (Anm. 15: daz ding etc. Ein oder mehrere Gemälde, die Dürer

Nach den bisherigen Einblicken in Dürers bildnerisches Denken darf durchaus angenommen werden, daß sich in Arco die Geburt der „schönen Landschafts-Figur" ereignet hat. Da nicht behauptet werden muß, daß die bisher in den Blick genommenen Adam-Eva-Zeichnungen vor 1500 entstanden sind, hieße dies für den hier vorgeschlagenen Fall der Frühdatierung, daß der wichtige Aspekt des asymmetrischen und zugleich achsialen Einbezugs der Figuren in die Gesamtkomposition von „Arco" aufgegeben werden müßte. Daß der antikisch ponderierte Figurentypus nicht die einzig denkbare Möglichkeit einer asymmetrisch aufgebauten Proportionsfigur darstellt, zeigt die vergleichsweise schlichte, fast reine Profilfigur der Nemesiszeichnung (Abb. 65), deren Überprüfung noch aussteht. Wenn durch Dürer in „Arco" zum ersten Mal eine „vollgültige" Proportionsfigur in die Landschaftsmalerei einbezogen worden ist, dann müßte auch die Vorzeichnung zum Nemesis-

(Fortsetzung Anm. 160:)
auf seiner Italienreise 1495 gesehen hatte...), *daz mir vor eilff joren so woll hatt gefallen, daz gefelt mir jez nüt*[16] (Anm. 16: Kann sowohl „nicht" wie „nichts (nihil)" bedeuten... davongefällt mir jetzt nichts mehr) *mer. Vnd wen jchs nit selbs sech, so hett jchs kein anderen gelawbt* [Und wenn ich es nicht mit eigenen Augen gesehen hätte, würde ich es keinem anderen glauben]. *Auch las jch ewch wissen, daz vil pesser moler hÿ sind weder dawssen*[17] (Anm. 17: als draußen; dawßen ist der Gegensatz von hinnen) *meister Jacob*[18] (Anm. 18: Jacopo de Barbari ...) *jst. Aber Anthoni Kolb*[19] (Anm. 19: ... Deutscher Kaufmann in Venedig. Gab dort 1500 ... den großen Plan Venedigs von Jacopo de Barbari im Holzschnitt heraus ...) *schwer ein eyt, es lebte keim pessrer moler awff erden den [als] Jacob. Dy andern spotten sein, sprechen:* wer er gut, so belib er hÿ etc." (Rupprich I, Bd. 1, S. 44 f.). Umstritten ist, ob die Konjunktion „Awch" auch in der Mitte der beiden Satzblöcke, nach – „so hett jchs keim andern gelawbt" – vorwiegend dazu dient, einen neuen Satz einzufügen, oder den vorigen Satz zu verstärken, oder ob sie dazu dient, dem vorigen einen neuen Satz trennend entgegen zu stellen. „Awch" führt ergänzend in eine erweiternde Aussage ein. Das, was Dürer so schlagend erlebt, daß er es selbst kaum glauben kann, *nämlich die Relativität seines eigenen Urteils über ein Kunst-Ding,* wird verschärft. Nach seinem jetzigen Urteil gibt es viele Maler in Venedig, die besser sind als Barbari. Um die Relativität des menschlichen Urteilens noch stärker zu verdeutlichen, wird auch noch „Anthoni Kolb", der Freund Barbaris, mitbedacht, der nach wie vor Barbari für den besten Maler der Welt hält. „Daz ding", das Dürer vor 11 Jahren so beeindruckt hatte, ist nicht die ganze italienische Malweise oder Malerei (dies verbietet sich schon deshalb, weil Dürer wenige Sätze vorher die verständigen venezianischen Maler und den herausragenden G. Bellini gewürdigt hat) und auch nicht die Kunst Barbaris im ganzen war, *sondern die erneut erblickten Proportionszeichnungen Barbaris* (oder Zeichnungen im Sinne Barbaris), denen sich Dürer, nach elf Jahren eigener Arbeit auf dem Gebiet der Proportionszeichnung, nun am 7.2.1506 überlegen fühlt.

stich eine zeichnerische Integration in das Arcoaquarell erlauben. Es müßten alle wichtigen Meßpunkte, die wir bisher gefunden haben, erneut Bestätigung finden, da für eine Proportionsfigur nicht die mehr oder minder anmutige Gebärde, sondern primär die „schönen" Maße verbindlich sind.

Das Herstellungsverfahren der Doppelproportionsfigur „Nemesis-Arco" (Abb. 65) ist aus den vorigen Beispielen bekannt. Als neue Zufügung ist das Quadrierungssystem Dürers zu nennen. Es handelt sich um die Verbindung zweier Meßsysteme, dem der Quadrierung und dem der Proportion. Im ganzen benutzt Dürer dreiundzwanzig Horizontalabschnitte, die hier durch rechtsseitig angebrachte Zahlen kenntlich gemacht wurden. Die Figur der „Nemesis" durchmißt in ihrer Gesamthöhe (Ferse bis Scheitel) nur etwas über zwanzig dieser Horizontalabschnitte. Die Vertikaleinteilungen der Quadrierung, die die streng aufgerichtete Haltung der Proportionsfigur bestimmen, eignen sich gut, um wieder Deckungsgleichheit mit der Bildachse herzustellen. Als Konstruktionsachse wurde die mit AB bezeichnete Vertikale ausgewählt. Da es sich um eine Überprüfung der Meßpunkte auf der Vertikalen handelt, hätte natürlich genau so gut irgendeine parallel zu AB verlaufende Vertikale, z.B. A'B' benutzt werden können. Allerdings wäre dann der Flügel der „Nemesis" außerhalb des Bergkonturs zu liegen gekommen. Wie bei den vorigen Beispielen zeigt sich, daß der Einbezug der gesamten Figur – bei der der Flügel mit dem ausgestreckten Arm ausgewogen wird – in die Landschaftskomposition überzeugender wirkt. Es bot sich eine übersichtlichere Aufteilung der Einteilungsmaße an. Auf der Senkrechten A'B' sind in gleicher Weise alle Sechstelmaße eingetragen. Die Ableseskalen sind an die Seiten verlegt. Lediglich in der unmittelbaren Nähe des Kopfes sind die zusätzlichen Maße 1/7 und 1/9,5 abgetragen worden. Die durchgängige Einführung der Achteleinteilung war nötig, weil die Überprüfbarkeit wichtiger Meßpunkte, wie z.B. der Nabelhöhe oder der Höhe der Scham, im Gegensatz zu den Frontalfiguren, bei einer Profilfigur nicht eindeutig gewährleistet wäre.

Die Durchzeichnung nach der Proportionszeichnung einer „Schlanken Frau in Seitenansicht" (fol. 156 a des Dresdner Skizzenbuchs) (Abb. 66) verdeutlicht die Maßbedeutung der Achteleinteilung, die sowohl für die „Eva" von 1504 (W. 333) (Abb. 56), für die von Dürer 1509[161] datierte

161) Nach Panofsky (vergl. Rupprich I, Bd. 2, S. 247) soll die Figur bereits 1507 entstanden sein.

Profilfigur und für die Figur der „Nemesis", unabhängig von diesen Zeitdifferenzen, gilt: „Vnd also hatt dÿ mos 4 gleich leng [gleiche Längen]: vom kopff pis awff den halls eine, vom hals pis awffs wertzelle [bis auf die Höhe der Brustwarze] dy ander, dy tritt pis [d]er [nab]ell an [fach]t, dy firt pis zw eind der scham [bis zum Ende der Scham]. Das sÿnd 4 firung awff ein ander." (Rupprich I, Bd. 2, S. 247). Die Sechsteleinteilungen dürfen in ihren Korrelationen bei den Meßpunkten an der Figur von unseren vorigen Beispielen als vertraut angesehen erden.
Es zeigt sich bei der Überprüfung der relevanten Maßpunkte, daß alle Übereinstimmungen, die wir bisher finden konnten – soweit sie nicht nur einer Frontalfigur vorbehalten bleiben wie z.B. der Brustkreis, der Teile des Schulterkonturs festlegt, neu bestätigt werden. Übereinstimmungen zeigen sich insbesondere zwischen den Fußpunkten, der Höhe der Scham und der entsprechenden Höhe der unteren Stadtmauer, zwischen Nabel und Koordinatenschnittpunkt; zwischen der Höhe 4/6 und dem Endpunkt des ersten Felspfeilersegmentes; zwischen der Höhe des Halsgrubenpunktes und dem oberen Endpunkt der Pfeilersegmente in Gestalt des kleinen Blockturms; und zwischen den Scheitelpunkten. Auch alle übrigen Meßpunkte, rechts und links von der Konstruktionsachse, die bildbestimmend sind – wie die Endpunkte der Wege, der Fußpunkt des Kirchturms von Arco usw. – finden sich bestätigt. Allerdings leiden alle Meßpunkte unter einem durchgängigen Mangel. Alle aus der Proportionsfigur gewonnenen Meßlinien und -punkte liegen, bezogen auf die Meßpunkte in der Landschaft, in unserer Durchzeichnung etwa um einen Millimeter zu hoch. Da dieser Fehler durchgängig ist und erkennbar ist, daß es sich nicht um wirkliche Abweichungen, sondern um eine zu spät bemerkte Ungenauigkeit beim Projizieren handelt, wurde auf eine zeitraubende Neuanfertigung der Abb. 65 verzichtet.
Auch die Einbindung des Kopfes der Nemesisfigur in der Höhe der Burgmauer befriedigt durchaus. Ein genaueres Vergleichen mit der Art der Einbindung, wie sie z.B. bei den Abbildungen 62–63 vorliegt, zeigt jedoch geringe Unterschiede. Die nach Winklers Abbildung (W. 266) durchgezeichnete Figur der „Nemesis" hat dort eine Gesamtlänge von 17,1 cm. Würde die von H. Tietze[162] ermittelte Angabe für die Höhe des

162) Vergl. Rupprich I, Bd. 2, S. 38, Anm. 25. Vergl. auch Panofsky I, S. 83. Bei Rupprich liegt bei der Maßangabe (Haaransatz bis zum Scheitel = 1/4) ein Übernahmefelder vor.

Kopfes (Scheitel bis einschließlich Doppelkinn) mit 1/8 der Gesamtlänge zutreffen, dann müßte das Höhenmaß 2,137 cm betragen. Es beträgt aber 2,45 cm. Die Kopfhöhe beträgt demnach 1/7 der Gesamtlänge. Auch das Gesicht liegt mit 1,8 cm Höhe (statt 1,71 cm) nicht exakt bei 1/10, sondern zwischen 1/9 und 1/10. Es liegt also eine großköpfigere Proportionsfigur vor als wir sie bei der Adam-Eva-Gruppe kennengelernt haben. Dies ändert aber nichts daran, daß die Proportionsfigur der „Nemesis", ebenso wie die späteren Proportionsfiguren, prinzipiell zur Landschaft des Arcoaquarells dazugehört.

Nach den vielseitigen Einblicken in die Art und Weise, wie Dürer Maßsysteme als tragenden Grund vollkommen frei und natürlich wirkender Gestaltbildungen verwendet, lag es nahe, das im Louvre aufbewahrte Original des Arcobildes nach möglichen Spuren von Einritzungen oder Einstichen zu durchforschen. Obwohl zu erwarten war, daß Dürer entsprechend dem Bildcharakter seines Werks alle Spuren der Konstruktion weitgehend getilgt oder von vornherein vermieden haben würde, bestand doch die Hoffnung, daß an den zahlreichen oben beschriebenen Meßpunkten Konstruktionsspuren auffindbar sein würden. Als ich Gelegenheit hatte, das kostbare Wasserfarbenbild mit der Lupe genau zu untersuchen, war zunächst auffallend, daß sich alle Reproduktionen, die ich vor Ort vergleichen konnte (Koschatzky, Ottino della Chiesa, Piel usw.), sich mehr oder minder stark vom Original unterscheiden. Die Wiedergabe bei Piel (dort Farbtafel 59) kommt dem Vorbild am nächsten. Insbesondere sind die mit feinstem Pinsel aufgetragenen zarten Weißhöhungen innerhalb der Felsbildungen und der Bäume – und auch die entsprechenden „Schwarzhöhungen" – recht gut wiedergegeben. Besondere Schwierigkeiten scheint die Wiedergabe der duftigen Olivtöne der Öl- und Maulbeerbäume zu machen, da sie meist zu stark ins Bläuliche gehen. Was jedoch neben der Leuchtkraft dieser Grünfarbe fehlt, ist der Eindruck der Teilhabe *aller* Bildteile an diesem fein differenzierten Grün. In der Reproduktion kann der Weinberghang als dunkel umfaßte Helligkeitsform nahezu isoliert wahrgenommen werden, während er im Original durch seine leuchtenden Grünanteile vollständig unter dem Gesetz der Bildeinheit steht. Ebenso wie der das Bild beherrschende Olivton, der letztlich unbeschreibbar zwischen Grünspanfarbe und dem Farbton der silbrigen Unterseiten der Ölbaumblätter vorzustellen ist, so ist es offenbar unmöglich, den verschiedenen Dichtegrad der Malschichten treffend zu reproduzieren. So ist z.B das Felsgesicht des „Adenauerprofils" in einem undurchsichtigen opaken

Taubengrau angelegt, das zur Halszone hin mit Ocker so vermischt wurde, daß eine homogene Farbigkeit entstanden ist. Von dem hellen Grund des Papiers, der unterhalb der Stadtmauer am rechten Bildrand die Linie einer Vorzeichnung zeigt und der dort durch die zartfarbenen Lasurschichten noch hindurchscheint – in der Himmelszone sogar ganz von Farbe frei ist – ist in dieser Felsbildung des „Adenauerkopfes" nichts zu sehen. Entsprechend undurchsichtig und deckend ist auch die Beschaffenheit des Farbauftrags in den Felsbildungen des Burgbergs, in der Wiedergabe der Grüntöne des Laubes, der Gräser und auch der dunklen Farbtonwerte des Vordergrundes. Der Gebrauch der Wasserfarbe umfaßt bei Dürer im Arcobild, aber auch in den übrigen „Aquarellen", Stellen aquarellhafter Durchsichtigkeit ebenso wie solche opaker Undurchsichtigkeit.

Solche deckend aufgetragenen dunklen, meist ins Schwärzliche gehenden Farbpunkte fast körniger Struktur konnte ich an allen ermittelten Meßpunkten (Fußpunkt, Geschlechtshöhe, Nabel, Halsgrubenpunkt, Scheitel usw.) des achsialen Proportionssystems finden. Trotz guten Streiflichtes und trotz Lupe konnte jedoch nicht eindeutig erkannt werden, ob diese Markierungspunkte zugleich auch Einstichpunkte sind. Ausgenommen ist von dieser Einschränkung die wichtigste Meßzone unserer gesamten Proportionsuntersuchungen. Auch in schlechteren Reproduktionen ist unmittelbar oberhalb des Koordinatenschnittpunktes (etwa identisch mit der Nabelhöhe des Adam-Apoll in Abb. 63) ein auffallender rundlicher Helligkeitspunkt von ca. 0,5 mm Durchmesser zu sehen. Im Original ist die Helligkeit dieses Punktes deutlich unterschieden von den hellen Punkten auf den benachbarten Mauerzinnen, die durch Weißhöhung entstanden sind und pastos obenauf sitzen. Die Helligkeit des „Nabelpunktes" sieht auch anders aus als die von Farbe unbedeckt gebliebenen winzigen Papierpartikel, wie sie z.B. in dem „Torhüterbaum" am oberen Ende des Weinberges zu finden sind. Es ist wahrscheinlich, daß die eigentümliche Hellfärbung im Laufe der Zeit durch Abrieb des Pigmentes entstanden ist. Der zentrale Einstichpunkt war zunächst dunkelfarbig abgedeckt, entsprechend seiner Umgebung und wie die übrigen Meßpunkte. Die leicht hochstehenden Ränder dieser verletzten Stelle bildeten geeigneten Widerstand für einen leichten Abrieb der Farbe. Eine endgültige Bestätigung unserer Annahme kann nur eine Untersuchung mit naturwissenschaftlichen Methoden (Infrarotreflektogramm, Röntgenfoto) erbringen. Dürers Aquarell ist auf feines Büttenpapier aufgeklebt. Dies Montierung verhindert den

sonst möglichen Blick auf die Rückseite.
Bei der Untersuchung des Blattes auf mögliche lineare Einritzungen fiel eine gebogene Linienform innerhalb der Pfeilergruppe (auf mittlerer Höhe und rechts vom Kernpfeiler) auf, die mit den Umrißformen der Bauchmuskulatur von W. 415 (Abb. 54, 57) zusammenzuhängen schien. Zahlreiche vergleichbare lineare „Einritzungen" gibt es auch in dem gras- und buschbewachsenen Kopfteil des Burgberges unterhalb des Bergfriedes, die durch die hier halbdeckenden Malschichten hindurch gesehen werden können. Hier ist auffallend, daß fast alle Konturformen des Buschwerks deckungsgleich mit diesen „Einritzungen" verlaufen. Diese zunächst vielversprechende Beobachtung hat aber nichts mit absichtsvollen Einritzungen zu tun. Dürer hat lediglich im Malvorgang die Oberflächenstruktur des Büttenpapiers miteinbezogen. Die vermeintlichen Einritzungen sind Spuren der Papierherstellung. Weniger gehäuft, aber von gleicher Beschaffenheit finden sie sich auch im Bereich des Himmels, der ja völlig unbedeckt von Farbschichten in das Bild einbezogen worden ist. In diesem Zusammenhang konnte jedoch etwas erkannt werden, was in einer Reproduktion leider nur ahnbar ist. Der Scheitelpunkt der Proportionsfiguren ist definiert als Schnittpunkt der unteren Mauergrenze des Bergfriedes mit dem unteren Endpunkt der daran anstoßenden, schräg ansteigenden Burgmauer (Punkt A in Abb. 62, 63, 65). Genau zu diesem Punkt A führt von links her eine gebogene Vorzeichnungslinie, die durch die Farbschichten hindurch einwandfrei erkannt werden kann. Dies ergibt eine zusätzliche Bestimmung des Scheitelpunktes. Eine ganz ähnliche Linienkonstellation findet sich am rechten Bildrand, wo die lang herabtreffende Konturlinie des Burgberges (und des Örtchens Arco) auf die Formatgrenze auftrifft. Welche Bedeutung diesem Auftreffpunkt innerhalb der Bildkomposition zukommt, ist bereits erörtert worden. In der Reproduktion ist zu erkennen, daß der Auftreffpunkt des Bergkonturs ursprünglich exakt mit dem im Original 2 Millimeter tiefer liegenden Auftreffpunkt der Bodenwelle zusammentreffen sollte. Eine sichtbar gebliebene Vorzeichnungslinie, die die Standlinie für den äußersten Stadtturm gibt und sich zugleich präzise mit dem Bergkontur an der Formatgrenze schneidet, gibt die ursprünglich geplante Form. Ohne den Zweimillimeterabstand wäre der Stadtturm so auf den Kontur der Vordergrundsbodenwelle zu stehen gekommen, daß der erstrebte Eindruck der räumlichen Distanz empfindlich gestört worden wäre. Deshalb hat Dürer im Entstehungsprozeß des Bildes eine Lageveränderung vorgenommen. Wichtiger ist aber et-

was anderes. Genau neben diesem relevanten Schnittpunkt der Kompositionslinien befindet sich ein deutlich sichtbarer kreisrunder Einstichpunkt. Innerhalb des Dürer'schen Proportionsschemas, wie es in Abb. 63 genau eingetragen wurde, teilt dieser Höhenmeßpunkt das dritte Sechstel der Proportionsfigur oberhalb ihres Standpunktes genau mittig und ist also sinnvoll in den gesamten Aufbau einbezogen.
Dieser Einstichpunkt ist in keiner Reproduktion sichtbar; ebensowenig wie die feine Schwarzlinie aus Deckfarbe, die in leicht wechselnder Stärke (0,5 – 1 mm) das gesamte quadratische Bildformat umzieht. Sie ist mit Blattgold unterlegt und heute stellenweise beschädigt. Für unsere Frage ist nun entscheidend, daß nicht nur dieser einzige deutliche Meßpunkt an bildwichtiger Stelle existiert, sondern daß an allen vier Bildrändern die kleinen Krater von Einstichpunkten vorhanden sind; wobei bis zu einer späteren Untersuchung nur diejenigen gewertet werden können, die trotz der Verdeckung durch den Schwarzrand als eindeutig sichtbare, regelmäßig geformte Vertiefungen, in deutlicher Aufreihung gleichen Abstandes gesehen werden können. Bei einem provisorisch auf ein angehaltenes Papier übertragenen Abstand von 1,1 – 1,15 cm (das Maßnehmen war durch die Schutzverglasung des Blattes erschwert) konnten unterhalb des ersten Meßpunktes noch drei weitere Einstichpunkte ermittelt werden. An der unteren Formatgrenze sind vier nebeneinanderliegende Punkte, links von der Mitte der Bildgrenze, und zwei weitere, ganz rechts an der Bildecke, zu verzeichnen. Auf der linken Bildkante konnten in der Höhe des Halses des „Adenauerkopfes" zwei und in der Höhe der großen Olivenbäume des Vordergrundes vier zusammenliegende Einstichpunkte gleichen Abstands gefunden werden. An der oberen Bildkante konnten ein einzelner Einstichtrichter neben der linken Bildecke, und drei zusammenliegende rechts von der Mitte der Bildkante ermittelt werden. Insgesamt spricht somit alles dafür, daß das Arcobild (22,1 : 22,1 cm) quadriert ist und daß die Meßpunkte der Quadrierung mit den relevanten Einteilungsmaßen der Proportionsfiguren zusammenhängen (vergl. Abb. 63), wie wir dies analog bereits bei der Nemesisproportionsfigur (Abb. 65) kennengelernt haben.

NATUR UND KUNST IN DÜRERS AQUARELL DER „DRAHTZIEHMÜHLE AN DER PEGNITZ"

An Dürers Landschaftsquarell der „Drahtziehmühle" (W. 61) (Abb. 67) soll überprüft werden, ob die Prinzipien seines Stils – als Bezogenheit der Landschaft auf die innere und äußere Gestalt des Menschen – von Anfang an nachgewiesen werden können. Zum anderen wird zu untersuchen sein, ob auch hier das zentrale Prinzip der Versammlung verschiedener Ansichten derselben Sache, und damit zusammenhängend, die Verwendung perspektivischer Kenntnisse wiederkehren.
Wie bei der Betrachtung des Arcobildes stellt sich wieder die Frage nach der Art des nachweislich beabsichtigten kompositionellen Zusammenhangs der einzelnen Bilddinge. Dies führt mitten in die Diskussion um die stilistische Beurteilung der „Drahtziehmühle" als dem Hauptbild innerhalb der Frühgruppe der Landschaftsaquarelle und die damit zusammenhängende Datierungsproblematik. Die Übersicht über bisher vorgebrachte wichtige kunsthistorische Beurteilungen[163)] zeigt die Widersprüchlichkeit der Meinungen. In der älteren Literatur begegnen zunächst Spätdatierungen. So datierten z.B. Ephrussi[164)] und Haendcke[165)] das Bild auf 1505/06.
L. Klebs dagegen begründete für die „Drahtziehmühle" und den stilistisch zugehörigen „Johannisfriedhof" das Datum 1494, und zwar sowohl mit dem Hinweis auf die *Vereinzelung der Bildgegenstände* als auch mit den *zahlreichen Perspektivfehlern.*[166)]
Rapke, der aus der Sicht des Mathematikers Dürers Werke auf ihre Entwicklung in der Perspektive untersucht hat, plädiert, ganz gegensätzlich zu Klebs, gerade wegen der insgesamt *vorzüglichen Perspektive* des Blattes für eine Datierung auf „frühestens 1504": „Die trotzich müll" ist *wie aus einem Guss* gearbeitet. Es ist ein *einheitliches Bild* ..., das den Blick mit unwiderstehlicher Macht in die Tiefe führt ... Nur der Übergang zu den Bergen des Hintergrundes ist noch nicht zart genug ausgeführt ....

163) Da Vollständigkeit schon wegen des begrenzten Raumes ausgeschlossen ist, darf hier auf die zusammenfassende Darstellung der Lehrmeinungen zu Chronologie und Stil der Landschaftsaquarelle bei W. Koschatzky verwiesen werden.
164) Ephrussi, S. 107.
165) Haendcke, S. 29.
166) Klebs, S. 403.

Die Hauptsache ist doch die, daß wir uns hier fragen: Beherrschte der Zeichner bei der Aufnahme dieses Blattes bereits die perspektivischen Gesetze oder nicht? Und diese Frage möchte ich entschieden bejahen." (Rapke, S. 67 f.).
Eine nachhaltige Wende in der Auffassung der Chronologie der Landschaften ist Winkler zu verdanken, der ebenso wie Klebs „Drahtziehmühle" und „Johannisfriedhof" in engem Zusammenhang[167] sieht. Er datiert beide Bilder auf die Zeit „unmittelbar nach der Wanderschaft, also auf Sommer 1494", wegen ihrer „freien und flüssigen Art". Er wertet beide als „die ersten selbständigen farbigen Landschaften der bildenden Kunst, die eine bestimmte Örtlichkeit genau abbilden". Für eine noch frühere Datierung als 1490 konnte er nicht sprechen, da die beiden Zeichnungen „für Frühjahr oder Sommer 1489 ... zu fortgeschritten [sind]".[168]
Auch Flechsig gibt wie Winkler ein „botanisches" Argument als nähere Begründung für das Entstehungsdatum der beiden Nürnberger Blätter um 1494: „... Die vollbelaubten Bäume, doch wohl Linden, in deren Grün sich stellenweise schon Gelb mischt, sprechen für die Zeit der Lindenblüte, also Juni bis Juli 1494." (Flechsig II, S. 135).
Stadler begründet das Datum 1494 gegen die Auffassung von H. und E. Tietze ausführlicher. Er anerkennt die von Tietzes bemerkte stilistische Kluft zwischen dem „Innsbrucker Aquarell" (W. 66) von der ersten Reise und der „Frühgruppe" und erklärt sie überzeugend: „In diesem Frühstadium der Entwicklung einer Technik sind rasche Fortschritte wohl denkbar ..." (Stadler, S. 6). Als wichtigste Kennzeichen der frühen Landschaften sieht er die jähe Verkürzung der Seitenwände, die noch einfachen Mittel der Raumbildung in Gestalt von Überdeckungen mit kräftigen Maßstabsreduktionen, die diagonalen Verkürzungen einwärts, das Unvermittelte der Farbübergänge vom Mittelgrund zum Hintergrund, das noch im Detail Beharrende Zeichnerische, die Andeutung von Staffage als stimmungserhöhendem Mittel und schließlich das Opake der Malmaterie.[169]

167) Vergl. Winkler IV, Nr. 61, 62.
168) K. H.-Fiore (I) hat sich auf S. 134 (Anm. 486) gegen diese Einschätzung Winklers gewandt. Tatsächlich ist der bei Winkler behauptete Stilwandel zwischen 1489/90 zwar nicht explizit belegt, beruht aber, wie H.-Fiore selbst einräumt, auf einer umfassenden Kenntnis der Originale.
169) Vergl. Stadler, S. 5 f.

H. und E. Tietze[170] hatten beide Bilder als *„sehr trocken, mehr topographisch interessiert; scharf konturiert, mit schwerer roher Farbengebung"* charakterisiert und sie deshalb – um 1490 – datiert. Die „Drahtziehmühle", deren Komposition ihnen als *„kindisch und dürftig"* erscheint, wird mit den Hintergrundslandschaften des Hans Pleydenwurff in Verbindung gebracht.

Diesen genetischen Zusammenhang von „Drahtziehmühle" und „Johannisfriedhof" mit der Nürberger Malerei der Wolgemut und Pleydenwurff[171] nahm Panofsky[172] auf und erweiterte das Umfeld auf den „Landauer Meister" und den Meister des „Pseudo-Peringdörffer Altares": „ ... *Seine frühen Studien, die während seiner Lehrzeit bei Wolgemut entstanden,* fallen, grob gesagt, in zwei Klassen: entweder stellen sie individuelle „Motive" ... dar ...; oder sie bilden eine bestimmte Örtlichkeit ab, wie die Drahtziehmühle ... oder den Johannisfriedhof ... Im letzteren Fall führt die *mangelnde Erfahrung des Künstlers in der Perspektive leicht* zu einer Art Schlagseite, indem der Raum die Neigung zeigt, nach der unteren linken Ecke des Bildes hin abzurutschen, und das *Vorwalten eines topographischen Interesses bringt eine gewisse Trockenheit und Gleichförmigkeit der Behandlung* mit sich. Die tatsächlichen Gegebenheiten werden festgestellt, *statt daß sie gemäß einer kompositionellen Vorstellung interpretiert werden* ... (Panofsky II, S. 49).

Wölfflin betont einerseits die „Primitivität" des Blattes, bewundert aber die Leistung im gesamten. Hinsichtlich der Datierung nennt er keine genaue Zahl, rechnet aber die „Drahtziehmühle" zum „altertümlichen

170) H. Tietze und E. Tietze-C., S. 143, Nr. 11, 12.

171) Höhn (1928, S. 9 f.) ist auf die Lokaltradition ebenfalls näher eingegangen. Hier finden sich auch die entsprechenden Detailabbildungen. Die kugelförmigen Bäume neben dem raumerschließenden Weg in Pleydenwurffs „Flußlandschaft mit Mühle" (Abb. 20) erinnern in der Form stark an die Bildung der lichtfangenden Bäume im Mittelpunkt der van Eyck'schen „Rolinmadonna" (Paris, Louvre). H.-Fiore (I, S. 28) hat unterscheidend darauf hingewiesen, daß „van Eyck trotz aller Präzision der Details in der Landschaft durchaus das Durchsichtige in der Ferne mit darstellt". Diese Durchsichtigkeit, die in den frühen Landschaften Dürer's im Bereich der Bäume nicht vorkommt, wird innerhalb seiner Entwicklung zunehmend bedeutungsvoller.
Besonders K. Hermann-Fiore (I, S. 21 ff.) hat in jüngerer Zeit die Herkunft bestimmter Grundzüge der Dürer'schen Landschaftsaquarelle aus der genannten Tradition ausführlich untersucht.

172) Vergl. Panofsky II, S. 22 f.

Bestand". „... die „Drahtziehmühle" (Berlin), ist *noch sehr im einzelnen gesehen, aber ... außerordentlich reizvoll durch das Umfassende und Verweilende des Blickes ..."* (Wölfflin I, S. 151)

Hermann-Fiore[173] ist schließlich in neuerer Zeit wieder zu einer Frühdatierung – noch vor die Zeit der Wanderschaft – gekommen. Über die gewohnten Vergleiche der Aquarelle mit den graphischen Werken Dürers hinaus hat sie außerdem neu den Zusammenhang zwischen den Landschaftsaquarellen und den Tafelbildern in den Blick genommen. Sie ging dabei von der Prämisse aus, daß die sich innerhalb der künstlerischen Entwicklung Dürers je verwandelnde Darstellung von Bäumen als wirksames Unterscheidungsmittel zur Datierung genutzt werden kann.

Angesichts dieser Widersprüche ist es tröstlich, daß hinsichtlich der *Bestimmung der Örtlichkeit* heute Klarheit herrscht. Trotz der eindeutig klingenden Bezeichnung des Aquarells als „trotszisch müll" und dem damit gegebenen Hinweis auf die Mühlengruppe der Groß- und Kleinweidenmühle, die vor der „Hallerwiesen" flußabwärts im Westen Nürnbergs liegen, gab es auch hier zunächst Kontroversen.[174] Hintergrundsberge vergleichbarer Höhe fanden und finden sich nur im Osten Nürnbergs (Moritzberg und Schmausenbuck). Die Erklärungsmöglichkeit einer kompositionellen Verbindung verschiedener Anblicke innerhalb einer „Naturstudie" konnte sich gegenüber dem wohlbekannten Postulat des einen Standpunktes[175] nicht halten. Dies vor allem deshalb nicht, weil eine einfachere Erklärung möglich schien. Sie wird Justus Bier verdankt, der den Zusammenhang dreier „Naturstudien" (Abb. 67–68) Dürers, die alle dieselbe Örtlichkeit an der Pegnitz darstellen, zur Identifizierung benutzte. Die „Weydenmüll" (nicht abgebildet) erkannte er als von Osten gesehene Ansicht der „Drahtziehmühle". Den Standort für die Ansich-ten von Norden (Abb. 67–68) vermutete Bier am Rand des hochgelege-nen nördlichen Pegnitzufers zwischen „Riesenschritt und Johannis-straße", das Dürer im Aquarell des „Johannisfriedhofs" festgehalten hat: „... Der von Dürer gewählte Blick schneidet demnach den Stadtmauerring eben noch an. Voll im Bild liegt der Gostenhof, das Dorf unmittelbar vor dem Spittlertor[2]. Es ist von einer Zaunbewehrung

173) Herrmann-Fiore I, S. 94.

174) Vergl. den Hinweis bei Winkler (IV, Nr. 61) auf Mitius (Kunstchronik 1912, Sp. 58) und vergl. Koschatzky, S. 14 ff.

175) Vergl. J. Bier, S. 335.

umfaßt, ... Das Gehöft, das unterhalb des Gostenhofs in einer Mulde liegt, gehört zur heutigen Rosenau, der früheren Deutschherrenbleiche[2)] [Abb. 69]. St. Rochus mit seinem Friedhof fehlt, da erst 1518 errichtet. In der Bildmitte sieht man St. Leonhard mit dem rechts anschließenden Sündersbühl, aus dem zwei Herrensitze aufragen[3)]. Das Gehöft vor St. Leonhard ist der Himpfelshof, das umzäunte Wäldchen, dessen Rechteck vom rechten Bildrand abgeschnitten wird, „Geuders Garten"[4)] ... (Bier, S. 335 ff.).

Die Hügelketten im Hintergrund legte er in den Süden Nürnbergs und meinte, „sie seien mit gotischen Augen gesehen, in ihrer Höhentendenz ebenso gesteigert wie die Dächer und Turmhelme". Nach der Analyse des Arcobildes darf diese Aussage zweifelhaft erscheinen. Wenn man die charakteristischen Formen der Dürerberge wirklich erblicken will, muß man von der Höhe der Nürnberger Burg, d.h. ca. 750 m weit entfernt von der „Partie an der Johannisstraße" in süd-östlicher Richtung den Horizont absuchen (Abb. 70). Damit ist ein 2. Standort gefunden.

Der Hauptstandort (Abb. 71) ist in seiner topografischen Situation mit dem Baumverband linkerhand (Hallerwiese) und der ehemaligen Grabenführung von der Johannis-Mühlgasse herab, wie auch mit der Richtung des Stegs, noch in Andeutung ahnbar. Die Veränderung der Ansicht ist allerdings so erheblich, daß ein Nachweis bildnerischen Denkens durch Vergleich der fotografisch erfaßten Naturvorgabe mit dem ausgeführten Werk ins Leere führen müßte. Hier kommt jedoch ein glücklicher Umstand zu Hilfe. Nicht nur die Hügelketten des Hintergrundes, die Dächer und Turmhelme des Drahtziehmühlenaquarells (W. 61) (Abb. 67) sind gegenüber der Naturvorgabe gesteigert, sondern die gesamte Darstellung ist von dieser Steigerung der Höhenmaße betroffen. Und dies wird meßbar an der in Bayonne aufbewahrten Zeichnung derselben „Drahtziehmülle" (W. 480) (Abb. 68), die, wie die diesbezüglichen Aussagen übereinstimmend meinen, den Ausblick Dürers von fast demselben Standpunkt aus erfaßt und darüber hinaus die sichere Beherrschung der Linearperspektive im Auffassen des Raumes beweist.

Nun könnte angenommen werden, daß aus der erheblich späteren Entstehungszeit der Zeichnung[177)] ein Vergleich riskant ist, doch bietet eine linearperspektivische Darstellung aus der Hand Dürers natürlich ebensowenig eine objektive Wiedergabe der „Naturvorgabe" wie ein fotogra-

176) Vergl. Winkler IV, Nr. 61, Nr. 480 und Wölfflin, S. 233.

177) Winkler IV, Nr. 480: „schwerlich vor 1510".

fisches Abbild. Da wir jedoch wissen, daß sowohl das perspektivisch gezeichnete Bild als auch das fotografische Bild den euklidischen Gesetzen gehorchen, besitzen wir immerhin in der perspektivischen Zeichnung der „Drahtziehmühle" eine Annäherung an das fehlende Foto der Naturvorgabe. In den architektonischen Darstellungsbereichen der beiden Bilder, die nicht durch Wachsen oder Vergehen der Natur in ihren Größenverhältnissen betroffen werden, ist ein exakter Vergleich gewährleistet. Und selbst da, wo wie bei den Lindenbäumen der Vordergründe das größenverändernde Wachstum die Urteilssicherheit gefährden könnte, bleibt die Frage, aus welchem Verständnis der Natur und aus welchem bildnerischen Denken heraus Dürer z.B. Laubwerk je verschieden gestaltet, unabhängig von der Frage nach je verschieden beherrschter Perspektive.

Schon auf den ersten Blick muß die Zeichnung (Abb. 68) einheitlicher wirken. Es handelt sich ja um ein sehr schnell gearbeitetes skizzenhaftes Blatt. Die Baumreihen des Hintergrundes sind zu kleinen Perlenreihen aufgereiht, und auch im Vordergrund bleibt die Binnenzeichnung sowohl in den Bäumen als auch in den Häusern skizzenhaft. Mit rasch hingestrichenen Schraffuren wird Schatten ausgedrückt, von Schatten freibleibende Formteile wirken wie vom Licht getroffen. Bewegte Umrisse der Bäume drücken die Bewegung der Laubmassen im ganzen, nicht aber die des einzelnen Blattes, höchstens des einzelnen Zweiges, im Wind aus. Ohne den einzelnen Gegenstand besonders isolierend hervorzuheben, herrscht überall der Charakter des spontan und rasch Hingesetzten und insofern Vereinheitlichten. Die Frische des Eindrucks, den Dürer vor der Natur gehabt haben muß, ist dem Betrachter unmittelbar vergegenwärtigt.

Der Unterschied zum Aquarell der Drahtziehmühle (Abb. 67) ist erheblich. Auf den ersten Blick mag hier alles nüchtern, präzise, bis ins einzelne kristallen-klar durchformt erscheinen; und ohne Zweifel wird jedes Ding bis ins Feinste vom anderen so sehr unterschieden, daß der Charakter des einzelnen dem des anderen nicht angenähert erscheint, sondern absichtlich in seiner Besonderheit gesteigert wirkt. Dies Besondere schwächt jedoch nicht eigentlich die Raumganzheit des Bildes, sondern erzeugt sie auf andere Weise. Die Stelle, wo eine eigene Welt aus menschlichen Behausungen, Bäumen und Brücke als Einheit aus verschiedensten Bereichen entstanden ist, hat Dürer für beide Bilder gewählt; ebenso den mäßig erhöhten Standpunkt, von dem man hinabschaut auf die nahen Häuser der Menschen, auf den Fluß und die Uferbäume, über die

Wiesen und ferneren Häuserinseln, bis hinaus in die Ferne der Berge am Horizont. Nahezu alle Gegenstände der Zeichnung können im Aquarell in ähnlicher Gestalt und Anordnung wiedergefunden werden, und doch zeigt sich im unmittelbaren Vergleich alles in seiner Verschiedenheit. Am linken Bildrand der Zeichnung sehen wir eine seitlich abschließende Gruppe von Bäumen, die in der Bildfläche gelesen wie im Aquarell den Vordergrund und die fernste Ferne zusammenbindet. Es fehlt der Zeichnung allerdings die absichtsvoll überhöhende Bekrönung der Bäume durch die Türme der nahen Stadt. Auch sonst ist die Baumgruppe der Zeichnung deutlich von derjenigen des Aquarells in der Bildung der Raumganzheit unterschieden. Die Bäume sind auf ein- und derselben Grundlinie nebeneinander aufgereiht. Nicht in der Zeichnung, sondern im Aquarell wird ein einzelner Lindenbaum weit nach vorn zum Betrachter herangerückt und zusätzlich noch durch einen raumschaffenden Weg, der durch einen heimkehrenden Wandersmann beschritten wird, von seinen Artgenossen getrennt. An dieser unscheinbaren Stelle der Lindengruppe kann schon abgelesen werden, wie absichtsvoll Dürer in seinem Aquarell spannungsreiche und umfassende Einheiten bildet im Vergleich zur Zeichnung, wo dies mit natürlicherer Gelassenheit geschieht. Er weiß beide Male nicht nur das einzelne auseinanderzuspannen und zu trennen, sondern auch zugleich zu verbinden.
Der im Raum uns näher gerückte Lindenbaum des Aquarells wird in seinem Stammanteil mit Absicht so lange kahl gelassen, bis er die Höhe der unteren Blätter der entfernter stehenden Linden erreicht hat. Erst dann darf er Belaubung vorzeigen. Auffallend ist jedoch, daß dieser weit nach vorn gerückte Baum sich trotz seiner etwas helleren Laubfärbung nicht sehr deutlich von den hinteren Laubkronen ablöst. Das Zusammenbinden zur bildrandfestigenden Gruppe ist hier vordringliches Anliegen. In der Zeichnung gibt es den vorderen Lindenbaum nicht. Mit einem buchstäblichen Weniger kann Dürer jetzt ein Mehr an Differenzierung leisten. Von einer Darstellung allseits luftdurchfluteten Laubes, das in der stellenweise gegebenen Durchsichtigkeit der Baumkronen des Aquarells schon ansatzweise erstrebt wird, können wir eigentlich erst hier sprechen. An die Stelle einer gewissen Musterhaftigkeit in der Führung der Licht- und Schattenelemente ist jetzt die lebendige Beweglichkeit luftigen Laubwerks, dreier ganz verschiedener und dennoch zusammengehöriger Baumindividuen getreten. Diese Zunahme im Ausdruck des Lebendigen hat ihren Grund in der Beweglichkeit des Laubes, in der gesteigerten Differenzierung der Zweigformen, der gegliederteren Hal-

tung der Äste und Stämme, im Gegensatz der im Licht sich wölbenden Laubmassen, die an den mit schwirrenden Schraffurlinien erzeugten Schattenzonen ihre Steigerung erfahren. Deutlich läßt sich der Unterschied verschieden differenzierter räumlicher Einheit auch in der Verwendung der Konturen der beiden Baumgruppen fassen. Im Auqarell existiert ein bindender Umriß streng genommen noch nicht. Stark durchgliederte Form der Baumkronen wird am Gegensatz der vergleichsweise ungegliederten Hintergrundsflächen als zusammengehörig erlebt. Bei der Bayonner Zeichnung sind dagegen die Umrißkonturen der Baumgruppe, trotz aller Freiheit der Setzung, hervorgehoben. Sie binden die Laubmassen in der Fläche und wirken zugleich mit am Eindruck ihrer starken Plastizität. An der Verwendung der Konturen ist ablesbar, daß ein erheblicher Fortschritt Dürers in der Naturbeobachtung vorliegt. Die Beachtung der Abhängigkeit von Distanz und Konturwirkung ist im Aquarell erst ansatzweise vorhanden.[178)]
Weggelassen wurde gegenüber der Zeichnung das kleine Tiergehege im Schatten der Bäume mit dem reizvollen Hin und Her aus winklig umzäunendem Gatter und umfriedender Mauer. Es fehlt auch das halb zusammengebrochene Brettergestell, das das Uferstück zwischen Steinmauer und Holzbrücke besetzt hält. Im Aquarell ist die in der Zeichnung winklig zueinander gesetzte zweigeteilte Mauer zu einer einheitlich gerichteten, auffallenden Kompositionsform verwandelt worden, die fast bis an den unteren Bildrand gezogen worden ist. Mit dieser Mauer liegt eine schneidende Entscheidung Dürers gegenüber der Naturvorgabe vor. Die den Bildraum in der Tiefendimension erschließende Mauer begrenzt nicht nur einen Weg, sie führt zugleich auf den Fluß hin und lenkt damit das Auge auf den Brückensteg. So entsteht ein Innenbereich, in welchen von außen ein Wandersmann durch einen kleinen Durchlaß eindringen wird. Wie ein dunkles Drehkreuz diesen knapp bemessenen Durchlaß versperrt und von der Form her wichtig macht, zeigt Dürer auf besondere Weise. Zunächst gewinnt er mit dem Drehkreuz die Unterscheidung, daß der Wandersmann ein zur Viehhaltung benutztes Gelände (Hallerwiesen) durchschreitet, bevor er in das Innere des Gehöftes gelangt. Dies könnte ein reizvolles Detail aus der Vorgabe der Realität sein. Auf welcher Seite der Mauer der Drehbalken den Durchlaß sperrt, ist allerdings ebensowenig wie die präzisen Richtungsangaben, die mit

178) Diese Zunahme an „Naturnähe" macht u.a. Winklers Datierungsvorschlag „schwerlich viel vor 1510" (Winkler IV, Nr. 480) plausibel.

Weg- und Mauerrichtung zusammenklingen, nur aus der Vorgabe des Motivs zu erklären. Das Balkenkreuz soll in Farbe, Richtung der Formen, Größe und Ort mit dem übrigen Balkenwerk, das die Mauer begleitet, zusammengesehen werden. Einleitungsmotiv und erster Takt eines Dreischritts ist das Gattertor links am unteren Bildrand mit den zwei in die Tiefe fluchtenden und dem auffällig ansteigenden Balken. Mitte ist das der Durchdringung von Mauer und Weg entsprechend justierte Achsenkreuz des Sperrbalkens. Ende ist der Schlagbaum am Fluß, der mit seinem hochgeklappten Querbalken wie ein Zeigefinger vor dem hellen Hintergrund hochragt und am weitesten zur Bildmitte hin gesetzt ist. Der Grund für die Steigerung im Endpunkt: Der Balken des Schlagbaums ist hochgeklappt worden, um dem Reiter einen Durchgang zum Fluß zu gewähren. Der Schlagbaum, im Dreierschritt Endpunkt einer Folge, ist zugleich auch vermittelndes Glied: Von links her begleitet Balkenwerk den Saum des Pegnitzufers bis zur Mauer, die wie ein Hindernis den waagrechten Formablauf der dunklen Balken unterbricht, bevor der Schlagbaum am größeren senkrechten Haltepfosten die Verbindung wieder aufnimmt und das Intervall zum niedrigen Pfosten überbrücken hilft. Danach bilden am Boden liegende, hölzerne Teile, die wohl zur Uferbefestigung dienen, eine ununterbrochene Formverbindung bis zur Holzbrücke des Flusses. Und nun nimmt ihr schräger Anstieg die Richtung des Schlagbaums auf, indem ihr allein auf der rechten Seite ein Balkengeländer angefügt wird, das nahezu identisch in Richtung und Form mit dem Schlagbaum ist. Jetzt kann einleuchten, daß das Einleitungsmotiv des Gattertors mit dem ansteigenden Schrägbalken nicht Zufallsding, sondern beabsichtigte Setzung ist, ebenso wie die überkreuzt liegenden, größeren Balken im Vordergrund nicht zufällig so liegen, sondern zusammengesehen werden sollen mit dem den Durchgang sperrenden Kreuz und dem Spiel der Richtungen der Dinge im Raum. Daß all dies Einzelne nicht Formding beliebiger Kombination ist, daß Mauer, Sperrkreuz und Wandersmann, Schlagbaum, Reiter, Fluß und Brücke im Entstehen der Zusammenhänge aber noch viel deutlicher als im Arcobild die Trennfugen zwischen den Einzelmotiven spürbar lassen, zeigt Dürers Bilddenken am Anfang seiner Landschaftsmalerei.

Wirft man einen Vergleichsblick auf die spätere Bayonner Zeichnung, dann wirkt das Spiel der Winklungen der Gatter, Mauern und des Brükkenstegs wie absichtslos. Um wieviel selbstverständlicher bleibt ihre Folge und ihr Zusammenhang. Wie wenig „komponiert" wirkt die

Führung der Wege! Nicht höchstmögliche Steigerung von Richtungsgegensätzen oder deren Parallelisierung, nicht geometrische Zuschärfung der Mauerkanten, nicht Kontrast des Leeren und des Vollen oder auffälliges Bestücken der leeren Bodenflächen mit gekreuzten Balken entsprechen hier Dürers Sprachmöglichkeiten. Dies wäre ihm jetzt zu aufdringlich. So nimmt der Steg die Richtung des Mauerteils am Fluß auf, der auch hier so etwas wie eine Leitform ist. Aber nicht im Gleichklang der Parallelführung der beiden Teilstücke liegt jetzt das Ziel. Der Steg beginnt diesmal in Gestalt eines vorbereitenden Pfades, etwa in der Mitte der freien Fläche zwischen Lindengruppe und Gehöft. Von diesem unscheinbaren Anfang an beginnt eine, gemessen an der Schrägführung der Mauer, stärkere Schrägführung, die im Steg selbst im Grad seiner Winkelung, im Anstgeigen des Höhenwertes, in der Betonung des graphischen Wertes und vor allem auch in der Klarheit der räumlichen Gliederung kulminiert.

Unmerklicher Stufengang zur Steigerung, das ist auch im gesamten das Anliegen. Daher erscheint die Zeichnung im Vergleich zum Aquarell wie eine unveränderte und spontane Wiedergabe eines Stückes Natur, das erst darauf zu warten scheint, künstlerisch ausgedeutet zu werden. Dies ist die noch näher zu begründende Behauptung: Nicht das Aquarell kommt näher an die „Naturvorgabe" heran, sondern die Zeichnung. Bei nahezu identischem Standpunkt und Blickwinkel des Künstlers bei der Aufnahme des linken Teils der Bilder darf man sich aufgrund der größeren „Naturferne" dazu angereizt fühlen, die offensichtliche Ausdeutung dieser „Vorgabe" im Aquarell zu erforschen. Die gravierenden Unterschiede in der Anordnung der Bildteile, wie z.B. der veränderte Verlauf der Eröffnungsfigur des linken Bildteils, ist nicht die Folge von Abriß und Umbau, nach einer denkbaren Veränderung der Besitzrechte der „Hallerwiesen", sondern die Folge des kompositorischen Eingriffs des Künstlers.

Zeigt sich dieses noch erkennbare und gewissermaßen vorgezeigte Komponieren auch in den übrigen Bildzusammenhängen? Im Vergleich zur Zeichnung ist im Aquarell der Zutritt zur dargestellten Ferne nicht nur offengelassen, sondern ausdrücklich organisiert. Im Unterschied zu den lockerer die freie Fläche vor den Häusern gliedernden Pfaden der Zeichnung gibt es im Aquarell deutlich unterschiedene Hauptwege, deren gemeinsamer Anfangspunkt unten links außerhalb des Bildes zu denken ist. Der kürzere Weg führt, von der Mauer flankiert, zur Brücke hin. Der zweite, zunächst wichtigere Weg führt zu einem stattlichen Gehöft. Anfänglich wird er gefaßt durch zu beiden Seiten liegende Holzbalken. Dann bilden vorgeschobene Häuser eine Pforte, durch die man in den inneren Hof gelangt. Noch einmal begrenzen danach Holzbalken den Weg, bevor innerhalb des aufnehmenden Innenraums zwei kleine, aber prägnant geformte Untereinheiten das endgültige Ziel markieren: Der helle, runde Mühlstein und die dunkle viereckige Toröffnung unmittelbar daneben. Das Ziel bleibt nicht unbelebt. Bei genauerem Hinsehen erblickt man durch die Toröffnung eine Treppe und einen danebenstehenden Menschen.

Der zweite Weg fehlt in der Zeichnung. Er wäre räumlich vor dem vordersten angeschnittenen Haus mit dem auffällig obeliskenähnlichen Schornstein auf dem Walmdach zu denken, den wir zusammen mit den schönen Dachgauben unschwer im Aquarell wiedererkennen. Dieser ist die Zierde des im Vordergrund des Aquarells in ganzer Gestalt sichtbaren Hauses, das als einziges freistehend, ohne Überdeckung gezeigt wird. Im Vergleich zur Zeichnung ist das Haus auf dem Aquarell mit der Gesichtsseite stärker zum Betrachter gedreht worden. Man sieht mehr von der Schmalseite unter dem herabgezogenen „Stirnhaar" des Walmdaches. Das gleiche, stärkere Herumwenden im Raum erblickt man auch bei dem links dahinter sichtbaren Holzschuppen, der in wieder knapperer Verkürzung auf der Zeichnung erkennbar ist. Die Anordnung der Baumgruppe um den Brückensteg in Zeichnung und Aquarell ist etwa gleichgeblieben. Die stärkere Drehung ist besonders gut ablesbar an der Dachtraufkante und an der Bodenkante der Breitseite des mit der rechten Eckkante sehr merkwürdig in den Boden versenkten Hauses. Sie steigen schräg an. Bei der Kürze der Blickdistanz müßte auch die Firstkante des Daches diese Drehung im Raum mitvollziehen, so wie wir das in anderer Weise an den leicht schräg geführten Firstkanten von Haus und Holzschuppen der Bayonner Zeichnung sehen. Die Firstkante verläuft jedoch exakt waagerecht. Das bedeutet: Der First des Hauses, das in seiner übrigen Gestalt im Raum gedreht ist, dreht sich nicht mit. Um einen Verzeichnungsfehler handelt es sich hier aber nicht. Durch diese „fehlerhafte", waagerechte Firstkante gelingt eine vollkommen stimmig wirkende Einbeziehung des Daches in die rhythmisch sich steigernden Höhen der sämtlich waagerecht verlaufenden Firstlinien der Gebäude des Vordergrundgehöftes. Zugleich erlaubt die Drehung im unteren Teil des Hauses, daß der Wegeingang in den Hofbereich spürbar verengt wird, was ein innerstes Innen des Raumgefüges erlebbar macht. Durch den rhythmischen Zusammenschluß aller Firstkanten wird der am weitesten hochgezogene Dachrücken der Scheune rechts vorne am Bildrand zum Pendant des „falsch" konstruierten Hauses. Und durch den von Dürer kunstvoll geschaffenen „Ort" wird ein Betrachter nicht nur angezogen, sondern im ganzen leibhaftig aufgenommen, wie es in jener Architektur geschieht, die Dürer im frühen Kupferstich des „Verlorenen Sohnes" (um 1496) in Einheit gesetzt hat mit der menschlichen Gestalt. Nicht der Kunstfehler des noch unsicher herumsuchenden, jungen Dürer, sondern sein absichtlich erzeugter und zugleich kunstvoll verschleierter „Fehler" erlaubt „leblose" Dinge wie Häuser und Dächer zu verlebendigen. Nach dem ersten „stummen" Verschluß in Gestalt des großflächig verdeckenden Scheunenrückens öffnet es sich „sprechend". Ein hell getünchtes Fachwerkhaus lugt, uns das Gesicht zukehrend, keck dahinter hervor. Es ist gewissermaßen ein handelndes Hervorlugen. Dürer hat an dieser Stelle den uns schon bekannten Konstruktionsfehler wiederholt, und in abgeschwächter Form begegnet er noch einmal unterhalb der auffällig hoch steigenden Dachform auf der jenseitigen Uferseite als „helles" Hervorlugen aus der dunkleren Verdeckung. Bereits für die Frühstufe der Landschaftsaquarelle gilt, daß Dürer nicht nur perspektivische Mittel wirksam einzusetzen versteht, sondern, daß er bereits über eine physiognomische Sprache der Bilddinge verfügt. In der Drahtziehmühle liegt bereits vor, was in der Arcolandschaft in entwickelterer Gestalt nachgewiesen werden konnte: Landschaft als Gegen-Gesicht.

Die Staffelung der Hausdächer der Bayonner Zeichnung muß dagegen zunächst vergleichsweise spannungslos wirken, weil von der Steigerung des Groß-Kleinen, des Geöffneten am Verdeckenden nichts auffällig vorgezeigt wird. Auf den ersten Blick sieht es so aus, als sei im Vergleich zum Aquarell sogar die Festigkeit des Bildflächenzusammenhangs auf der Häuserseite geschwächt. Keine offensichtlich zusammenfassende und dominierende Form verhindert das Weggleiten der Firstkanten an der rechten Bildseite. Dürer verfügt auf dieser Stufe seiner Entwicklung über lautlosere Sprachmittel. So ist z.B. an die Stelle des gewaltsamen Sprungs von der vordersten zur nächst kleineren Dachform des Gehöftes jetzt ein proportionierteres Maß getreten. Und der den Steg halb verdeckende Lindenbaum, der im Aquarell durch die hellen Formen der Umgebung so isoliert ist, daß man ihn nicht leicht zu den benachbarten Schuppen und Häusern hinzusieht, verstellt in der Zeichnung nicht mehr den Blick in die Bildtiefe. Er wird in die Gruppe der übrigen Bäume am Steg eingebunden und gehört zugleich zur Gruppe

der Häuser, ohne daß dabei die individuelle Durchbildung im einzelnen abnähme. An die Stelle der sprunghaften Maßverkürzungen und des jähen Wechsels der Größen sind sowohl in der Flächengliederung als auch in der Ordnung des Raumes nah benachbarte Differenzierungsstufen getreten. Die Ordnung im Räumlichen ist dadurch jedoch nicht unklarer geworden.
In der Zeichnung verbindet ein alle Gegenstände gleichmäßig umhüllendes Licht die Dinge ebenso kontinuierlich wie der zugehörige Schatten, der jetzt eine eindeutig bestimmbare, von rechts herkommende Lichtquelle voraussetzt. Man glaubt, über die Dächer mit einem Mal hinwegkommend, die Einbettung des Flusses zwischen den Häusern spüren zu können. Nach dem Einblick in die Hofanlage faszinieren im Aquarell dagegen die miteinander verketteten und die Silhouette betonenden Steigerungsstufen der dunklen Dachformen, die zunächst einmal den weiteren Einblick in die Bildtiefe verwehren, bevor das Auge den Übersprung zu den nächsthöheren Dachformen des jeweiligen Ufers vollzieht. Der Zunahme an souveräner Gestaltung der Raumkontinuität in der Zeichnung steht auf der Seite des Aquarells der Reiz und die Frische des Anfänglichen gegenüber, bei dem mit Macht ein möglichst weiter Umfang der Welt umfaßt werden will.
In beiden Bildern gibt es zum einen parallel zu den waagerechten Bildrändern sich erstreckende Zonen, zum anderen die in das Bild hineinführenden Wege, Brücken, Mauern und Zäune, die die Verbindung dieser bildparallelen, nach Helligkeit und Größe der Gegenstände unterschiedenen Streifen herstellen. Der Pegnitzfluß ist dabei die am bedeutsamsten Bildfläche und Bildraum gliedernde streifenartige Zone. Nun fällt auf, daß dieser Flußstreifen im Aquarell erheblich breiter genommen ist, so, als sei er von vergleichsweise stark *erhöhtem Stand* aus gesehen; während die perspektivische Darstellung des Flusses in der Zeichnung von einem erheblich *niedrigeren Standpunkt* aus gesehen worden sein müßte und deshalb stärker verkürzt ist. Eine entsprechend starke Verkürzung der Formen bestimmt auch die Gegenstände des Mittel- und Hintergrundes in der Zeichnung. So sind im Vergleich zu den beispielsweise erheblich höher aufsteigenden Hintergrundsbergen des Aquarells die Berge auf der Zeichnung sehr flach gezogen und nur schwach gewölbt. (Diese Überhöhung der Berge war der Grund für die Irreführung in der Bestimmung der Örtlichkeit der „Drahtziehmühle".)
Beide Bilder zeigen das gleiche Motiv und es ist auch kein verschieden hoher Beobachtungspunkt in der Wirklichkeit nachweisbar. Hätte der

Aquarellist gegenüber dem Zeichner Dürer tatsächlich einen erhöhten Standpunkt eingenommen, dann müßte auch das so wichtige und bereits angesprochene „falsch" dargestellte Haus stärker aus der Draufsicht gesehen sein. Dies ist aber nicht der Fall, wie der Vergleich der Höhen der entsprechenden Kanten des Daches in Bezug zur Linde an der Brücke und zu den Waagerechten des Flußufers zeigt.
Die Zeichnung wirkt so, als sei sie entsprechend dem perspektivischen System von einem einzigen Standpunkt aus gesehen. Sie scheint in starker Annäherung das Motiv so wiederzugeben, wie es in der Natur ausgewählt werden konnte. Wobei allerdings im Bewußtsein gehalten werden muß, daß ein detaillierter Vergleich zwischen den Baumgruppen an der linken Bildseite, den räumlichen Situationen im Bereich der Stege, den räumlichen Positionen der vergleichbaren Häuser sowie die Vergleichung dieser Teilbereiche mit den jeweils zuzuordnenden Gruppierungen des Hintergrundslandschaften die Behauptung eines einzigen Standortes des Zeichners relativiert. Da eine sichere Überprüfung durch Vergleich mit der fotografisch erfaßten topografischen Situation ausgeschlossen ist, kann nur festgestellt werden, daß die Zeichnung so *wirkt*, als sei sie von einem einzigen Standpunkt aus aufgenommen.
Aus dem Vergleich der beiden Darstellungen ergibt sich andererseits mit großer Sicherheit, daß im Aquarell die Vereinigung verschiedener Anblicke desselben Motivs, das von mindestens zwei verschiedenen Standpunkten aus gesehen wurde, vorausgesetzt werden muß. Der Beweggrund für das Aufsuchen zweier verschiedener Standpunkt durch Dürer ist wie in „Arco" nur sinnvoll zu erklären durch seine künstlerische Absicht, deren Komplexität allerdings nicht mit dem Hinweis auf die Verschiedenheit von Standpunkten zu erfassen ist, sondern erneut dazu anreizt, das nicht aus der „Vorgabe" Erklärbare im Aquarell zu entdecken. Man erkennt es wieder deutlich an der Weise, wie Dürer das räumlich Getrennte verbindet. Auffällig war die Hinführung zum Fluß und schließlich der Brückenschlag zum jenseitigen Ufer. Dies ist aber nicht die einzige Möglichkeit der Verbindung des Getrennten. Der die Brücke teilweise verdeckende Lindenbaum verbindet in der Fläche die beiden räumlich getrennten Ufer, ganz vergleichbar der Gruppe der Lindenbäume am linken Bildrand, die die Zone des Flusses und die jenseits des Ufers sich bis zu den fernen, blau dämmernden Bergen erstreckende Zone der feuchten, mit Busch- und Baumreihen durchzogenen Wiesen mit den Gebäuden der Stadt Nürnberg verbindet, nur daß die Brückenlinde im Maß erheblich kleiner bleiben muß, um den Blick

in das freie Land nicht zu stark zu verstellen. Am augenfälligsten wird diese Art des Dürer'schen *Flächenzusammenhangs bei gleichzeitigem Nacheinander im Raum* innerhalb der Gebäude faßbar. Die Dächer des bereits vertrauten Gehöfts ragen so hoch, daß sie mit den Gebäuden jenseits des Flusses kompositorisch zusammengebunden erscheinen. Das auffälligste Hochsteigen der Dachformen bis an die Fußlinie der fernen blauen Berge ist ein höchst ungeeignetes Mittel, um Tiefenstaffelung im perspektivischen Sinn auszudrücken. In einem einzigen Ausgriff leistet es dagegen das Verspannen des gesamten Mittelgrundes mit den Formen des Vordergrundes und der Hintergrundszone und darf darin mit den prinzipiell vergleichbaren Kompositionsprinzipien des Arcobildes zusammengesehen werden. Dürer hat hier eine in eminenter Weise die Spannung der Bildfläche erzeugende Form erfunden, die zusammengesehen werden muß mit der Linde des Brückenstegs, der Lindengruppe am linken Bildrand und dem die Komposition festigenden Scheunendach des rechten Bildrandes. An dieser so unvermittelt hochragenden Dachform und ihrem Ort innerhalb des gesamten Bildgefüges kann unwiderleglich gezeigt werden, daß nicht irgendein beliebig veränderter Standpunkt oder das Wachstum der Natur das Gesetz gibt, sondern vor allem der hervorbringende Künstler. Wie sollte sonst erklärt werden, daß das in der Zeichnung so klein und niedrig gehaltene Dach mit dem Erkertürmchen im Aquarell das am höchsten steigende Dach der gesamten Vordergrundsgebäude wird, während das davor liegende Dach, das in der Zeichnung die Dominante ist, im Aquarell so tief herabgesenkt und verkleinert wird, daß es nur als vermittelnde Stufe zu den Firsthöhen der übrigen Uferbebauung wirkt?
Im Rückblick auf den abgeschlossenen Vergleich zwischen den beiden Darstellungen der Drahtziehmühle zeigt sich bereits der junge Dürer bei seinen ersten Landschaftsdarstellungen als *Erfinder von Bildarchitekturen vollkommen durchordneter Klarheit und hoher Lebendigkeit.* Noch ist das Sprunghafte und Plötzliche, das Knirschende der Gegensätze in der Steigerung der Einzeldinge aneinander ein beherrschendes Mittel zur Erlangung der Bildeinheit, aber der Dürer des Arcobildes mit seinen feinsten Durchgliederungen der Einzeldinge bis hin zur spannungsreichen Durchordnung des Raumganzen ist doch schon in allen wichtigen Gestaltungsprinzipien klar faßbar. Dies zeigt sich auch in der schon in der „Drahtziehmühle" verwirklichten Aquarelltechnik als künstlerischer Methode des Hervorbringens.

Dürer hat bereits auf der Stufe der „Drahtziehmühle" eine mit der wachsenden und lebendigen Natur wetteifernde *Technik der schichtenden und lasierenden Malerei* erfunden, die die Gestaltung sowohl des Naturgewachsenen als auch des vom Menschen Erbauten umfaßt. Die beiden Nähe und Ferne erschließenden Wege sind von vielfacher Benutzung abgetreten. Der nackte Sandboden tritt hervor und damit die Farbe der Erde, die – als erste aufgetragen – Grundton des gesamten Bildes ist. So zeigt auch die obere Zone des Mittelgrundes nicht einen isoliert aufgetragenen Farbton, sondern den in späteren Arbeitsgängen noch einmal übergangenen Ton des Vordergrundes. (Nur der Himmel ist entsprechend seinem andersartigen Charakter davon ausgenommen.) Schüttere Grünflecken, die den gemeinsamen, hellen Grund durchscheinen lassen, zeigen die weniger benutzten Teile des Vordergrundes an und bilden eine zweite Schicht. Jenseits des Flusses ist das Grün saftiger, dichter und in der farbigen Wirkung opaker über den Grund gedeckt. Metallisch blau-grüne, in Schleifen geschlungene Busch- und Baumreihen umringen dort verschiedene Häuser und ein kleines Kloster, als sei das von den Menschen Erbaute der innerste Kern des Gewachsenen. Rechts davon, nach der Trennung vom Bewohnteren, ist noch einmal gelblicher und weißlicher Sand zu finden. Die „Grünlasur"[179)] ist wieder fleckhaft und schütter.

Noch vor diesen ersten Malschichten, die mit breitem Pinsel in großen Zügen erfolgten, darf man sich, wie aus anderen Beispielen[180)] zu ersehen ist, für manche Fälle eine locker andeutende Pinselvorzeichnung vorstellen, mit der die im Entstehungsprozeß des Bildes auszuführenden Bildgegenstände zunächst lokalisiert wurden. Diese Pinselvorzeichnung hat nichts mit der von Dürer häufig eingesetzten Konturierung der Farbformen durch dunkle haarfeine Linienzüge zu tun. Diese Konturen, die in der „Drahtziehmühle" besonders an den Hausformen auffallen, sind nicht Folge oder unmittelbarer Niederschlag einer anfänglichen Vorzeichnung, die dann farbig ausgefüllt wurde. Spuren von Vorzeichnungen gibt es bei den Landschaftsaquarellen nur in Ausnahmefällen

179) Genau genommen kann dieses metallische Grün, das an „Grünspanfarbe" erinnert und heute etwa durch Vermischen von „Heliogengrün" mit „Deckweiß" erzeugt werden kann, nicht als Lasur bezeichnet werden, da das Glasig-Durchsichtige fehlt. Wir finden diesen scharfen Grünton interessanterweise in einem der spätesten Landschaftsaquarelle, dem „Tal bei Kalchreuth" (W. 117) (Abb. 72) wieder, wo er in gleicher Weise deckend-lasierend verwendet wird.

180) H.-Fiore (I, S. 64) nennt z.B. „Welsch Schloß".

und auch da meist nur als summarisch lokalisierende Angabe.[181] Vielmehr stellt die mit dunkler Farbe eingetragene Konturierung in der „Drahtziehmühle" ebenso wie in vielen späteren Landschaftsaquarellen[182] die für Präzisierung sorgende abschließende „Schicht" des gesamten Malvorgangs dar.

Der stufenweise Aufbau des Bildes zeigt zum einen, daß die farbige Gesamterscheinung wesentlich auf der Grundlage des Durchsichtigen[183] und des Weißen des durchscheinenden Grundes beruht. Unabhängig von der künstlerischen Entwicklungsstufe zeigen alle Landschaftsaquarelle, daß für Dürer der Begriff der schichtenweise-wachsenden Malerei – je nach Art der darzustellenden Gegenstände und Bereiche der Natur – das Lasierend-Durchsichtige *und* zugleich das Opak-Undurchsichtige umfaßt. Anders als z.B. bei Cézanne ist bei Dürer die farbige Gesamterscheinung der Aquarelle, sei es beim frühen Beispiel der „Drahtziehmühle", sei es bei einem mittleren wie „Arco" oder sei es bei einem späteren wie beim „Tal bei Kalchreuth" stets geprägt von der Spannung zwischen lasierender und opak-undurchsichtiger Malerei.

Wenn die farbige Einheit der Aquarelle nicht allein auf der Grundlage des Durchsichtigen und des Weißen, sondern ebenso auf der Grundlage des Undurchsichtig-Deckenden aufbaut, so fragt es sich, woran im Bereich der Malmethode ein Kriterium zur Unterscheidung der Entstehungszeiten der Bilder zu gewinnen ist. Zu den prachtvollen Lindenbäumen des Vordergrundes passen die prägnanten Hausvolumen. Hier geht Dürer im Farbaufbau nicht vom Hellen zum Dunklen, sondern er wendet in den beherrschend wirkenden Dächern eine Methode an, die man in verwandelter Form auch bei Bäumen und Büschen wiederfindet. In mittlerem Ton wird die jeweilige Dachfläche angelegt. Von der First-

181) Wir verweisen auf das Arcobild. H.-Fiore (I, S. 64) nennt „Weidenmühle" (W. 113), „Londoner Steinbruch" (W. 110), „Welsch Schloß" (W. 101) und „Berghütte" (W. 102). Flechsig (I, S. 139) hat auf den besonderen Zusammenhang zwischen „Trockensteg" und der „Ansicht des Dorfes Kalchreuth" verwiesen. In beiden Fällen ist der Malerei eine Federzeichnung unterlegt.

182) Z.B. „Arco" (W. 94), „Paßstraße" (W. 100), „Verfallene Hütte" (W. 102).

183) Vergl. Herrmann-Fiore I, S. 66 f. Das bedeutet nicht, daß die Landschaftsaquarelle Dürers durch das Prinzip des „Durchsichtigen" in eine besondere Sphäre der Abstraktion versetzt sind. Es ist das Verdienst H.-Fiores, auf die Bedeutung der „namenlosen Farbe" aufmerksam gemacht zu haben. Die Dürer gegenüber unzutreffende Behauptung der „Abstraktion" ist wohl aus dem Bedürfnis entstanden, den Bildcharakter seiner Landschaftsaquarelle unangreifbarer zu machen.

linie herab werden dann mit haarfeinem Pinsel parallele Linienscharen bis zur Traufkante herabgezogen, die den Neigungsgrad und die Oberfläche des Daches nachempfindbar machen. Am First, wo sie weiter entfernt sind, sind sie dunkler als der Farbton des Daches; zur Traufe hin, wo sie näher sind, werden sie immer heller, fast bis zum Deckweißton. Bei der Bildung der Bäume geht Dürer ähnlich vor: Zunächst wird in mittlerem Ton die Form der ganzen Baumkrone festgelegt. In die noch feuchte Farbe werden die Schattenzonen eingefügt, ohne daß scharfe Trennungen zwischen mittlerem Ton und Schattentönen zugelassen werden. Als letzte Malschicht setzt er kurze, schwungvoll bewegte, helle Pinselstriche über dem zuvor getrockneten Grund auf. Sie bilden die äußerste Schicht der Laubmasse. Diese winzigen Pinselstriche verschmelzen nirgendwo mit ihrem Untergrund, sondern sitzen als kurze „Häkchen" auf. Dabei lösen sie sich optisch trotz der kräftigen Verwendung von Deckweiß, dem Olivgrün oder Gelb zugemischt ist, nicht ab, sondern haben – schon durch ihre Richtung – immer Bezug zur Mitte des Laubvolumens.

Auch im Wiesenbezirk des Bildes erfüllen die aufgesetzten Deckweißhöhen vielfältige Aufgaben. Sie charakterisieren die federnd geschwungenen Zweige der Weiden und den Wuchs der Erlen. An manchen Stellen beschreiben sie nur summarisch die Plastizität der Büsche und Bäume, an anderen Stellen dagegen zeigen sie, daß auch noch zerzausender Wind die Baumgestalten formt. Immer verändern sie ihre Art gemäß dem jeweiligen Ort und dem jeweiligen Charakter der Dinge. Das geht soweit, daß den weißen „Häkchen" die gegensätzlichen, schwarzen an den seitlichen Teilen der Volumen kräftig assistieren. Sie fallen nur zunächst nicht auf, weil sie in den schmalen Rändern der Schattenzonen auftauchen. Aber sie sind ebenso vielseitig verwendet und fast ebenso wichtig für die Darstellung wie ihre hellen Gegenspieler.

Im farbigen Aufbau und in der Maltechnik findet sich bestätigt, was bei der Untersuchung der gesamten Komposition bereits zum Vorschein kam. Es begegnet hier Anfängliches, Ursprüngliches,[184)] in dem alle im

184) Die Frühdatierung (1490) Hermann-Fiores ist besonders zu bedenken. Der Verweis auf den Zusammenhang der „Frühgruppe" mit der Nürberger Tradition ist überzeugend. Wie Stadler trauen wir Dürer jedoch rascheste Entwicklungsschritte zu. Wie wenig Sicherheit in Datierungsfragen zu gewinnen ist, zeigt der ebenfalls von H.-Fiore (I, S. 95 ff.) bemerkte enge Zusammenhang zwischen der Laubbildung im Aquarell der Drahtziehmühle und im „Bildnis des Oswolt Krel" von 1499 (Farbabb. Ottino della Chiesa, Tafel XXXVII und XXXVIII). In beiden Bildern werden „muster-

Arcobild – und den übrigen Tirollandschaften – glanzvoll entwickelten Gestaltungsprinzipien bereits in einer gültigen Gestalt vorhanden sind. Alles spricht dafür, an dem von Winkler und anderen vorgeschlagenen Entstehungsdatum „Sommer 1494" festzuhalten. Dies kann allerdings nicht dazu führen, die unterschiedliche Stilstufe zu verkennen. Mit der Veränderung im Farbigen, wo vor allem im Bereich der dominant wirkenden Grünwerte die dumpferen Olivgrünwerte der „Drahtziehmühle" durch den silbrigen Schimmer der Blau-Grün- und Grün-Grauwerte der „Tirollandschaften" verdrängt werden, geht eine im ganzen veränderte Bildsprache einher. An die Stelle der jähen, sprunghaft wechselnden Erfindungen mit ihren noch erkennbaren Steigerungsstufen tritt eine nahezu stufenlose Kontinuität der Zusammenhänge. In abermals gesteigertem Maß wird uns die größere „Naturnähe", bei gleichzeitigem extrem großen Abstand von buchstäblicher Nachahmung, in den späteren Landschaftsaquarellen von „Kalchreuth" begegnen.

(Fortsetzung Anm. 184:)
hafte" „Häkchen" bzw. kurze Wellenlinien zur Laubdarstellung benutzt. Würde die prinzipiell berechtigte Annahme einer simultanen Entwicklung der Baumdarstellung in Aquarell- und Ölmalerei Dürers angewendet, dann würde ein Heraufrücken der Datierung gegen 1499 notwendig sein. Aus dem Vergleich der malerischen Gestaltung von Pelzwerk und Laubwerk des Porträts geht zweifelsfrei hervor, daß sich die für 1499 altertümliche Darstellung der Bäume nur als bewußt eingesetztes Kompositionsmittel erklären läßt. Anders ist die Diskrepanz zwischen raffiniertester und vereinfachender Wiedergabe des Stofflichen, der Körper- und Raumhaltigkeit usw. kaum erklärbar.

BILDERFINDUNG UND NATURVORGABE IN DÜRERS DARSTELLUNG DES „TALES BEI KALCHREUTH“

In Dürers Landschaftsaquarellen, mit „Arco“ auf mittlerer Ebene, der „Drahtziehmühle“ auf der Stufe des Anfänglichen, bildet das in Berlin aufbewahrte Blatt „Tal bei Kalchreuth“ (W. 117) (Abb. 72) einen Kulminationspunkt. Der unbefangene Betrachter wird beim Anblick des Bildes zunächst weder an absichtsvolle Komposition, Übersteigerung der Formen, Versammlung verschiedener Anblicke, Kompositionsfugen oder dergleichen denken, sondern glauben, ein Bild unmittelbar gesehener Natur vor sich zu haben.[185)] Da diese Wirkung der Zielsetzung Dürers entspricht, verwundert es nicht, daß sie sich auch in den Beurteilungen wiederfindet. Die beiden Kalchreuthaquarelle „Ansicht des Dorfes Kalchreuth“ (W. 118) (Abb. 73) und „Tal bei Kalchreuth“ (W. 117) (Abb. 72) reizten vor allem dazu an, Dürer in einem verfälschenden Sinn als Vorläufer impressionistischer Landschaftsauffassung in Anspruch zu nehmen.

Unabhängig von den stark differierenden Vorschlägen zur Datierung[186)] der beiden Aquarelle, die zwischen 1496/1497 und 1516/1520 schwanken, ist stets der außerordentliche Rang der Bilder herausgehoben worden. Einig ist die Forschung auch darin – und dies unabhängig von den individuell stark voneinander abweichenden Chronologievorschlägen, die mit dem jeweiligen Gesamtbild von Dürers Kunst zusammenhängen –, daß es sich um die spätesten farbigen Landschaftsaquarelle Dürers handelt. Und zum dritten besteht weitgehende Einhelligkeit[187)] in der

185) Erstaunlich ist, daß trotz der über 470jährigen Zwischenzeit die Landschaft Dürers bis in Einzelheiten hinein nahezu unverändert erhalten geblieben ist. Allerdings muß sogleich hinzugefügt werden, daß seit etwa drei Jahren auch in der Landschaft um Kalchreuth und Kirchehrenbach (bei Forchheim) Ankündigungsschilder für eine drohende Flurbereinigung aufgestellt sind. Vermutlich wird unsere Untersuchung eine letzte Gelegenheit erzeugen können, um vor dem „Original“ Dürers Erfindungen nachzuvollziehen.

186) Eine Übersicht der einzelnen Positionen gibt W. Koschatzky (Nr. 31 und Nr. 32). Außerdem ist auf den Neuvorschlag H.-Fiores (ca. 1516–1520) hinzuweisen, die die Beziehung der Kalchreuthaquarelle zu der weiten Landschaft des Wiener Allerheiligenbildes von 1511 betont.

187) Brinckmann (S. 13) meinte irrtümlich, die Landschaft bei Kloster „Banz“ und „Vierzehnheiligen“ zu erkennen.

Festlegung der dargestellten Örtlichkeit. In dieser wichtigen Frage wirkte vor allem Otto Mitius[188] (1924) bahnbrechend. Auf dessen Erkenntnissen aufbauend, konnte Hilpert[189] (1958) einige topographische Präzisierungen hinzufügen. Wölfflin[190] hatte bereits 1919 bemerkt, daß es sich bei der Örtlichkeit, die in beiden Bildern dargestellt ist, um die gleiche Ansicht handelt. „Ein zweites [Abb. 73] ... hat ebenfalls den Vorzug, eine bestimmbare Lokalität zu sein. Der beigesetzte Name weist auf das Dorf Kalkreuth, ein paar Stunden von Nürnberg... Und dann gibt es eine noch interessantere farbige Landschaft aus dieser Epoche [Abb. 72]... *Es ist eine herrliche Weite in dieser kleinen Zeichnung. Das Dörfchen in der Mitte läßt erkennen, daß wir es noch einmal mit der Gegend von Kalchreuth zu tun haben...*" (Wölfflin, S. 234).

„Das Dörfchen in der Mitte", in seiner Einbettung in die Umgebung, gab Wölfflin die Möglichkeit des Wiedererkennens. Entsprechend schreibt Flechsig 1931: „Deckt man die untere Hälfte des Blattes zu, so hat man dieselbe Landschaft, wie auf der Berliner Zeichnung I, 14 [W. 117], nur daß der Standpunkt des Malers bei dieser höher liegt und etwas nach der Seite verschoben ist ..." (Flechsig I, S. 139).

Rasch ist aber trotzdem nicht zu sehen, daß in beiden Bildern dieselbe Lokalität dargestellt ist. Die Unterschiede in der Farbgebung sind beträchtlich. Die Durchgliederung der Berglehne mit dunkelfarbigen Waldzungen auf hell-leuchtendem Grund ist im eh. Bremer Blatt so stark vereinfacht, daß keine „Naturstudie", sondern eher eine freie Variation nach der „Naturstudie" (W. 117) (Abb. 72) vorzuliegen scheint. Lediglich die Formationen der Talsohle und die Gestalt der fernen Berge stimmen so weit überein, daß dasselbe Motiv erkannt werden darf. Wird als dritte Position ein erster flüchtiger Blick auf die fotografisch erfaßte Ursprungssituation (Abb. 74) hinzugenommen, so werden die Schwierigkeiten, die bei der Identifizierung der Örtlichkeit zu überwinden waren, ahnbar. Die kaum glaubliche Differenz zwischen Fotografie und Aquarell ist – auch im Rückblick auf die dagegen eher mäßigen Unterschiede zwischen Kunst und „Natur" in „Arco" – so groß, daß die Einsicht in Dürers bildernisches Denken zur brennenden Frage wird. Daß

188) Mitius I, S. 9 f. Mitius, der Dürers Eingriffe in die Naturvorgabe zum Teil gesehen hat (vergl. S. 12), wollte keine künstlerischen Beweggründe gelten lassen. Dies hätte nicht in seine an sich treffende Auffassung von Dürers Ehrfurcht vor der Natur gepaßt.

189) Hilpert, S. 106 f.

190) Wölfflin, S. 221.

weder die offensichtlichen Unterschiede in der Gestaltbildung der beiden Aquarelle noch der Vergleich der Naturvorgabe mit den Bildern bisher zur Erforschung der Dürer'schen Denkwerkstatt herausgefordert haben, ist merkwürdig. Als Erklärung kann vorgebracht werden, daß selbst ein Anblick, wie ihn die „Versammlung" von sechs Teleobjektivaufnahmen[191] bietet, immer noch vergleichsweise wesenlos bleibt. Bei durchschnittlicher Sicht sieht man so gut wie nichts von Dürers Motiv. Aber selbst bei extremer Weitsicht wird schlagartig klar, daß Dürer wahre Götteraugen gehabt haben muß, um die in ungefähr neun Kilometer Entfernung sich eher unscheinbar erstreckende und die in ungefähr achtzehn Kilometer liegende, eher nebelhafte Fernenlandschaft so bedeutend heranzuziehen.

Es verwundert daher nicht, daß von Anfang an der einzigartige Rang dieses Bildes außer Zweifel stand. Thausing[192] hatte (1884) anhand des „Tales von Kalchreuth" als erster in Dürer den „Landschafter im modernen Sinne" sehen wollen. Damit übereinstimmend notiert Winkler (1936/39): „... Beide Blätter ... sind die *im Sinne des Impressionismus modernsten Arbeiten unter den Landschaften D.'s* und sind in der Tat so zeitlos, daß sie mit Aquarellen eines Menzel oder Cézanne verwechselt werden könnten." (Winkler IV, Nr. 118). Und 1957 schreibt er zu dem Berliner Blatt: „... *Ohne gewisse äußere Merkmale würde man es nicht von einer impressionistischen Skizze unterscheiden können. Es ist aus farbigen Flächen zusammengesetzt wie ein Werk von Cézanne.*" (Winkler II, S. 87).

Das Merkmal der unvertrieben stehengelassenen Farbschichten und Farbflecken, das vor allem den Vergleich mit Cézanne und den Impressionisten provoziert zu haben scheint, betont auch Herrmann-Fiore (1972): „Durch die größere Dichte und die Farbwahl ergibt sich eine matte bzw. stumpfe Oberflächenqualität, bei der die Transparenz einen sehr geringen Stellenwert besitzt. Gegenüber den Farbflächen entfaltet sich ein kurvenreiches Linienspiel im Einzelnen, *das von Nahe gesehen wie isoliert auf den Farbzonen erscheint, aus einiger Distanz aber sich mit diesen wirksam verbindet.*" (H.-Fiore I, S. 103 f.).

Panofsky hatte 1943 schon Gleiches festgestellt. Die auch von ihm hochgeschätzten Kalchreuthaquarelle sind außerdem in ihrem Bezug zu den Tirollandschaften gesehen. Innerhalb dieser Landschaften der ersten

191) Die Aufnahmen sind mit einem Vivitarobjekt (Auto-TX, 200 mm – 12°) bei extremer Weitsicht gemacht worden.

192) Thausing, S. 126.

Reise wird besonders „Welsch Pirg" (W. 99) (Abb. 107) durch eine Formulierung ausgezeichnet, die auch für unser Beispiel gelten könnte: „In der prächtigen „Wehlsch Pirg" ... erreichte Dürer eine panoramische oder sogar kosmische Interpretation der Landschaft. *Die Zeichnung hat keinen Darstellungsgegenstand außer der atmenden Bewegung der Erde selbst...*" „Bei seiner Rückkehr sah Dürer sein heimatliches Franken mit neuen Augen. Farbe ... wurde nun als eine nach den Licht- und atmosphärischen Bedingungen veränderliche Erscheinung aufgefaßt, und für eine kurze Weile sah es so aus, als sollte Dürer sich zu einem *plein-airiste* entwickeln... ...finden wir solche *Meisterwerke perspektivischer Energie und panoramischer Weite wie die Ansichten des Fleckens Kalchreuth und seiner Umgebung.*" (Panofsky II, S. 50).

Die Beobachtung einer Unverbundenheit mancher Farbflächen im Kalchreuthbild erfordert eine erste Unterscheidung der Aquarelltechnik Dürers von der impressionistischen Malmethode. Wo Dürer sonst vor allem Nachbarfarben ineinander übergehen läßt, große Farbdifferenzen zwischen benachbarten Farben nicht vorkommen und stattdessen Übergänge durch feinste Differenzierungsstufen gebildet werden – wie im „Bergkopf" des Arcobildes, fallen in einigen Partien der hellfarbigen weiten Talebene und in den helleuchtenden Berglehnen des Kalchreuthaquarells unverbundene Farbpartien auf.

Es handelt sich – im Vergleich zu impressionistischer Unverbundenheit der Farbflecke entsprechender Farbmischung – bei den getrennten Farbpartien des Dürerbildes, die sich „aus einiger Distanz aber ... wirksam verbinden" (H.-Fiore I, S. 103 f.), nicht um nebeneinanderliegende Farbflecke oder Farbflächen, sondern um übereinanderliegende Farbschichten. Allein diese Tatsache bedeutet nach Idee und Methode eine erhebliche Distanz von dem Impressionismus bei Monet oder Menzel oder dem Neoimpressionismus wie wir ihn von Seurat oder Signac kennen. Am Extremfall läßt sich das am besten verdeutlichen. Die besonders deutlich oben aufliegende Schicht der leuchtend roten Strichlagen und die unverbunden aufgesetzten „Grünspantöne" in den hellgrundigen Hanglagen des Kalchreuthbildes verbinden sich nicht erst aus gewisser Distanz als farbiger Abglanz der getrennten Bereiche des Ockrigen und des Roten oder des Ockrigen und Grünen. Vielmehr werden die Schichten des leuchtend eingesetzten Rots und des metallisch-opaken Grüns aus naher wie auch aus weiterer Distanz verstanden als Ausdruck der darunter sich wölbenden Formen. Sie sind deren Folge und machen ihren Grund als überformende, ver-

hüllende[193] oder auf dem Untergrund „wachsende" Schichten spürbar und treten dabei zugleich selbst in Erscheinung. Dies ist die wirkliche Ursache für das Zusammensehen der faktisch getrennten Malschichten. Denn selbst da, wo zur Darstellung oberer Schichten Farben verwendet werden, die gemäß ihrer Eigenart Undurchsichtigkeit und Dichtigkeit besitzen, werden sie so eingesetzt, daß sie das darunter Liegende deutlicher oder undeutlicher erkennbar oder erschließbar sein lassen. Ganz zu schweigen ist von den schon quantitativ beträchtlichen Bereichen, in denen Lasurtöne in der Kalchreuthlandschaft Verwendung finden, wie z.B. in den Formationen der Talebene. In diesem Sinne spielt Transparenz als Durchsichtigkeit und Durchschaubarkeit in allen Landschaftsaquarellen – ganz besonders jedoch im späten Kalchreuthaquarell – eine entscheidende Rolle. Das Lebendige und Wachsende der Natur will Cézanne, der im Gegensatz zur Naturschau und Malmethode der Impressionisten, in vielem in die Nähe Dürers gerückt werden kann, gerade nicht zum Ausdruck bringen. Entsprechend dieser anderen Sicht von Natur ist Cézannes künstlerische Aquarellmethode daher prinzipiell verschieden von derjenigen Dürers. Er verwendet nicht nur eine den Erscheinungsformen der Dinge gegenüber „fremde" Faktur, sondern verhüllt gerade in den herrlichsten Aquarellen der Spätzeit dieses Lebendig-Wachsende ausdrücklich.
Weniger „gewisse äußere Merkmale" als prinzipielle Unterschiede scheinen den Unterschied zwischen Dürer und Cézanne auszumachen. Noch weniger aber hat Dürer mit dem Auge eines Impressionisten die Natur angeschaut. Dazu ist sein Bild schon im Abschätzbaren der Ferne zu tief und um Umfang der erfaßten Welt zu fern von impressionistischer „Ausschnitthaftigkeit". Dies zeigt sich bereits in der Wahl des ungewöhnlichen Querformates.[194] Vergleichbar mit „Arco", wo die Proportion des reinen Quadrates als eine erste kompositionelle Entscheidung des Künstlers nachgewiesen werden konnte, begegnet auch im Kalchreuthaquarell mit der Wahl des Formates offenbar eine erste künstlerische Entscheidung. Mit der extremen Ausdehnung in der Horizontalen – als der Eröffnung eines besonders weiten Sehfeldes – muß zugleich die extreme „perspektivische Energie" (Panofsky) der Tiefen-

193) Dem Kalchreuthaquarell steht in der künstlerischen Entwicklung daher entsprechend die aquarellierte „Tuchlandschaft" des Papstmantels (W. 401) für das Rosenkranzfest von 1506 ganz nah.

194) 10,3 cm zu 31,6 cm (1 : 3). Vergl. Herrmann-Fiore I, S. 47.

bildung zusammengesehen werden, die hier in gesteigertem Maß auftritt. Im „Arcobild" und in der „Drahtziehmühle" zeigte sich im Vergleich zur Naturvorgabe stärker, wie Dürer jeweils durch Übersteigerung der Höhenmaße die Landschaft zum Betrachter heranzog. Die Tiefenflucht des Raumes im Kalchreuthaquarell erzeugt einen gegensätzlichen Eindruck.

Kalchreuth (Abb. 82 und Abb. 75) liegt auf einer Anhöhe (413 m ü.d.M.). Es ist ein Dorf auf dem Berge und entspricht so Dürers mehrfach beobachteter Vorliebe für einen erhöhten Standpunkt. Entsprechend blickt man vom nördlichen Ortsrand in ein sehr weit sich erstreckendes, sanft geschwungenes Tal, das auf der rechten Seite von einer höheren und dunkleren Bergkette bis in die Tiefe hineingeleitet wird, während die Talsohle auf der linken Seite von einem niedrigeren Buckel begrenzt wird. Er entläßt mit der Verlangsamung seines Gefälles Buschwerk, das weit in die Ebene greift, um schließlich nur noch in vereinzelten kleinen Kugelgebilden vorzudringen. Diese kleinen Buschgebilde begleiten die Bewegung der in zartem Relief eingemuldeten Talsohle in der Orthogonalen. Ein zweites Mal erblicken wir solche der Erde angeschmiegten Büsche und Bäume, die Raumtiefe erzeugen, unmittelbar am Fuß der das Tal auf der rechten Seite fassenden Bergkette. Es scheint derselbe Sinn für architektonische Ordnung innerhalb des Gewachsenen zu herrschen, der diese in die Tiefe führenden Busch- und Baumketten konzentriert, nach verschiedenen Richtungen ausgreifen läßt, Verbindungen ermöglicht und Vereinzelung fordert, wie wir ihn von der „Drahtziehmühle" und aus dem Arcobild kennen. Auch hier wird wieder die vom Menschen erzeugte Architektur zum kostbaren Kern des Natürlichen bestimmt. Wie kleine blitzende Edelsteine werden die leuchtend roten Dächer und die weißen Häuser der zwei hintereinanderliegenden Dörfer um die senkrecht aufragenden Formeinheiten der Kirchtürme gruppiert und von Grünem umringt. Bei den beiden Dörfchen (Abb. 76–77) handelt es sich um das weiter entfernt liegende „Hetzles" – zu Füßen des „Hetzleser Berges" – und das näher liegende „Neunkirchen a. Brand", bei der die Dörfer verbindenden Baumreihe aber um die Uferbäume und -büsche des „Schlierbachs". Auf die konzentrierenden architektonischen Einheiten der Kirchtürme, ihre Verbindung und nachmeßbare Lage in Bildfläche und Bildraum muß genau geachtet werden. Sie gaben bisher stets die verläßlichsten Meßpunkte, um jeweils Standpunkt und Augenhöhe des Betrachters, sei es des Malers oder des Fotografen, zu ermitteln. Um den vorderen, etwas plumper geformten Kirch-

turm von „Neunkirchen a. Brand“ und den weiter entfernten, spitz behelmten Kirchturm von „Hetzles“ so genau wie möglich in der von Dürer festgehaltenen Anordnung zu erblicken, muß man von dem äußersten nordwestlichen Ortsrand von Kalchreuth nach Norden – mit leichter Brechung der Hauptrichtung nach Osten – schauen (Abb. 75–76). Zugleich rückt damit eine sehr breit auseinandergezogene Bergkette in den Blick (Abb. 74). Sie entspricht der Bergkette in Dürers Aquarell. Dies beweist Abbildung 78, mit der zugleich eine genaue Identifizierung der topographischen Situation vorgelegt wird. Die schematische Darstellung enthält in vergleichender Zusammenschau die Durchzeichnung des rechten Teils von Dürers Aquarell (Abb. 72) und die möglichst genaue Durchzeichnung der entsprechenden, fotografisch erfaßten Naturvorgabe, die der Folge der aneinandergereihten Teleobjektivaufnahmen (Abb. 74) entnommen ist. Mit Hilfe einer im Maßstab unveränderten Durchzeichnung des Aquarells (Abb. 79), die alle in der Vergrößerung vermerkten Markierungen ebenfalls enthält, ist das Lesen der zunächst verwirrend wirkenden Synopse relativ leicht.
Auffallend sind in Abbildung 79 die waagrechten Hilfslinien I, II, III und IV. Mit ihnen soll nicht behauptet werden, daß Dürer sein Kalchreuthaquarell geometrisch – „aus dem Maß“ – gewonnen habe. Sie helfen jedoch den beherrschenden Ausdruck des ruhig in der Horizontalen Ausgedehnten zu erklären. Die Linie I korreliert mit dem waagrechten oberen Kontur des „Hetzleser Bergmassivs“ in den Höhen 4 und 5, schneidet die Gipfel 6 und 7 (7 bezeichnet den Gipfel des „Lindelberges“) in der Fußzone auffallend und macht so deren Anstieg gegen den rechten Bildrand deutlich. Die Linie II ist besonders wichtig. Der zu dem Dorf „Hetzles“ zugehörige „Hetzleser Berg“ hat zwei Gipfel (3 und 4). Die genau mit der Höhe 3 des Unterberges schneidende Waagrechte II korreliert präzise mit den Scheitelpunkten der schildförmigen Berglehnen „α“ und „ß“. Zur Verdeutlichung sind in den Schnittpunkten Lote errichtet, die den Zusammenhang der drei Hangformationen verdeutlichen. Die Berglehne γ, unterhalb der Gipfelhöhe 7, gehorcht – entsprechend ihrer anderen Lagerung im Raum – offenbar einem anderen Gesetz, das den Bezug zur Horizontalen I ebenfalls aufnimmt. Die Linie III ist so eingezeichnet, daß sie sich mit dem sinkenden Kontur des „Hetzleser Berges“ genau da schneidet, wo er die Talsohle berührt. (Dieser Punkt soll für das weitere als Anfangspunkt des Berges gelten.) Linie III korreliert mit den in dieser Höhe angesiedelten Buschgruppen und mit der oberen Begrenzung der Geländestufe rechts von „Neunkirchen a.

Brand", die den Fuß der Berglehnen α und ß bildet. Die Linie IV, die ebenfalls das Lagernde der Landschaft schematisch verdeutlicht, ist durch den oberen Kontur des „Schöllenbacher Waldes" (auch „Sebalder Forst") gelegt. Da die Funktion dieser kompositionsbestimmenden Form des Aquarells offensichtlich ist, dient die Hilfslinie vor allem zur leichteren Orientierung innerhalb der Integrationszeichnung.
Entsprechend den Erfahrungen bei der Ermittlung der Steigerungsmaße im Arcobild wurde folgender Entstehungsweg für Bild 78 gewählt. Um den Höhenzuwachs des Aquarells gegenüber der Naturvorgabe ablesen zu können, mußte als erstes ein gemeinsames Grundmaß festgelegt werden. Zunächst wurde eine Durchzeichnung der miteinander verbundenen Teleobjektivfotos der Bergkette mit den Gipfelmarkierungen 3', 4', 5', 6' und 7' hergestellt. Gegenüber der neutralisierenden Darstellungsweise der Fotografie konnten dabei vermutete Hauptformen zeichnerisch betont werden. Die Obstbaumreihen, die die helleren Schilde der Berghänge verunklären, wurden dabei weggelassen, um die Anordnung der großen Formzusammenhänge besser herausheben zu können. Ausgehend von dem in „Arco" erworbenen Wissen, daß von den aus Dürers Aquarell ermittelten waagrechten Hilfslinien besonders die Horizontale III – als gemeinsame Bodenzone – geeignet sein könnte, wurde zunächst die Linie III' in der Durchzeichnung festgelegt. Die Linien III und III' sollen identisch werden und nach Lage und Ausdehnung das Grundmaß bilden, mit dessen Hilfe die künstlerischen Veränderungen Dürers abgelesen werden können. Im zweiten Schritt wurde Dürers Aquarell so über die Zeichnung der „Vorgabe" projiziert, daß die Streckenlängen von den Anfangspunkten des „Hetzleser Berges" jeweils bis zu den rechten Bildrandgrenzen gleich lang waren und die Linien III und III' zu einer einzigen Horizontalen verschmolzen. Im dritten Schritt konnten die Hauptformen des Aquarells eingezeichnet und beschriftet werden. Von den aus dem Aquarell abgeleiteten Begründungen (Abb. 79) für die Zuordnung der Waagrechten I, II, IV ausgehend, wurden die entsprechenden Horizontalen I', II' und IV' eingetragen. I, II, IV und I', II', IV' entsprechen einander.
Als Ergebnis kommt folgendes zum Vorschein. Die hellfarbenen Berghänge α, ß, γ des Aquarells, die von den von oben herabgreifenden Waldzungen dunkel begrenzt werden, liegen ziemlich genau über ihren Entsprechungen α', ß' und γ '. Nach Augenmaß, aber erstaunlich gesetzmäßig, hat Dürer alle Formationen der Berge, aber auch der Ebene, offenbar „vergleichlich" gesteigert und sie zugleich alle in der Breitenaus-

dehnung „vergleichlich“ verkürzt. Der meßbare Abstand zwischen den Horizontalen I und IV einerseits und I' und IV' andererseits gibt das Ausmaß der Höhensteigerung im gesamten an. Die Maße verhalten sich wie 5 : 1 (18 cm zu 3,5 cm in der Originalzeichnung). Die zu vergleichende Proportion am Burgberg von Arco hieß: 3 : 2. Dies bestätigt erneut, daß es sich bei Dürer nicht um das Prinzip der „gotischen“ Steigerung handeln kann, sonst wäre „Kalchreuth“ als eines der spätesten Landschaftsaquarelle in Dürers Schaffen das „gotischste“ Beispiel von allen.

Da die Bilder der „Naturvorgabe“ und des Aquarells sich in der flächigen Darstellung unvermeidlich so durchdringen, daß die Aufschlüsselung erschwert ist, kann der Vergleich der einander entsprechenden Neigungswinkel die Identifizierung erleichtern. Im schrittweisen Vergleichen wird dabei deutlich, daß trotz der großen zeitlichen Distanz alle Hauptformen des Dürerbildes in der heutigen Landschaft nachgewiesen werden können. Bei manchen Winkelangaben erscheinen zwei unterschiedliche Zahlen nebeneinander. Die vordere ist jeweils identisch mit den Werten, die aus Dürers Bild entnommen werden konnten (vergl. Abb. 79). Die zweite Zahl gibt den Neigungswinkel an, der in die Durchzeichnung (Abb. 78) eingetragen wurde. Die Differenz ergibt sich aus der etwas ungenauen Übertragung der Neigungswinkel.

Folgende Entsprechungen machen das von Dürer erzeugte Maß der Steigerung erkennbar:

Dürer		*Fotografie*		*Steigerungswert*
AB (25°)	:	A'B' (15°)	–	1,66
CD (24°)	:	C'D' (9°)	–	2,66
EF (36°)	:	E'F' (13°)	–	2,76
GH (49°)	:	G'H' (24°)	–	2,0
I J (70°)	:	I' J' (20°)	–	3,5

Hinzu kommen noch die Steigerungsmaße für die Hintergrundsberge:

(1) 36°	:	14°	–	2,5
(2) 38°	:	16°	–	2,3

Die Steigerung der Neigungswinkel ist durchgängig sehr stark. Im Durchschnitt beträgt sie das Zweieinhalbfache gegenüber der Naturvorgabe. Für dieses Ausmaß fehlt jedoch im Gegensatz zu „Arco“ die Naturvorgabe. Dort gibt es zwar auf der Schattenseite des Berges keine Steigerung des Anstiegwinkels. Aber auf der rechten Seite verhalten sich die Winkel wie 32 (Aquarell) : 25 (Naturvorgabe). Dies ergibt einen Steigerungswert von „nur" 1,28. Und im Gegensatz zur „Drahtziehmühle" fehlt auch ein äußerlich anreizendes „Steigemotiv", wie es die Gebäudedächer hergaben. Als Erklärung bleibt Dürers künstlerische Absicht, zugleich die gesteigerte Nähe, Höhen- und Breitenausdehnung der Landschaft mit ihrem gesteigert erlebbaren Tiefenmaß zu verbinden. Er bedarf auf der Stufe von Kalchreuth hierzu keiner buchstäblichen Vorgabe mehr.

Zur Ausdehnung der im Aquarell erfaßten Raumweite in der Horizontalen bleibt noch eine gesonderte Darstellung (Abb. 80) nachzutragen. Der bisher vorliegende Identifizierungsvorschlag von Hilpert – mit der Bezeichnung „Ebersbacher Anhöhe" für die Anhöhe auf der linken Bildseite geht von etwas zu engen Diemensionsvorstellungen aus. Der Vergleich der Teilmotive 8, 9, 10, 11, 12 (Abb. 79), denen in der Durchzeichnung (Abb. 80) die Angaben 8', 9' usw. entsprechen, beweist, daß Dürer mit seinem Ausblick bis zur „Rosenbacher Höhe" (Geißberg 367 m) (8, 8') (Abb. 75) aufgriff. Die verwandelnde Verdichtung der sich hier besonders ins Allgemeine verlierenden Naturvorgabe ist nicht nur auf die Bergseite des Bildes beschränkt.

Was von dem ersten Hauptstandort Dürers, den wir bisher innegehabt haben, nicht erkannt werden kann, ist die außerordentlich starke Raumwirkung des Aquarells, die dem Betrachter suggeriert, daß der Blick von der Wandung der Bergkette und der Kurvenbewegung der Talsohle in die Tiefe geführt wird. Um die fotografisch erfaßte Bergkette nicht nur als eine flache Wand wahrzunehmen, sondern um auch in der Schrägführung des Raumes an ihr entlangblicken zu können, müssen wir einen etwa tausend Meter östlich liegenden zweiten Standort Dürers aufsuchen. Erst von hier aus ist es möglich, seinen Weitblick, der (von „Kalchreuth" bis zur „Friesener Warte", bei Strullendorf und nahe bei Bamberg) fünfunddreißig Kilometer durchmißt,[195] im Verfolgen des nach Westen kurvig ausschwingenden Tales nachzuvollziehen (Abb. 75). Allerdings muß dabei in Kauf genommen werden, daß nun der Kirchturm von „Neunkirchen a. Brand" in seinem räumlichen Verhältnis zu dem Kirchturm von „Hetzles" völlig verändert erscheint. Er ist von seiner „richtigen" Position vorne und unten rechts ganz nach links gerückt (Abb. 81). Der Abstand der Türme in der Bildfläche ist jedoch

195) Die Identifizierungen sind zuerst von Hilpert erbracht worden.

gleich geblieben. Die Augenhöhe ist also unverändert. Auch die beiden Hintergrundsberge (Abb. 76, 77, 80), die von dem westlich gelegenen ersten Standpunkt aus gesehen nach Form und Breitenausdehnung recht gut als Vorgabe der beiden blauen Hintergrundsberge des Dürerbildes identifiziert werden können, erscheinen völlig verändert. Der auffällig geformte „Tafelberg" (2'), der von Hilpert[196] als „Retterner Kanzel" (unmittelbar bei Rettern und nord-östlich von Forchheim) erkannt worden ist, verschwindet fast vollständig hinter der Nase des Hetzleser Berges. Die in der Wirklichkeit von jedem in Kalchreuth einnehmbaren Standpunkt aus waagrecht und gleich hoch erscheinenden oberen Konturen der Hintergrundsberge bleiben jedoch erhalten. Dürer hat sie davon abweichend in der Größe stufenweise vermindert, um die perspektivische Wirkung zu verstärken. Nach demselben Prinzip hat er die obere Waagrechte (I') der gesamten Bergkette verändert, um die „Gipfel" der Bergkette mit zunehmender Distanz systematisch abzusenken.
Auch dann, wenn diese Veränderungen als ein sicherer Nachweis für einen zweiten Standort Dürers gewertet werden dürfen, wird der Aquarell und Naturvorgabe vergleichende Betrachter enttäuscht bleiben. Nicht nur, weil die den Blick führenden Buschreihen, die die Talsohle fassen, heute nicht mehr identifizierbar sind, oder weil trotz der lange ersehnten Weitsicht das Teleobjektiv im Aufschließen der Ferne nicht genug geleistet hat, sondern vor allem weil die Raumbewegungen, die Dürer vorführt, für den normalen Ausblick in die Landschaft kaum ahnbar sind. Anders als in „Arco", bei den „Steinbrüchen" oder bei der „Drahtziehmühle" begegnen wir in Kalchreuth einer so weit entfernt liegenden Landschaft, daß im Normalfall schon deshalb niemand zum Malen oder Fotografieren gedrängt würde, weil das unbewaffnete Auge und das Normalobjektiv nicht genügend Kraft besitzen, um die Formen genügend klar aufzulösen. Um den lebendigen Seheindruck, der vor der Natur im Umherschauen gewonnen wird, zu beschreiben, kann im Fall der Kalchreuthlandschaft am ehesten das Panoramabild der sechs aneinandergereihten Teleobjektivaufnahmen mit dem menschlichen Sehbild verglichen werden. Dürers Aquarell ist vom Sehbild und vom „Telebild" etwa gleich weit entfernt. Gegenüber allen bisher betrachteten Bildern Dürers liegt im „Tal bei Kalchreuth" der größte Steigerungsgrad

196) Hilpert, S. 106.

im Farbigen, in der Plastizität, in den Höhenmaßen, in den Neigungswinkeln, im Heranziehen der Formen der Ferne und in der Steigerung der Raumwirkung vor.
Um Dürers Vorstellung von der starken räumlichen Bewegung seiner Tallandschaft zu verstehen, muß versucht werden, einen höher gelegenen Standpunkt zu finden, der möglichst viel vom Grundriß der Landschaft ansichtig werden läßt. Aber weder der Blick vom Kalchreuther Kirchturm noch derjenige vom hochgelegenen nordöstlichen Fenster des neben der Kirche stehenden Hallerschlößchens,[197)] verschafft eine bessere Draufsicht. Die vorgegebene Landschaft liegt vom Betrachter bereits so weit weg, daß nur eine sehr starke Erhöhung des Standortes zu Dürers Sicht führen könnte. Das fotografisch erfaßte Vorbild (Abb. 82) für das „Dorf Kalchreuth" (Abb. 73) macht dies, trotz der seit Dürers Zeit sehr veränderten Ursprungssituation, deutlich. Die Hintergrundslandschaft, die ja bei beiden Aquarellen in etwa gleicher Draufsicht gegeben ist, schrumpft im Foto zu einem kaum erkennbaren, stark verkürzten Streifen zusammen, während der Vordergrund, mit der noch als „Vorgaberest" erkennbaren Weggabelung, der Sicht des Dorfaquarells entspricht. Nun ist einerseits erkennbar, daß eine weitere günstige Beeinflussung der Aufnahmebedingungen (noch größere Fernsicht, noch stärkeres Teleobjektiv) keine grundsätzliche Veränderung dieser Fakten bewirken könnte. Andererseits wissen wir aus allen bisherigen Beobachtungen an den verschiedensten Werken und den theoretischen Aussagen Dürers, daß er seine Formen nicht nach Belieben festgelegt, sondern stets die Natur als Meisterin anerkannt hat.
Der sich in dieser Situation anbietende Blick auf die Wanderkarte[198)] von Nürnberg–Fürth–Erlangen (Abb. 75) beweist zweifelsfrei, daß Dürer nicht nach seinem Gutdünken den Tiefenzug der Landschaft entwickelt hat, sondern in genauer Übereinstimmung mit der Naturvorgabe die Versammlung der verschiedenen Anblicke der Landschaft „erfunden" hat. Der untere dunklere Streifen am Bildrand des Aquarells (Abb. 75 und Abb. 78–79) ist der „Schöllenbacher Wald", der genau in Ost-West-Richtung ausgerichtet ist und die dahinter liegende „Schwabach" verdeckt. Aus der Grundrißdarstellung der Karte erkennt man, daß das Bild

197) Mitius (I, S. 10) hat hier den Standort Dürers für das „Dorf Kalchreuth" ermittelt.
198) Es wurde die handelsübliche Kompaß-Wanderkarte (Verlagsnummer 170, Maßstab 1 : 50 000) benutzt.

Dürers im Raumaufbau nicht allein von der unteren Bildgrenze her seinen Anfang nimmt. Von Osten nach Westen sinkt das Terrain nördlich des „Schöllenbacher Waldes" allmählich ab. Im Aquarell zeigt sich dieses Herabsinken an den hellgrundigen Bodenformationen unterhalb der fast geometrisch zugeschnittenen Formen des Berghanges am rechten Bildrand. Bei diesen geradlinig begrenzten Formen handelt es sich um die Südhänge des „Lindelberges" (500 m), der in den Abbildungen 78–79 mit dem Buchstaben γ bzw. γ' gekennzeichnet ist. Noch bevor die Höhe von „Neunkirchen a. Brand" erreicht ist, wird die zunächst eingeschlagene Ost-West-Ausrichtung verlassen, und die Talsohle schwingt in großem Bogen nach Nord-Westen ein. Im Aquarell ist die fast symmetrisch gebaute, stark gewölbte Hangform (ß) mit den auffallend roten Strichlagen der Umschlagspunkt, zu dem noch die farbig dazugehörende Fußzone in unmittelbarer Nachbarschaft von „Neunkrichen" hinzugerechnet werden muß. Diesem Umschlagsmotiv (ß) entspricht auf der Karte die westliche Verlängerung des „Lindelberges", wo der „Harbacher Wald" bei der Höhe 457 heute von der Straße, die von „Rödlas" und „Ermreuth" nach „Neunkirchen" führt, in südwestlicher Richtung durchschnitten wird. Die Höhenlinien der Karte zeichnen – Dürers Gestaltbildung bestätigend – an dieser Stelle, um die Höhe 457 herum, die regelmäßige Form eines Halbkreises. Die neu gewonnene Hauptrichtung des Tals wird beibehalten, bis die Ortschaft „Hetzles" erreicht ist. Der hinter „Hetzles" deutlich nach Westen vorspringende „Hetzleser Berg" zwingt dann, wie aus dem Aquarell, aber auch wieder deutlich aus den Angaben der Landkarte zu ersehen ist, zu erneutem Verlassen der Richtung. Entsprechend fassen auch auf der linken Bildseite die Ausläufer der Höhenzüge bei Rosenbach herab und bestimmen den Verlauf der Talsohle wie antwortend mit. Mit mächtigem Schwung geht es in Dürers Bild entschieden nach West-Nord-West, wobei für die Bildung der Kurve die gebogene Grundlinie des „Hetzleser Berges" fortgeführt wird. Die Karte bestätigt diese Veränderung. Aus Kurve und Gegenkurve ist die Gestalt der Talsohle gebildet. Die nord-östlich liegende „Ehrenbürg", die, wie Mitius[199] nachgewiesen hat, das Motiv für die Landschaft der „Eisernen Kanone" (1518) hergegeben hat, bleibt unsichtbar hinter dem „Hetzleser Berg". Der Blick trifft erst in sehr weiter Ferne auf den charakteristischen Tafelberg der „Retterner Kanzel" (507

199) Vergl. Mitius II, S. 142 ff.

m) und die noch weiter entfernte „Friesener Warte“ (562 m) in der Nähe Bambergs.
Die vergleichende Zusammenschau von Aquarell und Landkarte verdeutlicht, daß der auf der künstlerischen Entwicklungsstufe von „Kalchreuth“ hervorragende Meister der Perspektive nicht dem Baumeister und Bildarchitekten von „Arco“ und der „Drahtziehmühle“, der stets Grundriß und Aufriß eines komplexen organischen Gefüges miteinander zu verbinden wußte, fremd geworden ist. Wir begegnen lediglich einem neuen Dichtegrad der Landschaftsmalerei Dürers. Dies zeigt sich auch in der Malmethode. Gegenüber der „Drahtziehmühle“ hat sich vor allem die Erzeugung der Plastizität der Büsche und Bäume gewandelt. Die harten Weißhöhungen sind verschwunden. Auf der linken Bildseite, wo die Büsche noch in den Grundformen belassen sind, kann das Vorgehen abgelesen werden: Mit dem Setzen des ersten Farbflecks wird die kugelige Kuppe und das geradere, die Erdoberfläche berührende Unterteil der Büsche geformt. Schon in diesem ungegliederten Zustand besitzen sie starke Plastizität, weil durch entsprechenden Pinseldruck die Mitte der Büsche gegenüber den dunkleren Rändern hell gehalten wird. Im nächsten Arbeitsgang werden mit dunklerem Grün feine kreisende Linien, die Volumen und Wachstum der Pflanzen ausdrücken, eingezeichnet. Sie sind aber nicht hart aufgesetzt, sondern verschmelzen mit der Grundform an manchen Stellen. Auch die Bindung an die Erde, die schon in der „Drahtziehmühle“ bewundert werden konnte, ist jetzt selbstverständlicher. Der Grad der Freiheit geht hierin noch über „Arco“ hinaus. Wo bei der „Drahtziehmühle“ die Buschketten und die damit verwachsenen Zäune durchgängigen, nahezu übertrieben engen Zusammenhang mit der Erde zeigten, gibt Dürer jetzt fast jedem Baum oder Busch durch einen oder mehrere zarte Striche seinen festen Standplatz und zugleich seinen Schatten.
Für die Behauptung der prinzipiellen Identität der Malmethode ist aber folgendes entscheidend. Bevor die plastischen Gebilde im Malprozeß erzeugt wurden, bereitete Dürer für die folgenden Malschichten ein Fundament. Zunächst wurde mit breitem Pinsel die Oberfläche der Erde, die alles pflanzliche Wachstum, die Auswölbungen an Bergen und Buckeln und auch die Einsenkungen und die menschlichen Behausungen trägt und aus sich entläßt, in einem hellen Ockerton bedeckt. In der Ebene finden wir ihn an manchen Stellen ins Gelbliche, an manchen Stellen zum Rötlichen hin verändert. Darüber sind wenige Lasurschichten gedeckt: In der Nähe der Dörfer findet sich ein Siena-Orange-Ton, sonst ein zar-

ter rötlich-bläulicher Ton. In den Formationen der Berglehne taucht der ockrige Grundton nur an kleineren Stellen als unveränderter Untergrund auf. So zum Beispiel ganz rechts oben am Horizont in einem winzigen Fleckchen Feld zwischen den beiden perückenartigen Buschbekränzungen der beiden vorderen Bergkuppen (6, 7). Sonst wird dieser allem „Irdischen" unterlegte Grund in den Wandungen der Berge in vielfältig lasierenden oder deckenden Wachstumsschichten übermalt. Nur der Himmel ist wieder von diesem der Erde zugehörigen Ton frei.

Das Betonen der Tastbarkeit und Stofflichkeit der Oberflächen war von Anbeginn an ein vordringliches Anliegen der Malerei Dürers, wie das Aquarell der „Drahtziehmühle" zeigte. Im Arcobild konnte beobachtet werden, wie das Einsenken oder Hochwölben des Reliefs der Landschaft und ihrer Einzeldinge gesteigert anschaulich gemacht wurde. Im „Tal von Kalchreuth" kam es nun darauf an, das Faktum spürbaren Tieferstehens von Baum- oder Buschgruppen innerhalb von Getreidefeldern so darzustellen, daß damit zugleich die extreme Weite der Landschaft zum Ausdruck kommt. Bei beträchtlichem Abstand schon des Vordergrundes vom Betrachter verlangen Getreidefelder und darauf bezogene Baumgruppen ganz andere Mittel der Darstellung, als wenn sie von nahem gesehen würden. Nicht die Wiedergabe des einzelnen und klar begrenzten Feldes und seines Reliefs, sondern das Zusammenhängende verschiedener Ockerlasuren, nicht das deutliche Abdunkeln des ockrigen Grundtones in der Umgebung der Bäume oder Büsche, sondern der Hauch zartester schattenspendender Standlinien sind die vielseitig angewandten sublimen Mittel der Darstellung. Im Bereich der Ebene und des „Schlierbachs" schmiegen sich die zarten Linien, die den Zusammenhang des Wachsenden mit der Erde verdeutlichen, in den Boden ein. In der Zone der Berglehne liegen sie eher – oberflächenbetonend – auf dem Boden auf. Statt deutlicherer Eintiefungen und Abdunklungen sieht man hier einen in zarten Lasuren auf dem gelblichen oder rötlichen Grund duftig aufgetragenen Schimmer metallischen Grüns, wie er sich so vor allem beim Erwachen der Natur zu Anfang des Jahres oder aber nach dem Abernten der Felder im Spätsommer frisch zeigt. Auch unterhalb und neben der in Englischrot und Violett über Ockergrund modellierten unteren Bergstufe, in der Nachbarschaft des vorderen Dörfchens „Neunkirchen a. Brand", erst recht aber in den geometrischen Feldformen des am rechten Bildrand sichtbaren Hanges, findet sich dieses weißliche Metallgrün, das ähnlich bereits in der „Drahtziehmühle" verwendet wurde. Wie es aussieht, wenn Dürer in der Erdoberfläche eingetieft Sitzendes – der Größe des Gegenstandes entsprechend – deutlicher zeigt, sieht man in der Umgebung des hinteren Dörfchens „Hetzles", wo modellierende Abtönungen der Farbe, die allmählichen Eintiefungen von Muldungen deutlich machen. Es sind nicht nur die winzigen grünen Adern, die sich am Hang hinaufziehen, die in ihrer unmittelbaren Umgebung solche eintiefenden Abtönungen erkennen lassen. Weit von oben greift eine üppig wuchernde Busch- und Gestrüppzunge in die Richtung des Dörfchens hinab und verbindet sich mit dem „Hetzles" umgebenden Baum- und Buschwerk. Es handelt sich um den hier vom Berg herabkommenden „Schlierbach". Reicheres Wachstum hat sich in die wasserführende Eindellung der Berglehne eingenistet und damit Gelegenheit geboten, die Neigung des Berghangs fühlbar zu machen.

Die Genauigkeit in der Unterscheidung der über die Erdoberfläche hinausragenden Gebilde, von den auf der Erde direkt aufliegenden und den in die Erde eingetieften Dingen, ermöglicht hier eine Dichte des Zusammenhangs der Einzelheiten, die noch über die Stufe der „Drahtziehmühle" und auch diejenige von „Arco" hinausreicht. Denn mit der Gliederung der sich in die Tiefe erstreckenden Berghänge durch vielfältig geformte, in den Eindellungen der Hänge herabgreifende Wald- und Gebüschzungen von bekrönenden „Hauptlocken" oben, über kräftige „Zungen" in der Mitte, bis zu feingliedrigen „Fingern" in den unteren Teilen, gewinnt Dürer gleichzeitig die gebuckelten, gewölbten Schilde der einzelnen, von größerem Bewuchs freien Berghänge. Anthropomorphe Formen bedürfen jetzt nicht mehr der buchstäblichen Übereinstimmung.

Im Vergleich zur „Drahtziehmühle", aber auch gegenüber „Arco" fällt auf, daß jetzt eine Steigerung des melodischen Zusammenhangs feinster Stufungen zu einem innig verbundenen Kontinuum der Raumabfolge an die Stelle einer sprunghafteren Raumorganisation getreten ist. Es gibt keine noch so unmerkliche Streifengliederung, deren Überwindung durch Nähe und Ferne zusammenbindende Bildgegenstände, durch Tiefe erschließende Wege, Brücken und sich schlängelnde Hecken und Zäune Bewunderung fordert. Es gibt nur einen einzigen Streifen im Bild. Er ist so kühn an den unteren Bildrand gesetzt, daß die Ordnung der gesamten Bildfläche auf dieser tragenden Basis aufruhen kann. Die Fläche des Querformates ausspannend, erfüllen darüber und dahinter die einfacher geformte Talsohle und die reich differenzierte Bergkette die Weite der Landschaft von mäßiger Entfernung des Vordergrundes bis in die sehr weit hinten liegende Ferne. Wie sehr die Organisation der Abfolge des Raumes gegenüber der „Drahtziehmühle" gesteigert ist, mag der Vergleich der einzelnen Raumstufen in den Hintergründen der beiden Bilder verdeutlichen: Am oberen Bildrand der grünen Wiesen der „Drahtziehmühle" (Abb. 67) bemerkt man rechts eine dunkelblaue Baumreihe. Das ist die erste Stufe der blauen Ferne. Ihr folgt weiter hinten ein breitgestreckter Bergrücken in mittlerem Blau. Er wird noch einmal von einem lichteren, milchig-weißen Blau in der Tiefenwirkung übertroffen. Kaum anderes scheint im „Tal von Kalchreuth" vorzuliegen. Es gibt sogar nur zwei deutlich unterscheidbare Blaustufen, einen dunkleren Berg weiter vorn, einen helleren Berg weiter hinten. Statt der hellsten atmosphärischen dritten Blaustufe des frühen Blattes hat der Maler ein zartes Rosa zur Bestimmung der äußersten Ferne benutzt. Das ist allerdings ein Unterschied. Aber entscheidend ist, daß im frühen Aquarell trotz der Blauabstufung ein deutlicher Sprung notwendig ist, um den Abstand zwischen blauer Ferne und grünem Wiesenbereich zu überwinden; und dies erscheint notwendig, obwohl die dunkelblaue Baumreihe, genaugenommen, sogar noch zum Wiesenbereich gerechnet werden muß.

Diejenige Stelle, an der ein solcher Stufensprung im Kalchreuth-Bild zu sehen wäre, wenn Dürer noch Natur anschauen würde wie bei der „Drahtziehmühle", ist der in halber Höhe durch ein zartrotes Feld geteilte „Hetzleser" Doppelberg, der den Übergang vom Rötlich-Ockrigen der vorderen Berglehnen zur blauen Ferne bildet. Er ist uns bereits vertraut als „Wendemarke" in der Kurvenbewegung des Raumes. Hier wäre der Ort, wo Dürer auf früherer Stufe ein „Berg-Gesicht" an Stelle der uns bereits bekannten „Haus-Gesichter" (Drahtziehmühle) oder der „Fels-Gesichter" (Arco) eingefügt hätte. Das kleine Feld, an dessen Form allein schon beobachtet werden kann, was Dürer im Räumlichen vermag, ist der exakte Meßpunkt für die Scheitelhöhen der beiden nächstvorderen rötlichen, gewölbten Berglehnen (Abb. 79). Erst in der dritten vorderen Berglehne (γ), ganz rechts im Bild, gibt es einen Anstieg der geometrisch geformten Oberfläche der Erde und eine Veränderung in der Richtung der gesamten Bergkette. Um den durch seine leuchtenden rotfarben aufgesetzten Pinselstriche am deutlichsten hervorgehobenen, fast achsial-symmetrisch geformten Hang als schon bezeichneten zweiten Wendepunkt (ß) wird die Bergkette in einer Gegenkurve zum hinteren Ende des Tals herumgezogen.

Nicht weniger eindrucksvoll als der Reichtum der Landschaft im Aufbau der vorderen Bergwände ist die Erfindung des diesen Bewegungsumschlag bewirkenden Doppelbergs von „Hetzles". An seiner vollen Höhe gemessen, gehört er zu der vorderen Phalanx der Berge. Sein grün bewachsener oberer Teil entläßt, wie die gleichrangigen Nachbarn, Gebüsch- und Baumzungen nach unten. Jedoch besitzt er keine Bekrönung wie sie. Dieser grüne „Schopf" ist der unteren Stufe zugemessen worden. Dieser untere Teil des Doppelbergs überragt in der Fläche gesehen den räumlich dahinterliegenden dunkelblauen Berg genau um das Maß, um das die folgenden Berge voneinander unterschieden sind. So liegt hier eine stetige Minderung der Berghöhen mit zunehmender Entfernung vom Betrachter vor, die, verstärkt durch das Einhalten einer allen Bergen gemeinsamen Bodenlinie, eine kontinuierliche Abfolge der Raumstufen erlebbar macht. Außer diesen Mitteln benützt Dürer noch feinere Möglichkeiten der Raumorganisation, die diesen Berg zu einem Glanzpunkt im Bild machen. Die Bekrönung des Unterberges sitzt nicht obenauf wie die übrigen Berghauben. Dadurch umfaßt die Kontur, ähnlich der dunkelblauen Kontur der dahinterliegenden „Retterner Kanzel", ohne größere Brechung die gesamte Bergform von der Bodenlinie bis über den Gipfel und das rötliche Feld in einem Schwung. Aus dieser kräftigen Kontur entwickeln sich kleine Büsche, die sich mit ihren zarten Flimmerhaaren gut gegen die dahinterliegende feine Helligkeit abheben. Von den kleinen Büschen aus sind prägnante, die gewölbte Oberfläche des Berges betonende Linien nach vorne gezogen. Sie sind in der Richtung alle der die Tiefenerstreckung des Berges fühlbar machenden Bekrönung untergordnet und modellieren wie diese die Grundform des Berges durch kontinuierliche Abtönung vom Dunklen zum Hellen. Von der entfernteren, dunkelblau-grünlichen Seite des Berges gehen die Abtönungen über rötlich-bläuliche Töne bis zu ockrigen Deckweißtönen, um danach durch den Übergang zum satten Grünblau der herabgreifenden Waldzunge die Wölbung zu beschließen und zugleich den Übergang zum nächsten gewölbten Hang mitzugeben.
Sowohl durch seinen Aufbau als auch durch seine Farbigkeit gehört der Doppelberg der Ferne und der Nähe an. Beide Bereiche werden durch ihn verbunden. Es gibt keine Sprünge wie früher, obwohl bei genauem Zusehen bemerkt wird, daß hinter diesem Doppelberg sogar, von rechts herkommend, ein Seitental in das Tal bei Kalchreuth einmündet, wie auch die Landkarte bestätigt. Hinter dem „Hetzleser Berg" erstreckt sich in Ost-West-Richtung das Tal der Wiesent mit der Kuppe der „Ehren-

bürg". Mit der luftperspektivischen Veränderung im Farbigen und der verminderten Klarheit der Konturform drückt Dürer eine Distanz von etwa elf Kilometer aus. Dies ist vor allem möglich, weil die Berge anders erlebt sind als im früheren Blatt der „Drahtziehmühle" und auch anders als in „Arco". Während sie dort noch relativ unplastisch auf der Erde aufstanden, liegen sie jetzt breit auflagernd und sich im Raum ausdehnend auf der Erde auf, die sie aus sich hervorgebracht hat. Panofskys[200] Urteil über die Landschaft von „Welsch Pirg" gilt mit vielleicht noch größterem Recht auch für Dürers „Tal bei Kalchreuth": „Das Aquarell hat keinen Darstellungsgegenstand außer der atmenden Bewegung der Erde selbst ...". *Sie ist ganz atmende Bewegung der Erde.*

200) Panofsky II, S. 50.

DIE ENTDECKUNG DES HERKUNFTSMOTIVS DER STEINBRUCHAQUARELLE DÜRERS IN DER FELSENLANDSCHAFT VON ARCO UND DER ZUSAMMENHANG DER STEINBRUCHSTUDIEN MIT DEM ARCOAQUARELL UND DEM KUPFERSTICH DES „HEILIGEN HIERONYMUS"

Bei der Analyse der Einzelmotive des Arcobildes wurde im Aufsuchen der Naturvorgabe für das „Adenauerfelsgesicht" bereits ein aufregender Fund (Abb. 86) berührt. Aufregend, weil lange Zeit zweifelhaft blieb, ob das bereits am Anfang der Arcountersuchungen intuitiv erkannte Vorbild der Felsbilder Dürers mit ausreichender Exaktheit identifizierbar sein würde, weil auch klar war, daß ein durch Verwitterung und Regenwasserbahnen farbig verändertes Oberflächenbild eines vielfach reliefierten Motivs mit Hilfe von Fotografien allein kaum überzeugend identifizierbar sein würde, weil im Fortschreiten der Beobachtungen immer deutlicher wurde, welche Bedeutung das Arcoaquarell für Dürers künstlerische Entwicklung und für seine Auffassung von der Natur besitzt; und schließlich, weil das komplexe Beziehungsgefüge der Steinbruchstudien Dürers und eine Reihe damit verbundener, datierter druckgraphischer Werke der Zeit um 1495/96 so zweifelsfrei gesichert ist, daß die Identifizierung des Urbildes der Steinbruchstudien für die Frage der Datierung des Arcobildes von Bedeutung sein würde. Aus diesen Gründen muß die Identifizierung des Urbildes der Steinbruchstudien Dürers, das bisher bekanntlich im „Schmausenbuck" bei Nürnberg vermutet wurde,[201] am Ende der Bildbetrachtungen stehen.

Eine mächtige hochaufgerichtete Schildform, sehr farbkräftig in Violetttönen, die zum Bräunlichen tendieren, beherrscht die linke Bildseite des in London aufbewahrten Steinbruchaquarells (W. 110) (Abb. 83). Links ist diese Schildform zu zartem Rosé aufgehellt und bildet einen schmalen Rand, der wie harter Feuerstein scharfklippig und unregelmäßig abgesprengt ist. Rechts ist die leicht eingemuldete Hauptform dagegen zu einer nahezu senkrecht verlaufenden Kante „zugehauen". Die dunkle-

201) Vergl. Winkler IV, Bd. 1, S. 80.

re Farbe der tieferliegenden Reliefschichten wird auch hier zum Roséton aufgehellt, so daß die Felskante nach vorn drängt. Nach unten wird die Felsformation unterhalb einer querteilenden, blauvioletten Zäsur in eine scharfgeschnittene Dreiecksform fortgeführt. Diese pflugscharartige Form hängt deutlich über, wie an den mehrfachen Rücksprüngen zu sehen ist. Oben wird ein anderer Abschluß gesucht. Schichtenweise gelagertes Gestein, das im Höhersteigen immer deutlichere Spuren des Zerwitterten und Zerbröselten trägt, bildet ein abrundendes Kopfstück mit abgestorbenen Baumstrünken.

Entscheidend ist, wie dieses Teilmotiv des „steinpruchs", das in Abb. 95 b (A – A_6) verdeutlichend herausgezeichnet wurde, kompositionell verwendet wird. Unmittelbar neben dem ersten Hauptmotiv, das mit einem riesenhaften steinzeitlichen Faustkeil verglichen werden könnte, veranschaulichen scharfklippige Felsformen mit ihrem unruhigen Geschiebe das durch Naturkräfte[202] Zerbrochene und Zerbrechende der Felswand. Dieses Felsengeklüft wird auf der rechten Seite begrenzt von der senkrechten Gesteinsform eines Felspfeilers. Die nach vorn gedrehte Kante (Abb. 95b, A_6) des Faustkeilmotivs findet darin ihren gleichhohen und gleichfarbigen – ebenfalls mit der Kante nach vorn gedrehten – Gegenspieler. Zwischen diese beiden architektonisch strengen Formelemente ist das zerklüftete Zwischenstück eingespannt. Architektonisch gegliederten Wandzusammenhang spannungsvoll zu bilden und die in die Höhe ragenden Teile durch quergelagerte Formmotive zusammenzufassen, ist uns sehr vergleichbar aus dem Arcoaquarell geläufig.

Der bisher beschriebene Formzusammenschluß könnte bereits ein eigenes bildmäßiges Motiv darstellen. Im Bremer Steinbruchaquarell (W. 108) (Abb. 84) gibt Dürer tatsächlich quantitativ kaum mehr. Bei unserem Beispiel umfaßt die Komposition jedoch mehr Teile. Der begrenzende Architekturpfeiler bildet nicht nur den Endpunkt einer Dreierfolge, sondern er ist auch Umschlagspunkt und Gelenkstelle in der

202) Herrmann-Fiore (I, S. 31) hat dargelegt, daß Dürers Steinbruchdarstellungen Formen zeigen, die weniger von Menschenhand als vielmehr geologisch bewirkt sind. Dies gilt vor allem für die Darstellungen W. 107, W. 108, W. 110, W. 111.
W. 108 und W. 109, die mit diesen Darstellungen motivisch zusammenhängen, wirken dagegen eher wie „deutsche Steinbrüche". Es handelt sich hier um freie Weiterentwicklungen der Arcostudien, die möglicherweise durch Schmausenbuckerfahrungen überformt sind.

„Mitte" des Gesamtmotivs. Von seinem Fußpunkt aus, zu dem von unten her die leer gelassene Negativform des unbezeichneten Papiers hinzeigt, greift eine waagrecht gelagerte, blau-violette Felsader nach rechts aus, bis sie auf eine dritte auffallend geformte Architekturform aus Fels trifft. Und von seinem Scheitelpunkt greift analog dazu ein hellblaues Gesteinsband aus, führt in kurvigem Schwung die stark verwitterte, oberste Schicht des „steinpruchs" mit sich und erzeugt dabei das stumpf abgerundete Ende der dritten Architekturform. Diesmal ist es der abgerundete Leib eines mächtigen Pfeilers, der den gesamten rechten Teil des Londoner Steinbruchaquarells „mittet". Im Aufsteigen seiner wuchtigen, aber leicht aus der Achse geneigten Gestalt scheint er die vom Fußpunkt des Mittelpfeilers aufsteigende Schrägrampe – mitsamt ihrem kärglichen Pflanzenbewuchs – mit sich zu ziehen; so wie auch die zu seiner Richtungsachse querliegenden oberen Schichten seinem nach oben wirkenden Druck nachzugeben scheinen. Die Möglichkeit, solche Richtungsenergien empfinden zu können, beruht vor allem auch auf dem unten offen gelassenen Abschluß der Bildkomposition. Es erhebt sich die Frage, wie die Vorgabe an dieser Stelle ausgesehen haben soll. Gerade auf diesen unteren Abschluß der Formen wird auch im folgenden zu achten sein. Zunächst darf jedoch festgehalten werden, daß die auffallend regelmäßig geformten Architekturelemente der Felsen nicht künstlich oder konstruiert wirken, sondern sich über verbindende Zwischenglieder mit Organischem zwanglos vereinen.[203)]
Die oben beschriebene geologische Struktur des Londoner Steinbruchaquarells, bei der Dürer einen Kräftezusammenhang bloßlegt, war Anlaß für eine weitere Steinbruchdarstellung (W. 107) (Abb. 85), die in der Mailänder Ambrosiana aufbewahrt wird. Zu der mehr den Zusammenhang in der Fläche betonenden Londoner Studie bildet das Mailänder Steinbruchbild eine nochmalige Steigerung, bei der die Teilmotive stärkere Ausprägung zugemessen bekommen. Der vorher von unten aufsteigende Rundpfeiler ist jetzt gegliedert, aber auch weicher. Er bildet ein breiter gelagertes Gehäuse für eine Höhle, die, im Vergleich zum Londoner Blatt, von schärfer geschnittenen und raumaktiver geschich-

203) Herrmann-Fiore (I, S. 31 ff.) hat, ausgehend von der besonderen Nähe der Steinbruchstudien Dürers zur Natur, die seit Winkler (1929) angenommene Beeinflussung durch die venezianische Malerei zurückgewiesen. – Es bleiben Zusammenhänge mit Leonardos Steinbruchstudien.

teten Gesteinsplatten überdacht wird.[204] Die Steinplatten bilden zugleich die Auflagefläche für eine von Dürer hinzu erfundene, weich abgerundete Haube aus Erde und Pflanzenbewuchs. Nicht mehr die alles übrige bewirkende und beeinflussende Stoßkraft der Hauptform erzeugt den bestimmenden Ausdruck, sondern die Formation der quer gelagerten Steinplatten ist zum auffallendsten Charakter geworden. Die Einbindung aller Teilmotive in eine in sich belebte, aber doch bildmäßig geschlossene Gesamtform ist womöglich über das Londoner Teilmotiv hinaus gesteigert. Interessant ist wieder zu beobachten, wie der Abschluß des Bildes unten bzw. der Übergang der Felsmasse in den summarisch angedeuteten Erdbereich beschaffen ist. Dürer verhält sich gegenüber der Vorgabe sehr frei. Seine Formfindung bezieht ihr Gesetz aus der eigenen, neu gesetzten Gestaltung.
Winkler (1936–39) hat erkannt, daß es sich bei dieser Studie um die Wiedergabe des rechten Teilmotivs des Londoner Steinbruchaquarells handelt. Darüber hinaus hat er Hinweise für die Datierung und den Zusammenhang des Blattes mit der dazugehörigen Werkgruppe gegeben: „Daß das geniale Werk 1495 entstand, läßt sich aus verschiedenen Anzeichen einwandfrei erschließen. Die Inschrift stimmt mit Nr. 108 [Abb. 84] überein, die im frühen Stich des Hieronymus [Abb. 89] verwendet wurde, *und die Z. stellt unzweifelhaft dieselbe Örtlichkeit dar, wie sich aus den anderen Steinbruchstudien Nr. 106, 108/11 ergibt. Sie ist in dem r. Teil des Londoner Steinbruchs Nr. 110 [Abb. 83] wiederzuerkennen.* D. hat hier wie in dem Bremer Steinbruch Nr. 108 [Abb. 84] auf dem oberen Rand Büsche und Bäume aus Eigenem hinzugefügt, wie der Vergleich mit dem Londoner Blatt ergibt. Das Aquarell ... hier kehrt ... in D.'s Stich der Buße des hl. Chrysostomus ... im Gegensinn wieder. *Der Stich gehört wie der des „Hieronymus" [Abb. 89] zu D.'s allerfrühesten und dürfte 1495 oder spätestens 1496 entstanden sein."* (Winkler IV, Nr. 107).
Wie sieht die Naturvorgabe für die Steinbruchdarstellung der Ambrosiana (Abb. 85) aus, die ihrerseits auf den rechten Teil des Londoner Aquarells zurückzuführen ist. Sie ist in dem rechten Teil der reich gegliederten Felswand wiederzuerkennen (Abb. 86), die insgesamt die Vorgabequelle für die Londoner Studie war (Abb. 83). Der erläuterten Abfolge entsprechend, gehört die Naturvorgabe mit dem großgeformten aufragenden Pfeiler und den darüber quergelagerten, stark verwit-

204) Herrmann-Fiore hat 1971 (S. 80) die Verwendung des Ambrosiana-Aquarells in Dürers Radierung „Die Entführung auf dem Einhorn" nachgewiesen.

terten Gesteinsschichten und der rechte Teil des Londoner Aquarells näher zusammen als die vergleichbaren Teile der beiden Aquarelle. Übereinstimmend sind die Verteilung der Massen, die Hauptrichtungen und die Teilmotive im einzelnen. Sogar der Charakter des Pfeilers mit seiner nur oberflächlich geäderten glatten Haut ist im Londoner Blatt beibehalten. Auch die Hell-Dunkel-Verteilungen sind aus der Vorgabe übernommen. Sie werden im Aquarell jedoch seitenverkehrt verwendet.

Was fehlt, ist die breitere Ausdehnung des Naturmotivs. Dies ist nicht besonders überraschend. Abweichend von der Natur spielt im Londoner Aquarell die bereits vertraute Höhensteigerung der Formen, bei gleichzeitiger Verkürzung der Breitenmaße, ebenso wie die bildwirksame Steigerung von Richtungen reliefbildender Plastizität und Farbigkeit eine entscheidende Rolle. Dies gilt für das mit der Natur verglichene Detail des Pfeilermotivs wie für das Gesamtmotiv. Entsprechend bestätigt der an der richtigen Stelle, aber weniger steil auftreffende Winkel der Schrägrampe die Identifizierung. Auch der mäßiger steigende Richtungsverlauf und das größere Längenmaß der in der Natur gegebenen Schrägrampe (Abb. 86) sprechen für eine richtige Identifizierung des gesamten Vorgabemotivs, das sich wie Dürers Komposition wandartig in die Breite des Formates ausspannt. Beim Anblick der fotografisch erfaßten Felsenwand werden jedoch manchem Betrachter erhebliche Zweifel kommen. Wohl sind die obere Konturbegrenzung, die Schrägrampe und auch die untere Begrenzung des Wandmotivs in der Bodenzone, entsprechend der bekannten Verkürzungsmethode Dürers, gut vorstellbar. Was jedoch vollkommen zu fehlen scheint, ist das Vorgabemotiv für den „Faustkeil" linkerhand, für den Felspfeiler in der Mitte und für das Felsgeklüft zwischen diesen Hauptformen. Mit dem Felspfeiler in der Mitte fehlt dann zugleich auch die wichtige Ansatzstelle für die Schrägrampe, die im Aquarell so überzeugend die Verspannung in der Bildfläche mitleistet. Dagegen tröstet es zunächst wenig, daß der allgemeine Charakter der Felsformen auf der linken Seite, wie auch im ganzen des Aquarells, der Naturvorgabe nahekommt. Mehr Gewicht besitzt, daß das Vorbild für die große helle Dreiecksform neben dem Mittelpfeiler des Aquarells, die auf der Schrägrampe aufruht, und auch die dazugehörige Gegenform darunter – im Aquarell ist sie jedoch dunkelfarbig – deutlich erkannt werden kann. Die Formvorgabe für die gesamte rechte Bildseite ist also erstaunlich genau vorhanden. Dies geht so weit, daß für die Kant- und Rundpfeiler verbindende, blau-violette Fels-

ader des Aquarells die Ursprungsstelle in der dichtbewachsenen, waagrecht verlaufenden Felsader, die vom unteren Ende des Rundpfeilers aus nach links greift, vermutet werden darf. Der Verlauf der oberen blauen Felsader kann dagegen nur in Kopfhöhe des Rundpfeilers genau genug ermittelt werden. Problematisch wird der Vergleich zwischen Naturvorgabe und Londoner Steinbruchaquarell im gesamten linksseitigen Bildbereich. Gerade dies ist aber der Ort des Hauptmotivs. Hier ist es wieder ein schwacher Trost, daß sich unmittelbar neben dem bisherigen „Fehlpunkt" die Naturvorgabe für das „Adenauerfelsgesicht" befindet. Wenn aber die Behauptung, daß Dürer sich innerhalb der Steinbruchbilder mit besonderer Intensität der Natur zugewandt habe, nicht nur für Details, sondern für die gesamte Komposition aufrechterhalten werden soll, dann muß gerade auch für die linke Bildseite der Nachweis präziserer Übereinstimmung zwischen Natur und Kunstwerk erbracht werden. Der bisherige Bildvergleich macht deutlich, daß diese Präzisierung im direkten Zugriff nicht zu erreichen ist, sondern den Blick auf andere Steinbruchdarstellungen Dürers erfordert.[205)]
Im Zusammenhang mit der in Bayonne aufbewahrten Zeichnung „Ausgang aus einem Steinbruch" (W. 106) hat Winkler (1936–39) alle Steinbruchaquarelle (Nr. 107–111) (Abb. 85, 84, 87, 83, 88) auf ein- und dieselbe Ursprungsstelle (allerdings im „Schmausenbuck bei Nürnberg) bezogen. Im Gegensatz zum Londoner Aquarell (Abb. 83) zeigt die Bayonner Zeichnung jedoch einen Steinbruch, der von Menschenhand geformt ist. Das Verspannen eines Motivs zwischen andersgearteten pfeilerartigen Randfiguren ist als Kompositionsidee aus dem Londoner Blatt bekannt. In abgeschwächter Form begegnet dies auch in der kolorierten Federzeichnung (W. 109) (Abb. 87). Winkler äußert sich dazu und legt auch sie in die gleiche Örtlichkeit und Entstehungszeit und bringt sie mit dem Stich des hl. Hieronymus (Abb. 89) in Zusammenhang.[206)] Der „Hieronymusstich" nimmt offenbar eine bedeutende Position innerhalb der Steinbruchbilder ein, denn da wird das Motiv der Felsenschlucht, das den Zusammenhang mit W. 106 belegt, wieder verwendet. Die stark verschattete Seite der Schlucht mit der Profilfratze taucht im Stich ebenfalls – jetzt entsprechend der drucktechnisch bedingten Seitenverkehrung – als rechte Schluchtwand auf. Die einigermaßen deutlich erkennbare Dreiecksform einer Felswand auf der linken Bildhälfte der lavier-

205) Koschatzky, Beschreibungen der Nr. 19–13.
206) Winkler IV, Nr. 109.

ten Zeichnung begegnet in Gestalt einer dreieckigen Felsklippe in entsprechender Höhe des Stiches wieder.
Auch der Vergleich mit dem Londoner Aquarell ergibt interessante Einblicke. Hier wie dort folgen die rechtsseitigen Bildteile, bestehend aus Felspfeiler, Schrägrampe und dreieckigem Wandstück, demselben Grundmodell. Im Londoner Blatt war der kantige Felspfeiler in der Mitte der Komposition die Umschlagsstelle, die jetzt in das Motiv der Schlucht umgedeutet worden ist. Die bekrönenden Pflanzen sind hinzuerfunden, wobei die Fels und Pflanzenwuchs vermittelnden, schwirrenden Schraffurstriche noch die ursprüngliche Hauptrichtung der Verwitterungsschichten des Londoner Aquarells ahnbar machen.
Aus diesen Faktoren kann geschlossen werden, daß es sich bei der aquarellierten Steinbruchzeichnung W. 109 – wie auch bei der Federzeichnung 106 – nicht um Naturstudien handelt, die vor dem Modell entstanden sind, sondern um thematische Variationen auf der Grundlage des „Londoner Aquarells".
Das zweite, neben der Londoner Felsstudie wichtigste Steinbruchaquarell ist das ehemals in Bremen aufbewahrte Blatt (W. 108) (Abb. 84). Innerhalb aller Studien räumt Winkler[207] diesem Blatt den höchsten Rang ein, verweist wieder auf die Zusammengehörigkeit mit dem Hieronymusstich[208] und sieht auf dieser Grundlage 1495/96 als Entstehungsdatum gesichert. Anders als die übrigen Beispiele hat das Londoner Steinbruchaquarell (Abb. 83) lebhafte Kontroversen hervorgerufen. Conway, Pauli und Tietzes hielten es für eine Fälschung.[209] Im Gegenzug verteidigte Winkler das Blatt entschieden und verwies auf den topographischen Zusammenhang mit dem Bremer Steinbruchaquarell: *„Von allen hier vereinigten Steinbruchstudien (Nr. 106–111) bei weitem die treueste ..... übertrifft die Blätter der Weiherhausgruppe ... beträchtlich in der wundervollen sorgfältigen Auswertung der Arbeit mit ganz spitzem Pinsel und ist voll von zartesten Einzelheiten...* Die Z. stellt dieselbe Steinplatte wie die Bremer Steinbruchstudie Nr. 108 dar. Der Zeichner stand etwas weiter r., jedoch nicht viel. Die Schichtung des Gesteins in der Bremer Z. kehrt übereinstimmend in dem Block der 1. Hälfte der Londoner Z. wieder. Die Bremer Z. reicht etwa bis zu dem Bäumchen, das in der Senke dicht am Beginn des r. Winkels des Ganzen steht. Der anschließende Teil r. ist der des

207) Winkler IV, Nr. 108.
208) L. Klebs (S. 411 f.) hatte zuerst diesen Zusammenhang gesehen.
209) Näheres bei Winkler IV, Nr. 110.

Mailänder Aquarells (Nr. 107), den D. wiederum von einem etwas weiter r. gelegenen Standpunkt neu aufgenommen hat. Der kahle Strauch ganz l. oben im vorliegenden Blatt ... verrät mit den ihn umgebenden ins Weiße hineinragenden Stümpfen, daß hier das Motiv des „steilen Hanges" der ehemals Blasius'schen Z. (Nr. 111) [Abb. 88] zu finden ist. Deren graue [graublaue] unvollendete Flächen r. decken sich offenbar mit der großen Platte auf der Bremer Z. Nr. 108 ..." (Winkler IV, Nr. 110).
Der Lokalisierungsvorschlag Winklers für das eh. Blasius'sche Steinbruchaquarell (Abb. 88) kann heute in der Natur nicht mehr überprüft werden, da die Baumstrünke, die ja in Dürers „Ritter, Tod und Teufel" Verwendung gefunden haben, ganz verschwunden sind. Die grau-blaue Steinfarbe entspricht jedoch recht genau der Naturvorgabe. Diese Farbe beherrscht mit wenigen Ausnahmen die ganze Felsenlandschaft um Arco. Daß das Londoner Aquarell (Abb. 83) wie auch das Bremer Steinbruchaquarell sowohl untereinander als auch im Vergleich zur Naturvorgabe farbig stark unterschieden sind, muß jedoch gleichzeitig bemerkt werden. Wie bereits mehrfach beobachtet, setzt sich Dürer auch im Farbigen häufig über die buchstäbliche Vorgabe hinweg. Allerdings finden sich, wie aus entnommenen Gesteinsproben ermittelt werden konnte,[210] für Dürers Farbwahl eindeutige Vorgaben. Für die Identifizierung entscheidend ist die Analyse der Formen und ihrer Zusammenhänge.
Von allen Steinbruchdarstellungen ist das Bremer Aquarell (Abb. 84) in die nächste Nähe zu den Felsgestaltungen des Hieronymusstiches (Abb. 89) zu rücken. Daß es als Vorlage für den Stich gedient hat, beweist der Vergleich der Abbildungen 90 und 91. Abb. 90 ist die seitenverkehrte Durchzeichnung des Bremer Aquarells, Abb. 91 ist die Durchzeichnung der dem Aquarell entsprechenden Partie des Kupferstiches (Abb. 89), bei dem an einigen Stellen aus Identifizierungszwecken Schraffurlagen weggelassen wurden. Durch die Seitenverkehrung des Aquarells wird die im Druckvorgang erzeugte Vertauschung des Rechts und Links rückgängig gemacht und der Vergleich erleichtert. Bis auf bestimmte Veränderungen erkennt man ohne Mühe die in beiden Zeichnungen

210) Entsprechend der dankenswerten Mitteilung von Andreas Lüttge (Universität Tübingen), handelt es sich bei der Ockerfärbung um Limonitbildung, bei der Rotfärbung um Hämatitbeimengung (Aufoxydation) in calzithaltigem Carbonat. Gegenüber den Naturvorgaben hat Dürer die Farbwerte im Bild gesteigert. Aus geologischer Sicht ist (in Arco) die mögliche Veränderung von Farbe und Form durch Verwitterungsprozesse innerhalb von ca. 500 Jahren unerheblich.

übereinstimmend wiederkehrenden gleichen Teilmotive. Zur leichteren Lesbarkeit sind in beiden Zeichnungen gleichlautende Zahlen zur Kennzeichnung identischer Teile benutzt. Die beigeordneten Buchstaben erlauben das Auffinden entsprechender Detailformen.
In beiden Darstellungen ist das flache und hoch aufgerichtete helle Wandstück (I) mit der markanten Pflugscharform (I d) am unteren Ende die auffallendste Form der gesamten Felsenformation. Als zweites Bildmotiv erkennt man den mächtigen Diagonalzug (II) zersplittert gebrochener Formen, der unmittelbar neben der „Pflugschar" beginnt bzw. endet und den gesamten Felsstock durchmißt. Die Zahl III ist einem Motiv vorbehalten, das wie ein auf die Spitze gestellter Eckzahn aussieht. Im Aquarell ist dieses Formgebilde in ganzer Gestalt erkennbar. Im Stich ist nur die Spitze (III a, III b) identifizierbar, der jedoch der Charakter des Kantig-Harten genommen ist. In maßstäblich richtiger Proportion wurde der von Dürer unterschlagene Rest in die Durchzeichnung des Kupferstichs projiziert und mit Bleistift eingezeichnet. Dabei kam etwas Interessantes zum Vorschein: Das Weiterverfolgen der unteren Formbegrenzung des „Zahnes" führt folgerichtig – wenn auch nicht deckungsgleich – in den betont kontrastreich gearbeiteten Konturverlauf des Vordergrundes über. Die im Aquarell links unten angedeutete dunkle Felsform ist – mit dem „Zahnmotiv" zusammengesehen - nichts anderes als die Ursprungsstelle für diese in starkem Hell-Dunkelkontrast betonte hintere Begrenzungskante des Vordergrundes.
Dürer hat also im Stich verblüffend genau die Vorgaben des Aquarells übernommen, sie aber zugleich auch erkennbar verändert oder aber diese Veränderung verhüllt. Die Art und Weise, wie das im Bremer Aquarell beiläufiger in die Komposition einbezogene Motiv des „Wandstücks mit der Pflugschar" (I) im Kupferstich mit der nach unten zielenden Spitze in die asymmetrisch hochsteigende Konturen der Bodensenke des Vordergrundmotivs einbezogen ist, um daraus das architektonische Kernmotiv der gesamten rechten Bildseite zu machen, zeigt uns erneut den Erfinder des Arcobildes. Die „Eröffnungsfigur" des Arcobildes begegnet uns in verwandelter, aber prinzipiell gleicher Form im Hieronymusstich wieder.
Das senkrechte Formmotiv IV ist im unteren Teil (IVe) in den weichen Wölbungen der „Sohle" der Felsschlucht verschwunden. Die über dieser halbverdeckten, pfeilerartigen Form IV a – VI d lagernde, scharf profilierte Form IV f ist in beiden Blättern gut erkennbar.
Die Zahl V schließlich ist für das flache Wandstück auf der äußersten

linken Seite der Aquarelldurchzeichnung und für die glatt beschnittene Endform des Felsenblocks vorbehalten worden. Nach oben wird dieses begrenzende Ende des Felsenmassivs von dem feingliedrig, aber entschieden plazierten Glockenturm des Eremitenkirchleins senkrecht fortgeführt. Nach unten muß es bezogen werden auf Haupt und Gestalt des Heiligen, die, ebenfalls gemäß dieser senkrechten Achse – und vom waagrecht gelagerten Grund des Bildes angehend – die Kraft zu steilem Aufragen gewinnt. Für die mit starker perspektivischer Verjüngung auf den schmalen Durchlaß der Schlucht zielenden scharfgeschliffenen Felsenpfeiler auf der linken Bildseite – und den beigeordneten Teil VI – gibt es im Bremer Aquarell jedoch keine Entsprechung.
Mit der eben umschriebenen senkrechten Bildachse (Abb. 89) verschränkt sich die Kompositionsform der aus „Arco" bekannten „Eröffnungsfigur" mit ihren asymmetrisch zu den Bildrändern ansteigenden Wandungen, die zugleich bildflächengliedernd und raumbildend gelesen werden kann. Sie sinkt von der Höhe des beschopften „Kopfes" des Doppelpfeilers am linken Bildrand, in langer Diagonale das Bildformat teilend, tief herab bis in die Zone des Vordergrundes, um dann in kurzem Anstieg den Formbogen zu schließen. Wie in „Arco" werden über die weite Distanz des Formates hinweg die Bildgewichte aufeinander bezogen. Die entscheidende Verschränkungszone bildet dabei das Haupt des Hieronymus. Mit Kopf und Schulter erzeugt er selbst die Bilddiagonale, die die Ansatzstelle für den ganzen Felsenblock des Bremer Aquarells ist. In dem diagonal teilenden und zugleich verbindenden Formstück der „Eröffnungsfigur" erkennt man Dürers Methode wieder, Kanten als Ansatzstelle für neue Motive zu verwenden. Zugleich gibt diese Diagonale die verwandelte – hier seitenverkehrte – Form der „Schrägrampe" des Londoner Steinbruchaquarells wieder, zu der an passender Stelle der mächtige Rundpfeiler hinzugesehen werden muß, der im Kupferstich zur kantigen Architekturform umgedeutet worden ist. Es liegt hier eine Kombination des Bremer Steinbruchaquarells und des rechten Teilmotivs der Londoner Steinbruchstudie vor.
Die bisher nur angedeuteten Differenzen zwischen beiden Blättern hängen sehr stark auch von den verschiedenen technischen Mitteln ab, die von Dürer absichtsvoll gewählt und eingesetzt wurden. Um die malerisch-tonigen Werte des Bremer Aquarells in der Durchzeichnung einigermaßen erfassen zu können, wurde ein weicher Bleistift als Zeichenmittel benutzt. Den vielfachen Weißhöhungen, denen häufig schraffurartig geformte Dunkelwerte gegenüberstehen, konnte mit den Schraf-

furlagen unserer Durchzeichnung so ebenfalls nahegekommen werden. Der Einsatz dieser Schraffurlagen, die ja in gewissen Zonen Flächen „verfälschend" durch Schraffuren ersetzen, erscheint auch aus anderen Gründen gerechtfertigt.
Auf farbigen Flächen weitgehend unverbunden aufsitzende Weißhöhungen finden sich im Bremer Aqaurell, aber nicht im Londoner Blatt. Dort herrscht im Bereich der hellen Partien feinst vertreibende Malerei. Wahrscheinlich hat Dürer die besondere Malstruktur des Bremer Beispiels im Hinblick auf den Hieronymusstich verwendet, da sie der grafischen Umsetzung deutlich vorarbeitet. Sicher ist jedoch, daß der Verwandtschaftsgrad zwischen den grafischen Strukturen des Hieronymusblattes und der malerisch-grafischen Oberflächenbildung des Bremer Aquarells innerhalb unseres dreigliedrigen Vergleichsgefüges die größte Nähe besitzt. Unsere Durchzeichnung soll in der Annäherung daher auch vorstellbar machen, wie Dürer bei der Umsetzung der Oberflächenstrukturen des Gesteins vorgegangen ist. Bereits die Wahl der Technik des Kupferstiches kann im Vergleich zu dem viel weicheren Mittel der Pinselzeichnung zu erheblicher Steigerung führen. Der herausgestochene Strich des Kupferstichs erlaubt einen härteren und schärferen Ausdruck als eine entsprechende, fein gemalte Pinsellinie. Hier ist daran zu erinnern, daß bereits bei der Beschreibung des Londoner Aquarells der Begriff des „Scharfklippigen" gebraucht wurde. Verglichen mit den Möglichkeiten des Aquarells, dürfte erst jetzt von einer schneidenden Schärfe der Felsklippen gesprochen werden. Selbst die Grashalme und Pflanzenbüsche des Vordergrundes wie auch die Formen des Erdbodens, auf dem Hieronymus kniet, besitzen noch etwas von dieser metallischen Härte. Andererseits ist es Dürer innerhalb seines Kupferstichs auch möglich, die Stofflichkeit von gemasertem, faserigem Holz, das Federnd-Fiedrige der Farnblätter und Nadelbäume, das Fließende von Haaren, das weich Gerundete und doch sandig Karge der Bodenzonen des Mittelgrundes auszudrücken.
Die Technik des Kupferstichs könnte eine erhebliche Behinderung für den absichtsvoll komponierenden Künstler mit sich bringen. Der einmal in das Metall eingesenkte Stichel entwickelt leicht eine Eigendynamik. Er widersetzt sich gewissermaßen der lenkenden Hand, wenn die einmal eingeschlagene Richtung entschiedener verändert werden soll. So entstehen die Strukturen der Oberflächen besonders im Bereich formbegleitender Parallelschraffuren leicht wie von selbst. Diese Lust des Kupferstechers an der nahezu selbständigen Entstehung grafischer

Strukturen, die sich in unbewachten Augenblicken zu eigenen phantastischen Gebilden für das Auge zusammenschließen und zu immer neuen Phantasiegebilden anreizen, kannte Dürer. Besonders in der über der verschatteten Felswand überhängenden weichgeformten Zone, wo die Formschraffuren des Erdreichs sich vermischen mit Wurzelwerk, wo nach oben sprühende Grashaare und wippende Pflanzenperücken entsandt werden, finden sich solche geistreich erfundenen Gebilde. Sie zeigen sich auch in der Art, wie die den Boden der Felsschlucht bezeichnenden Schraffuren, nur durch eine Körperkontur unterbrochen, in die Schulter, den Hals oder die Stirn des Hieronymus weiterzuwachsen.[211)]

Die Londoner Felsenstudie (Abb. 83) enthält keine Felsgesichter im buchstäblichen Sinn. *Das auf der Grundlage des Londoner Aquarells entwickelte Bremer Blatt (Abb. 84) zeigt dagegen ein bisher unerkannt gebliebenes großes Felsengesicht,* das etwa in der Mitte der Komposition, ins Dreiviertelprofil gewendet, nach rechts hin ausblickt. Deutlicher als in unserer Durchzeichnung (Abb. 90), wo sie mit IV f gekennzeichnet wurde, ist die charakteristische Form der Dürer'schen[212)] Nase mit weißgehöhter Rückenlinie im Aquarell zu erkennen. Die schräg gezogene bucklig-faltige Stirn mit den „verwitterten" Augenbrauen und der dazwischen aufsteigenden Stirnfalte kragt weit vor, so daß von den Augen eher Augenhöhle als blinzelndes oder gar blickendes Auge zu sehen ist. Der Zusammenschluß von Nase, Augen, Stirn, darüber herabhängenden Haaren mit dem dunkel konturierenden Abschluß des gesamten Schädeldaches, in Gestalt eines keck verschobenen Baretts, erlaubt insgesamt die überzeugende Vorstellung eines groß beherrschenden Felsengesichtes, obwohl die Gesteinsformationen im unteren Teil des Bildes kein speziell anthropomorphe Deutung zulassen.

Obwohl dieses Felsengesicht im Grad seiner Menschenähnlichkeit erheblich hinter den beiden Felsgesichtern des Arcobildes zurückbleibt,

211) Ein Glanzbeispiel solcher Gestaltverwandlung aus dem Gebrauch des Stichels ist der Übergang der Schweineborsten in die steifen Strohhalme des Misthaufens im Kupferstich des „Verlorenen Sohnes" (von 1495/96), der auch im physiognomischen Ausdruck der Häuser und in den Kompositionsprinzipien ganz eng zum Hieronymusstich hinzugehört und wie dieser Dürers Arcoerfahrungen voraussetzt.

212) Wir beziehen uns auf das Selbstporträt Dürers als Aktfigur (W. 267), in dem die flakkernde Weißlinienhöhung des Nasenrückens eine sehr ähnliche Gestaltbildung zeigt. Für eine Frühdatierung dieses Selbstporträts kann diese morphologische Vergleichbarkeit nicht herangezogen werden.

kann kein Zweifel daran bestehen, daß dieses Gesicht von Dürer absichtsvoll in das Motiv „hineingesehen" worden ist. Dies legt bereits der Vergleichsblick auf die betreffenden Bildzonen der beiden Steinbruchaquarelle (Abb. 83–84 und Abb. 92–93) nahe. Gegenüber dem Londoner Blatt hat Dürer im Bremer Beispiel zwei große Eingriffe vorgenommen: Er hat das rechte Pfeilermotiv mit der dazugehörigen Schrägrampe weggelassen, und er hat die scharfklippigen Felsformen im Mittelteil des Hauptmotivs auf Gesichtshaftes hin verhändert. Der zweite Eingriff ist umso auffallender, als die Formen des Geklüftes, die zwischen „Faustkeilmotiv" und „Mittelpfeiler" der Londoner Komposition eingespannt sind, von außerordentlicher Klarheit der Formensprache sind. Der Weg der Steigerung vom Amorphen zur klaren Gestalt ist hier nicht in üblicher Weise beschritten worden. Die denkbare Umkehrung der Schrittfolge scheidet aber auch aus, wie der Vergleich des Londoner Felsenmotivs mit der Naturvorgabe genauer belegen wird.
Wie nachhaltig der verwandelnde Eingriff Dürers auf Gesichtshaftes hin ist, zeigen die zum Vergleich nebeneinandergestellten Abbildungen 92 und 93. Die Motive sind recht genau auf die gleiche Größe gebracht worden, damit Proportionsänderungen der Teilformen leichter beobachtet werden können. Die seitlichen Angaben der Vertikalen verdeutlichen die Abweichung der so streng wirkenden Fels-Architekturformen aus der Achse. Dürer verschiebt wie in „Arco" die Vertikalachse ein wenig. Die durchgehende Numerierung der nach Lage und Gestalt einander entsprechenden Teilformen mit den gleichen Zahlen erleichtert wieder die Übersicht.
Von unten her beginnt das Motiv der „Zahnspitze" in beiden Beispielen fast gleichlautend. In den untergliedernden Felsadern unterscheidet Dürer nach Richtung und Zahl schon deutlich. Ab der querteilenden Furche, rechts oberhalb von C 5, ändert sich das Motiv im ganzen. Im Londoner Beispiel verjüngt sich die „Zahnwurzel" und entwickelt im allmählichen Aufsteigen aus der Profilkante bei C 4 eine kräftig nach rechts überhängende Felsnase C 2. Ihr antwortet auf der linken Seite, als noch höher steigendes Gegengewicht, eine ebenfalls stark überhängende Felsform C 1 in Gestalt eines Turnierhelms mit Visier. Zu dieser doppelköpfigen Form, die auf einer gemeinsamen Wurzel sehr schlank aufwächst und in der darüberlagernden Verwitterungszone die Höhe steigernd nach oben geführt wird, gibt es im Bremer Blatt keine Entsprechung. Die vorkragende Form des Visierhelms (C 1), die hier den Zusammenhang der Wangen- und Schläfenzone des Felsgesichts durch-

brechen würde, ist verschwunden. Die überhängende Felsnase C 2 gibt es dagegen. Sie ist jedoch stark reduziert. Die übriggebliebene einzige Wurzel des „Zahns" steigt nicht sehr hoch auf. Als vergleichsweise gedrungene Gestalt verschmilzt sie auf ihrem Endpunkt mit dem ebenfalls kleiner genommenen Felskantenpfeiler D 2. Beide zusammen bilden das Auflager für die präzise darauf aufsitzende Felsnase. Die Herkunft dieser höckerichten Nase auf der Kapitellform D 1, oberhalb des Mittelpfeilers D 2 des Londoner Aquarells, ist noch gut zu erkennen. Das Motiv der Felsnase C 2 wurde im Bremer Blatt zurückgedrängt, um die unscheinbare Kapitellform D 1 des Londoner Blattes in die Form einer markanten Menschennase verwandeln zu können. Als Zentrum des Gesichts soll sie den Formzusammenschluß aus stützendem Pfeiler und Zahnmotiv beherrschen.

Schwerer sind die radikalen Formveränderungen (B 1 – B 5) des Bremer Aquarells als Verwandlungsstufen der Vorgaben des Londoner Blattes zu verstehen. An die Stelle der einen untersten Teilform B 6 des Londoner Aquarells ist jetzt eine Fülle einzelner Teilformen getreten. Sie gehören alle zu einer ursprünglich zusammgehörenden Form, die jetzt so zerbrochen ist, als ob jedes lose eingesteckte Einzelstück schubladenartig herausgezogen werden könnte. An die Stelle des Überhangs mit seinen markanten Reliefstufen ist ein flächenbezogener gleichfarbiger Zusammenhang getreten, dem auch die Formteile unterhalb des Hauptmotivs (Abb. 84) zugeschlagen worden sind. In dieser Zone ist es fast ausgeschlossen, einander entsprechende Teilformen zuzuordnen.

Dies gelingt erst in größerer Höhe wieder. Die erste klar beziehbare helle Stückform (B 2, B 3, B 4) finden wir im Londoner Blatt in Höhe der querteilenden Furche des Zahnmotivs. Im Bremer Beispiel ist das entsprechende Gebilde in Höhe der Felsnase C 2 zu finden. Die Form ist hier jedoch dunkelfarbig und im Längenmaß stark gekürzt. Die das Licht fangenden Bruchkanten B 2 und B 3 dieser insgesamt schräg im Felsbruch steckenden Steinplatte des Londoner Blattes sind – wenn auch mit einiger Mühe – im Bremer Aquarell wiederzufinden. B 2 greift als flaches helles und leicht bewegtes Band zu einem dunklen Fleck C hinauf. Dieser malerische Schraffurfleck C, unterhalb der Augenbraue und neben der Nase des Felsengesichts, ist nichts anderes als die Schattenseite C des Visierhelmes C 1 des Londoner Aquarells. Verfolgt man die an dieser Stelle gut erkennbare Licht-Schattenkante in ihrem Verlauf nach unten, so zeigt sich in beiden Blättern der gleiche Kurvenverlauf, der auch im Bremer Blatt die Details C 3 und B 3 in passender Weise identifizierbar macht. Gemessen am Ausmaß dieser Veränderungen der Londoner Vorgabeform ist man geneigt, Dürers Eingriff innerhalb des Motivs B 1, B 5 mit Gelassenheit hinzunehmen. Im Bremer Blatt ist an dieser Stelle eine stark vereinheitlichte, in Umriß und Relief veränderte Form entstanden. Nur einige der schrägziehenden Kanten aus dem Londoner Beispiel sind als Risse wiederzuerkennen.

Im ganzen gilt, daß alle Teilmotive der B-Gruppe in beiden Blättern beibehalten sind. Aber an die Stelle des relativ Steilen und stärker in der Fläche und vor allem im Relief Untergliederten des früheren Blattes ist im Bremer Aquarell die Verschmelzung der Teilformen zu einer diagonal aufsteigenden Großform getreten. In diese nach rechts ziehende Schrägform, die bildbestimmend geworden ist, ist auch die in der Londoner Studie noch sehr deutlich raumgliedernd abgesetzte rechte Kante des Faustkeilmotivs eingeschmolzen. Die reiche plastische Untergliederung des überhöhenden Kopfstücks ist geopfert worden. Entsprechend der neuen Idee des Gesichtshaften ist in diesem Bereich die Verwandlung der Formen besonders tiefgreifend. Würden die einander entsprechenden oberen Abschlüsse der Streinbruchbilder unvermittelt zum Vergleich dargeboten, würde man kaum ahnen, daß hier eine gemeinsame Wurzel vorliegt. Lediglich die in vergleichbarer Position vorfindbaren Schneckenhörner der Baumstrünke deuten den Zusammenhang an. Der zu ihnen gehörige Überhang fehlt im Londoner Aquarell fast ganz.

Wie sieht die Naturvorgabe für den Bildteil der Londoner Steinbruchstudie (Abb. 83) aus, der aus dem „Faustkeil" linker Hand, dem soeben betrachteten Felsgeklüft daneben und dem nach rechts hin begrenzenden Kantpfeiler besteht?

Zum leichteren Vergleich wurde das aus der Vorgabe des Gesamtmotivs (Abb. 86) in Frage kommenden Detail (Abb. 94) vergrößert und mit Hilfe eines Diaprojektors in eine Federzeichnung (Abb. 95 a) umgesetzt, um die in der Fotografie unvermeidliche verflachende Gleichbehandlung räumlich verschieden gelagerter Schichten und Kanten so weit wie möglich aufzuheben. Die Zeichnung hat das Ziel zu verdeutlichen, ohne zu verfälschen. Für jede Linie oder Schraffur der Zeichnung existiert innerhalb der fotografisch erfaßten Naturvorgabe ein konkreter Anlaß. Um eine gute Vergleichbarkeit aller Formen zu sichern, wurden in gleicher Technik auch die entsprechenden Teilmotive des Londoner Steinbruchs (Abb. 95 b), des Bremer Aquarells (Abb. 95 c) und des (seitenverkehrten) Hieronymusstiches (Abb. 95 d) zeichnerisch umgesetzt. So

ist eine Viererfolge entstanden, die jede Detailform trotz jeweiliger Verwandlung auffindbar bzw. ihr Fehlen nachweisbar macht.
Die Zeichnungen 95 c und 95 d gehören eng zueinander. Im Kupferstich wird gegenüber dem Bremer Aquarell vor allem das Unentschiedenere der Richtungen in der Bildfläche und im Bildraum aufgegeben. So ragt beispielsweise im Stich die helle Felswand als rechtwinklig begrenzte Flächenform senkrecht auf; oder die dreieckige „Pflugschar" am unteren Ende dieser Wand wird tiefer nach unten gezogen und stößt entschiedener in den Raum vor. Die Formen beider Darstellungen verhalten sich wie in einem Steigerungsverhältnis zueinander. Eine Verwandlung von Detailformen bis zur Unkenntlichkeit oder Auslöschung gibt es nicht.
So etwas konnte dagegen bei dem Vergleich der Mittelteile der Hauptmotive in London und Bremen nachgewiesen werden, denen die Zeichnungen 92 und 93 entnommen sind. Daß der vorliegende Unterschied jedoch nicht den prinzipiellen Zusammenhang bei den Aquarellen gefährdet, hat bereits der Vergleich der Mittelzonen (Abb. 92–93) erwiesen. Sieht man von der durch die vorherrschenden Rot-Brauntöne bedingten Dunkelfärbung des Londoner Blattes ab, so beweist auch der Vergleich der Faustkeilmotive (Abb. 95b–95c) den Zusammenhang. Beide Male finden sich die steil aufragenden Schildwände A 3 mit ihren Eindellungen und Einkerbungen, die dazugehörige knapp verkürzende Angabe der Raumtiefe A und die jeweils die Pflugschar bei A 4 abteilende Quer- bzw. Schrägfurche. Die Leitform der Dreieckspflugschar hat sich in Form und Richtung deutlicher gewandelt. Im Londoner Blatt gibt es nur ein vergleichsweise schwaches Vorkragen der Spitze A 5. Auch die Längenmaße der begrenzenden Kanten sind „verkehrt" zugeordnet. An der Identität der Motive kann jedoch kein Zweifel herrschen, auch wenn die Teilformen unterhalb der Dreiecksspitze stark differieren.
Notwendig bleibt der Hinweis auf Zusammengehörendes und Unterschiedenes am oberen Ende der Faustkeilmotive. Aufgefallen war bereits die Schwächung der senkrechten Kante der Londoner Felswand in der Bremer Fassung. Dagegen fehlt im Londoner Blatt die Erfindung des baumbewachsenen Überhangs weitgehend. Einzelne frontal vorkragende Formationen gibt es jedoch. Im Bremer Blatt ist das Motiv des Überhangs in die Profilansicht gedrängt worden. Mit dem Punkt A 1 existiert im Londoner Blatt dafür eine vergleichliche Ansatzstelle. Auch in der Hell-Dunkel-Grenze bei A 2 finden sich Entsprechungen zwischen beiden Beispielen. Genauere Vergleichbarkeit innerhalb der Kopfzone ist nicht gegeben. Offenbar hat Dürer hier besonders stark in die Formen-

vorgabe eingegriffen. Insofern muß es nicht irritieren, daß die Vorgabe für dieses Kopfstück in der Natur zwar nicht fehlt, aber proportional viel zu groß ist. Entscheidend ist, daß in der Naturvorgabe (Abb. 94–95a) alle übrigen wichtigen Teilmotive, die in den beiden Steinbruchaquarellen entwickelt wurden, nachweisbar sind.

Insgesamt liegt das Hauptmotiv, wie es im Londoner Steinbruchbild (Abb. 95b) entwickelt worden ist, der Arco-Naturvorgabe (Abb. 95a) am nächsten. Es gibt die hochaufgerichtete Schildform A 3 des Faustkeilmotivs, die hier stärker reliefiert ist als in den übrigen Ausprägungen dieser Form. Bis zur fast flachen Wand im Hieronymusstich (Abb. 95d), als dem Endpunkt der Reihe, reduziert Dürer diese Bewegung in der Oberfläche des Ursprungsmotivs stufenweise. Das zur Schildwand dazugehörige, knapp verkürzende Tiefenmaß in A findet sich ebenso wieder wie die charakteristische Dreiecksform der Pflugschar und die jetzt sehr deutlich abtrennende Schrägfurche, in Gestalt einer Reliefstufe, bei A 4. Wie im Londoner Blatt kragt die Spitze A 5 des Dreieckschildes nur wenig in den Raum vor. Und ganz vergleichbar ist auch der deutliche Überhang der gesamten Formation vor den tiefer im Raum zurückliegenden Schichten des Wandreliefs. Dieses Überhängen, das im Bremer Steinbruch aufgegeben ist, das im Hieronymusstich aufallend „erfunden" auf eine Wasserfläche auftrifft, zeigt das Londoner Blatt in größter Naturnähe. Die vergleichbaren Details in A 1 und A 2 sowie der nach rechts aufsteigende diagonale Abschluß der Form oben bestätigen diese Zuordnung.

Es gibt zwischen der Naturvorgabe und dem Londoner Faustkeilmotiv jedoch einen unübersehbaren Unterschied. Es fehlt dem Naturmotiv die architektonische Strenge, wie sie vor allem in der Ausbildung der rechten Motivseite zur Pfeilerkante hervortritt. Besser als in unserer Zeichnung (Abb. 95a) sieht man im Foto (Abb. 94), daß es immerhin neben A 3 und unterhalb der Position A 6 Ansatzmöglichkeiten dafür in der Naturvorgabe gibt. Die Dreiecksform A 6 wäre der Ort, wo die Pfeilerkante ausgebildet werden müßte, um mit Dürers Aquarell in diesem Punkt Übereinstimmung zu erzeugen. Bis auf geringe Ansätze (z.B. C 7) sind Ansatzstellen für die Ausbildung senkrechter architekturgemäßer Formen nicht vorhanden. Erst wenn das Gesamtmotiv (Abb. 86) der Felsenwand mit dem rechts abschließenden Rundpfeiler in den Blick gerät, wird die kompositionelle Notwendigkeit antwortender Formcharaktere vorstellbar, wie sie Dürer aus der Naturvorgabe gewonnen hat. Insgesamt herrschen jedoch schräg ansteigende bzw. fallende Formabläufe

vor, deren spannungslos gleichgerichteter Verlauf seine Entsprechung in der monotonen Gleichrichtung der reliefierenden Kanten und Eindellungen des Faustkeilmotivs findet.
Auch ein weniger einfallsreicher Künstler als Dürer würde diese monotonen Parallelisierungen der Richtungen – in Teilmotiven wie in der Gesamtkomposition – verändert haben. Daß der architektonische Bildbau eines der ersten prinzipiellen Anliegen Dürers war, sehen wir am Londoner Aquarell und in gesteigerter Weise in den Felsbildungen des Hieronymusstiches. Warum das zwischen diesen Arbeiten stehende Bremer Blatt hierin beiläufiger ausfällt, ist durch die neue Idee des „Gesichtshaften" begründet.
Über die bisherigen Entsprechungen zwischen Naturvorgabe und Londoner Aquarell hinaus beweisen die übrigen zahlreichen Zusammenhänge unsere Identifizierung. Das Motiv der B-Gruppe, dessen Veränderungen in der Abfolge der Aquarelle (Abb. 92–93) bereits verfolgt wurde, beginnt von oben herab im Londoner Blatt und der Naturvorgabe nahezu gleichlautend. In der Höhe B 2 herrscht genaue Übereinstimmung im Anwachsen und Schwinden des Reliefs. Die Position B 3 ist, bei identischer Formgebung gegenüber der Naturvorgabe, näher zu B 2 herangerückt. B 4 und B 5, die in der Naturvorgabe ganz dicht aufeinander folgen, sind weiter auseinandergerückt. Hier ist es daher schwieriger, die vorhandenen Übereinstimmungen nachzuvollziehen. Interessant erscheint nun folgendes: Die Differenzen zwischen der B-Gruppe der Naturvorgabe und dem Londoner Blatt verhalten sich wie die Unterschiede zwischen der B-Gruppe des Bremer Aquarells und der des Londoner Blattes. Anders formuliert: die Formationen der Naturvorgabe kommen den entsprechenden Bildungen im Bremer Aquarell – sogar unter Einschluß des Bildbereichs A 6 – ganz nahe.
Noch größere Sicherheit geben die Übereinstimmungen innerhalb der C-Gruppen. Wichtig ist beide Male die Verbindung des kleinen Teilmotivs B 1 mit C 1. Die Form B 1 des Londoner Aquarells ist als lichtfangende schmale Abbruchkante bekannt. Sie trifft auf die verschattete Seite des nach links überkragenden Visierhelmes C 1. Dieser Visierhelm ist in der Natur vorgegeben in der ganz vergleichbar über dem Teilstück C 3 überhängenden Stelle C 1. Weitere Bestätigung findet sich im Gegengewicht der – wie im Aquarell – nach rechts überkragenden Felsnase C 2. Und schließlich: die steigende Richtung der Einkerbungen in der Vorgabeform des Visierhelms ist einer der wenigen Gegensätze zu den sonst überall sinkenden Binnenstrukturen der Felsoberflächen. Wie im Aqua-

rell wird die Felsnase C 2 auch im Naturmodell aus einer allmählich massiger werdenden Kante entwickelt. Folgt man dieser Kante nach unten, dann trifft sie bei C 5 und C 6 auf das Motiv des Zahns. Dieses im Aquarell sehr breit entwickelte Formmotiv mit dem charakteristisch gegabelten „Runenzeichen" ist in der Naturvorgabe eher klein und unbedeutend. Es ist aber vorhanden, und zwar in passender Höhe zu der Teilform B 5. Auch die Ursprungsstelle für den mittleren Kantpfeiler des Londonaquarells ist in der Formation C 7 des Naturmodells in der Anlage zu erkennen.

Insgesamt überblickt man ein Vergleichsgefüge, das nicht nur in fast allen Teilmotiven, sondern auch in deren komplizierten Lagebeziehungen verblüffende Entsprechungen aufweist. Die aufgezeigten Differenzen zwischen Naturvorgabe und den Steinbruchbildern Dürers sind dabei nicht größer als die Differenzen zwischen den Darstellungen Dürers selbst. Hinzu kommt, daß der Ort des Hauptmotivs innerhalb der Gesamtkomposition demjenigen in der Gesamtvorgabe der Natur entspricht. Und schließlich liegt das Vorgabemotiv für die Londoner Steinbruchstudie unmittelbar neben dem Vorgabemotiv für das „Adenauerfelsgesicht" des Arcoaquarells.

Kann die Behauptung, daß das Element des Architektonischen durch Dürer absichtsvoll erzeugt wurde, noch überzeugender bewiesen werden? Und inwiefern hängen die Steinbruchstudien im Punkt des Physiognomischen mit dem Arcoaquarell zusammen? Die Formgebung des Bremer Steinbruchs ist im Vergleich zu derjenigen des Londoner Bildes mit dem Begriff der Vereinheitlichung charakterisiert worden. Diese Tendenz zur Verschmelzung von Teilformen und zur Steigerung vereinheitlichender Kompositionsformen hat Dürer im Kupferstich des „Hieronymus" (Abb. 89, 91, 95d) abermals verstärkt. Als Beispiel darf auf den großen Diagonalzug (II a – II h) in Abb. 91 verwiesen werden, dessen reiche Formveränderungen sich der Beschreibung entziehen würden. Legt man in Abb. 91 und 90 eine durchgehende Achse von der untersten Steinklippe II h bis zum obersten Endstück II a des Schrägzugs, so läßt sich leicht überprüfen, daß der den Gipfel der Felskuppe betonende Baum des Aquarells, oberhalb der Motivstelle (II b), entschieden nach links versetzt worden ist. Bei etwa gleichgebliebener Position der abgestorbenen Baumstrünke wächst dieser zu beherrschender Höhe aufsteigende Hauptbaum, mit seinen begleitenden oder kontrapostisch steigernden Nebenbäumen, jetzt an der optimal nutzbaren Stelle innerhalb der Gesamtkomposition auf, nämlich als Fortsetzung

der diagonal steigenden Leitform.
Die neue Weise, gesteigerte Einheit des Bildes zu erzeugen, ist nicht die einzige Seite des Zugewinns. Der im Bremer Aquarell weitgehend abgeschwächte Formcharakter des scharfklippig gebrochenen Steinwerks, der in der Londoner Studie bereits überzeugend begegnete, ist im Kupferstich zum Höhepunkt gebracht worden. Die Kanten der Felsklippen sind jetzt von geradezu verletzender Schärfe. Mit diesen Steigerungsphänomenen darf ein drittes Moment ins Spiel gebracht werden. Die Architektonik der Londoner Studie, die in der physiognomisch orientierten Bremer Studie in untergeordneter Rolle beibehalten wird, erreicht im Kupferstich einen neuen Höhepunkt. Das zarte Bäumchen zwischen den gebogenen Hörnern der Baumstrünke des Bremer Aquarells ist nur im Kupferstich exakt über der nun tatsächlich senkrecht verlaufenden Außenkante des „Faustkeils" gepflanzt worden. Nur hier wird an der „Wurzelstelle" des jetzt fast bedrohlichen Überhangs oberhalb des „Faustkeils" die sonst nur mitlaufende Felsader (I b) (im Londoner Blatt ist sie nicht identifizierbar) zu einer waagrechten Achse ausgebildet, die mit der senkrechten Außenkante des Felsenschildes und dem dazugehörigen Baum ein Koordinatenkreuz bildet, an dem jede Abweichung von den Grundrichtungen meßbar wird.
Es ist dieser neue Dichtegrad in der architektonischen Verstrebung der Komposition, die das einmal empfindlich gewordene Auge zwingt, die fast überscharf ins Licht gerückte Rechteckform auf die Architekturpfeiler der Gegenseite zu beziehen, die aber auch erlaubt, die konstruktiven Verbindungen dieser Rechteckform über die gesamte Breite des in dynamischer Gebärde andrängenden und hier zum Stillstand kommenden Felsmotivs bis zu seiner abschließenden Rechteckform (V) am Schluchtende zu verfolgen.
Mit dem Zugewinn in der geometrisierenden Verstrebung der Komposition hängt andererseits eine Verdichtung der physiognomischen Ausdrucks der dargestellten Natur zusammen: „Anthropomorphe Gestalt ... hat Dürer der hellen glatten Wand [I c] rechts verliehen, indem er ihr Züge eines zur Mitte gewandten, auf einem sich vorstreckenden Hals sitzenden Gesichtsprofils verlieh: man erkennt in der rechteckigen Grundform ein schmales Auge mit Braue über einer mit der Stirn fluchtenden Nase und einer zurückgesetzten, nur wenig ausgebildeten Mundpartie. Darüber, in der vorkragenden, baumbestandenen Zone der in die Tiefe führenden Felsen ... sind sehr deutlich mehrere nach links sich reckende Köpfe und Fratzen zu erkennen, deren Haare von sträh-

nig hängenden Wurzeln und Gräsern gebildet werden. Im Vergleich zum fast geometrisch geformten, starren Profil sind sie organisch bewegt und verfügen über körperliches Volumen. Im Talschluß, unterhalb der Kapelle, die mit ihrer klar entschiedenen, von Menschenhand geformten Gestalt den von rechts andrängenden bizarren Naturformen Einhalt gebietet, erscheint dann, über Eck gestellt und aus mehreren glatt gebrochenen Flächen gebildet, ein scharf geschnittenes dunkles Halbprofil [V]; ihm steht als letzter Stock auf der hellen linken Seite ein rundlich weiches Gesicht mit kleinen Kulleraugen und knorpeliger Nase entgegen..." (Möseneder, S. 9).
Mit der Beschriftung II i (Abb. 91) ist die helle, rund gewölbte Wange eines kleineren Maskengesichtes mit eingedellter Nase, langgezogenem Kinnbart und Knopfauge gekennzeichnet, das in die waagrechte Meßachse I b eingefluchtet ist. Folgt man dieser ordnenden Horizontalen weiter nach links, so trifft man noch zweimal auf deutlichere Häufungen waagrechter Schraffurbildung. Einmal wird damit die Mundzone des Halb- bzw. Dreiviertelprofils V markiert. Zum anderen wird damit die Augenhöhle eines leicht vorgeneigten und ebenfalls scharf geschnittenen Gesichtes – etwa auf der Mitte zwischen den Anfang und Ende des Felsblocks bezeichnenden Gesichtern – festgelegt. IV f kennzeichnet Stirn und Vorderschädel, IV d die Nase dieses Gesichts. Der Vergleich mit der Durchzeichnung des Aquarells (Abb. 90) zeigt, daß IV f die umgewandelte „Dürernase" ist, IV d der obere Teil des früheren Felskantenpfeilers und die waagrechten Schraffuren in der Augenhöhe des Felsgesichts nichts anderes als die Trennfuge zwischen Pfeilerende und darauf aufliegender Nase. Dürer verdichtet Felsformen in Übereinstimmung mit der vorhandenen Naturvorgabe fortschreitend deutlicher zur anthropomorphen und architektonisch klar eingebundenen Gestalt. Die Naturtreue geht so weit, daß z.B. die Nasenspitze IV d des Stiches (Abb. 90) ungenau gekennzeichnet ist. Die Beschriftung müßte etwas tiefer, auf dem nächsten hellen Vorsprung sitzen. Daß Dürer beim Verfertigen seiner Gestalten nicht gegen die Natur handelt, sieht man auch an den beiden nächsten Bildungen. IV a und IV b bezeichnen prall gewölbte Stirn und Backe eines Dämons mit kleinen Augen und einer Hundeschnauze, der mit seinen versteiften Haaren den Eindruck erweckt, als würde er geradezu von oben herabschließen wollen. Bereits im Aquarell (Abb. 90) suggerieren die knorpeligen Felsformen (IV a, IV b) Gesichthaftes. Zu bestimmtem individuellen Charakter und Ausdruck ist es aber erst im Kupferstich gebracht. Diese Dämonenfratze

(IV a, IV b) kann mit den scharfgeschnittenen Formen darunter zu einem weiteren Gesicht zusammengesehen werden. Dann bildet die Fratze die hohe Stirn mit den Augenbrauen, die Nasen- und Kinnprofil (rechts neben IV c) verschatten.

Insgesamt hat Dürer *sieben* Felsgesichter an die Stelle des *einen* der Bremer Vorstudie gesetzt. Beibehalten wurde die Zweideutigkeit zwischen Felsengestalt und menschlichem Angesicht. Auch in „Arco" (Abb. 23) gibt es ähnlich zweideutige Felsgesichter wie in der Hieronymusdarstellung. Unterhalb der Wohnburg, in etwa gleicher Höhe mit den Hauptgesichtern, finden sich im graublauen Gestein zwei bizarre Physiognomien. Die größere Fratze, eingespannt zwischen unterem Wehrturm und darüber aufragendem Pallas, zeigt in den Schrägzügen des Gesteins Mund, Nase, Augen eines herschauenden Gesichts unter grünen Stoppelhaaren. Die kleinere Fratze rechts daneben sieht aus wie ein „Hundegesicht". Schnauze und Augen ragen aus den begrenzenden Formen des Berghanges heraus. Der kleine Wachturm am Kontur des Burgberges und am obersten Rand der Olivenbäume bildet mit seinem roten Dach das gespitzte Ohr des Hundskopfes. Diese beiden Gesichter könnten ohne weiteres in den Felsbildungen des Hieronymusstiches würdige Nachbarschaft finden. In den Hauptgesichtern des Arcoaquarells war die Annäherung an Menschengesichtiges sehr viel stärker. Dürer muß das in gewisser Hinsicht Unpassende dieser allzu deutlichen Menschengesichter, das mit ein Grund dafür gewesen sein mag, daß die in das Bild der Landschaft projizierte Gestalt des schönen Menschen verborgen bleiben mußte, selbst bemerkt haben. Denn er gibt diese zweifelsfrei erkennbaren anthropomorphen Gestalbildungen in der Folgezeit immer mehr auf. Was er jedoch nicht aufgibt ist das Ziel, das er in „Arco" gewonnen hat. Wie die Gestalt des nun nicht mehr verborgenen, sondern als „Mitte" der Natur gezeigten Menschen durch Dürer zum Kern der Verschränkungen der Bildarchitektur erhoben wird, verdeutlicht dieses Ziel. Das in „Arco" zum ersten Mal erfundene Motiv des Passes als Durchlaß zwischen blickenden Felswänden ist nun um eine Stufe deutlicher auf den Menschen bezogen. Sein Hindurchgehen durch die Paßenge, im Aufstieg zwischen den Felsklippen, wird vorstellbar als Überwindenmüssen der Enge des Weges, um den sicheren Ort des festgefügten Gehäuses zu erreichen. Die zur Enge gehörende andere Seite des Weges ist der sich weiter öffnende Bereich des Bildes, innerhalb dessen Hieronymus kniete. Hieronymus ist dem Anschauen desjenigen Gegen-Gesichtes hingegeben, das auch für Dürer der tragende Grund seiner Gestaltungen der menschlichen und außermenschlichen Natur gewesen ist.

DÜRERS BEGRIFF DER NACHAHMUNG DER NATUR DURCH DIE KUNST

Die nun überblickbaren Ergebnisse ermöglichen den vergleichenden Ausblick auf die ästhetischen Prinzipien, wie sie Dürer im „Ästhetischen Exkurs" 1528 am Ende des dritten Buches der Proportionslehre niedergelegt hat. Dürer begründet hier, warum der Künstler all die Mühen des Messens und Konstruierens auf sich nehmen muß, wo die Grenze des Messens liegt und wie das Verhältnis zwischen Natur und der darauf bezogenen Kunst zu denken ist.
H. Rupprich[213] hat 1969 dafür plädiert, daß die kunsttheoretischen Bemühungen Dürers schon vor der 2. Reise eingesetzt haben müssen, und das Datum 1504/05 vorgeschlagen. Zugleich bedauerte er, daß es nicht möglich sei, diesen Beginn der kunsttheoretischen Studien „an einer eigenen schriftlichen Äußerung [Dürers] zu erhärten, [da] alle [erhaltenen] Notizen, Konzepte und Entwürfe über das Wesen und die Gestaltungsmöglichkeiten des Schönen ... aus späterer Zeit (1512/13 ff.) [stammen]." (Rupprich I, Bd. 3, S. 268). Diese Lücke kann durch den vorliegenden Nachweis des komplexen bildnerischen Denkens Dürers, das im Versammeln der vielen Anblicke von landschaftlicher Natur und menschlicher Figur, organischer Natur und geometrisch-gesetzmäßigem Maßsystem die Einheit des Bildes erzeugt, zwar nicht buchstäblich geschlossen werden. Aber die Beweise, die sämtliche mit Arco zusammenhängende Bilder faßbar machen, zeigen, daß sich Dürer schon lange vor seiner 2. Italienreise, nämlich schon zum Zeitpunkt der 1. Reise mit kunsttheoretischen Fragen intensiv beschäftigt haben muß. An Stelle der literarisch-theoretischen Quellen steht das Zeugnis der Werke, das außerdem erlaubt, das Wesen der künstlerischen Arbeit neu zu bedenken. Gerne möchte man zustimmen, daß „Dürers Beschäftigung mit dem Schönen so alt ... wie seine künstlerische Betätigung [ist]." Die an diesen Satz anschließende Vermutung „Sie war anfangs wohl hauptsächlich spätgotisch-praktischer und gefühlsmäßiger Art. Bei Beginn seiner theo-

213) Rupprich (I, Bd. 3, S. 267 f.) verweist auf die bei Lukian geschilderte Szene einer Kentaurenfamilie, die Dürer durch Pirckheimer 1504/05 zur Kenntnis gebracht worden sein muß, da Darstellungen Dürers (W. 344, W. 345, T 275) davon abhängig sind.

retischen Studien und den näheren Kontakten mit humanistischen Freunden wurde sie in die Sphäre des Bewußten gehoben ..."[214], würde jedoch falsch verstanden, wenn damit nicht ein sich jeweils veränderndes Verhältnis, sondern eine Trennung der beiden unterschiedenen, aber stets *zugleich* wirkenden Seiten der künstlerischen Tätigkeit begriffen würde. Eine Trennung des „Künstlerischen" und „Wissenschaftlichen" in die Seiten des Irrationalen-Gefühlsmäßigen und des Verstandesmäßigen-Erkennenden würde den Einsichten in Dürers Werk, dem Wesen des künstlerischen Prozesses im allgemeinen und den Aussagen Dürers über den Zusammenhang von künstlerischer Praxis und theoretischem Wissen widersprechen, *„Dan [Denn] geprawch[2] vnd verstand[3] mus pey ein ander sein."* (Rupprich I, Bd. 3, S. 271,1).[215]
Im elften Entwurf zum „Ästh. Exkurs" (zwischen 1515 und 1520) heißt es: „Es mag sich awch begeben, aber schwerlich ... das er *„aws eÿgnem v̈berkumen ferstand an [ohne] ein gegen gesicht[44]* das er ab mach, etwas zw werck tzisch dan ein ander eins *mÿndern ferstands*, der do vill lebendiger menschen ab mocht ... (Rupprich I, Bd. 3, S. 287, 366).
Im Ästh. Exkurs von 1528 formuliert Dürer: „ ... *Dann der verstandt muß mit dem gebrauch anfahen zu wachsen*, also das die hand kuen thon, was der will im verstand haben wil. Auß solchem wechst mit der zeyt die *gewyßheit der kunst und des gebrauchs. Dann dise zwey muessen bei einander sein, dann eins on das ander sol nichtz[58]* ... Nun möcht man sprechen:[60] wer wil allwegen die mue und arbeyt mit verzerung langer zeyt, pyß das er allein ein eynig[61] [Anm. 61: einziges bild] also meß, darauff [so] vil mue lege[n] ... *In solchem ist mein meynung nit, das einer zu allen zeytten all sein ding sol messen. Aber so du wol messen hast gelernt, vnd den verstandt mit samt dem brauch vber kumen*, also das du ein ding auß freyer gwißheyt kanst machen vnd weyst einem yetlichen ding recht zu thon, *als dann ist nit alweg not, ein ydlich ding alweg zu messen, dan dein vberkumne kunst macht dir ein gute augen maß*, als dann ist die geuebt hand gehorsam. Dann so vertreybt *der gewalt der kunst den yrthumb* von deinem werck vnnd *weret dir dir falscheit zu machen ... ... Aber so du kein rechten grund hast, so ist es nit mueglich, das du etwas gerechtz vnnd gutz machst, vnd ob du gleych den groesten gebrauch der welt hettest in freyheyt der hand. Dann es ist mer ein gefencknus, so sie dich verfuert. Darumb soll kein freyheit [der Hand] on kunst [sein], so ist die kunst verborgen on den gebrauch. Darumb muß es bey einan-*

214) Vergl. Rupprich I, Bd. 3, S. 267.
215) Gleichsinnig ist eine weitere Stelle bei Rupprich I, Bd. 3, S. 277, 59.

ander sein, wie oben gesagt." (Rupprich I, Bd. 3, S. 297, 560).
Zunächst ist der Wert, aber auch die Begrenzung des Messens leicht zu verstehen. Nicht in jedem Fall muß gemessen werden. Es leuchtet ein, daß der Zeitverlust durch langwieriges Messen an anderer Stelle eingeholt werden kann durch den Zugewinn an sicherem Augenmaß. Immer wird beim Zeichnen nach der Natur derjenige Künstler übertreffbar bleiben, der keinen sicheren „Grund" hat. Dies geht sogar so weit, daß der „kunstreiche" Zeichner oder Maler sogar ohne Modell dem Künstler „mÿndern ferstands" überlegen sein kann, trotz dessen unmittelbarer Nähe zu einem vorhandenen Modell. Aber nicht diese mehr ökonomischen Überlegungen sind der Grund für die Unerläßlichkeit des Messens. In Abweichung von unserem heutigen Sprachgebrauch[216] versteht Dürer unter „Kunst" weder eine rein handwerklich-technische Fähigkeit im äußeren Sinn noch eine Fähigkeit, die sich etwa als eine innere Kraft zur anschaulichen phantasiereichen, aber unkontrollierten Gestaltung begreifen läßt, noch meint er damit irgendeine verworrene Zwischenvorstellung. Vielmehr versteht er unter „Kunst" zum einen den Kunstgegenstand,[217] zum anderen, die viel umfassende Seite des theoretischen Wissens, ohne die das Werk der Hand, „der Gebrauch", selbst bei größter Übung und Ausdrucksgewalt ins Leere bzw. ins „Gefängnis" der Manier führt. „Kunst" und „Brauch" sind untrennbare Einheit. Stets fügt er dem Wort „Kunst" ein zweites, aber andersartiges, das der „Gewalt" oder des „Gebrauchs" hinzu. Die Begriffe „Verstand" und „Grund", oft auf Geometrie, Messung und Perspektive bezogen, werden häufig gleichsinnig mit dem Begriff „Kunst" gebraucht. *„Kunst" bedeutet bei Dürer die Theorie, als das Wissen, aus dem heraus etwas gestaltet werden kann;* aber nicht als ausschließender Gegensatz oder als Fremdes und Feindliches zur künstlerischen Praxis, sondern als die reziproke Seite. Genau genommen trennt Dürer die beiden Seiten des künstlerischen Vermögens so wenig, daß nicht von einem *Nacheinander* gesprochen werden kann, sondern stets von einem *Zugleich*: „Dann der verstandt muß mit dem gebrauch anfahen zu wachsen." Den „verstandt mit samt dem brauch vber kumen", heißt nicht nur etwas machen können,

216) Genauere philologische Untersuchungen: Panofsky I, S. 169, Rupprich I, Bd. 3, S. 271 usw.

217) Im Brief vom 6.1.1506 schreibt Dürer an Pirckheimer: „So hat sÿ [Dürers Mutter] jn mitler tzeit 9 oder 10 fl. löst [gewonnen] aws *kunst*".

sondern heißt Hervorbringen des Werks aus richtigem Wissen und geleitet von richtigem Reflektieren.[218]
Diese auffallende Betonung der als notwendig erkannten Einheit zwischen den beiden Seiten des künstlerischen Hervorbringens bzw. die starke Abwehr ihrer möglichen Verfehlung nach der Seite des nicht von „Kunst" durchdrungenen „Brauchs" und nach der Seite des bloßen Theoretisierens ohne gültige Verwirklichung im Werk offenbaren den eigenen – und wie die Bilder aus Arco beweisbar machen – früh selbst erfahrenen und verwirklichten neuen Weg Dürers.[219] Das Schwergewicht beim Gewinnen des „rechten grundes" aller Kunsthervorbringung lag bei Dürer vor allem im Versuch einer möglichst weitgehenden mathematischen Vergesetzlichung der Natur. In einer Hauptstelle des Ästh. Exkurses von 1528 wird die Rolle der Geometrie und der Messung bezeichnet. Die Stelle wird folgendermaßen vorbereitet:[220] „So wir aber fragen, wie wir ein schoen bild sollen machen, werden etlich sprechen: nach der menschen vrteyl. So werdens dann die andern nit nachgeben *vnd ich auch nit* ... Dann ich glaub, das kein mensch leb, der

218) Vergl. Panofsky I, S. 171 ff.

219) Vergl. u.a. Panofsky I, S. 173 ff., der auch die hier hervorgehobene Bewahrung des Zusammenhangs von Wissen und „Kunst" bei Goethe (im modernen Sinn des Wortes) angedeutet hat (Panofsky I, S. 170). Besonders ist auf die gleichsinnige Auffassung bei Leonardo zu verweisen: Leonardo, S. 5 f., 29 f.
Im sechsten Buch der „Nikomachischen Ethik" nennt Aristoteles die fünf Grundformen, durch welche die Seele bejahend oder verneinend die Erkenntnis des Richtigen vollzieht. Das Hervorbringen eines Werks wird als „praktisches Können" bestimmt. *„Praktiksches Können" ist ein auf das Hervorbringen abzielendes und von richtigem Reflektieren geleitetes Verhalten.* „Jedes praktische Können bewegt sich um ein Entstehen, und seine Ausübung ist ein Ausschauhalten, wie etwas entstehen könne, was da sein und auch nicht da sein kann und dessen Seinsgrund im Schaffenden liegt und nicht in dem, was geschaffen wird." (Aristoteles, S. 126).

220) Interessant sind die auf die Hauptstelle (R. I, Bd. 3, S. 293, 260 ff.) beziehbaren Vorformen im Entwurf 11 (R. I, Bd. 3, S. 285, 205 ff. und R. I, S. 275, 5 ff.), wo Dürer jeweils gleichsinnig formuliert: „Dorum, fint sich einer, der do beweysen kan mit gruntlicher worheit, dy schönste gestalt des menschen durch mos antzwtzeigen, den will jch vür den grösten meister halten vnd sein ursach geren hören." (R. I, Bd. 3, S. 285). Da unmittelbar vor dieser Passage wiederum die oberste Instanz des Gottes berufen wird, dem allein das Wissen um das schönste Maß des Menschen zukommt, handelt es sich um eine ironische Formulierung, die dann in der endgültigen Fassung aufgegeben wird. Daß Dürer zum Entstehungszeitpunkt des elften Entwurfs (1515–1520) ernstlich meinte, einen solchen Menschen finden zu können, ist ganz ausgeschlossen.

da inn der minsten [geringsten] lebendigen creatur sein schönstes endt[26] moecht bedencken, ich geschweyg dann in einem menschenn, ... Aber Got weyß solichs allein, wem ers offenbarte, der west es auch." (Rupprich I, Bd. 3, S. 293, 215 ff.).

Niemand außer Gott kennt die schönste Gestalt und Maße des Menschen. Daher bleibt dem Künstler nur ein zweiter Weg: „Aber vnmoeglich bedunckt mich, so einer spricht, *er wisse die beste maß inn menschlicher gestalt anzuzeygen.* Dann die luegen ist in vnsrer erkantnus ... ... *Welcher aber durch die Geometria sein ding beweyst vnd die gruendlichen warheyt anzeygt, dem sol alle welt glauben. Dann da ist man gefangen,* vnd ist billich ein solicher als von Got begabt fuer ein meyster in solchem zuhalten. Vnd der selben vrsachen jrer beweysung sind mit begirden zu hoeren, vnd noch froelicher jre werck zu sehen.

So wir nun zu dem aller besten nit kumen moegen, sol wir nun gar von vnser lernung lassen? Den fihischen gedancken nem wir nit an. Dann die menschen haben args vnnd gutz for jn, darumb zimbt sich eim vernuenfftigen menschen, das besser fuerzunemen." (Rupprich I, Bd. 3, S. 293, 260 ff.).

Es ist darauf verwiesen worden, daß für Dürer die Geometrie unter bestimmten Umständen einen „geradezu absoluten Anspruch auf Anerkennung" gehabt habe: „Ganz unbestreitbar ist in Dürers Augen die Berechtigung derjenigen Darstellungsvorschriften, die – wie die Regeln in der Perspektive – durch die Geometrie, d.h. deduktiv, beweisbar sind; sie haben dann einen gar nicht weiter nachzuprüfenden, geradezu absoluten, Anspruch auf Anerkennung, vor dem man einfach „gefangen" steht." (Panofsky I, S. 174).

Nun gibt Dürer aber doch in der soeben zitierten Stelle ...„Dann da ist man gefangen" ... usw. eine deutliche Relativierung eines absoluten Anerkennungsanspruchs der Geometrie. Obwohl die Geometrie Beweiskraft besitzt und deshalb unbedingt angewendet werden soll, reicht sie nach Dürers Auffassung nicht aus, um zum „Allerbesten" zu kommen. Mit ihrer Hilfe kann jedoch „Besseres" erreicht werden, insofern sie die grobe Ungestalt des Werkes vermeiden hilft. Also auch dann, wenn angenommen wird, daß Dürer – wie aus bestimmten Kennzeichen der Proportionsfiguren der „Apollogruppe" geschlossen werden könnte – in bestimmten Phasen seiner Entwicklung ein absolutes Schönheitsmaß angestrebt hat, kann aus der zitierten Stelle nicht abgeleitet werden, daß der Geometrie ein uneingeschränkter Anspruch zuerkannt wird. Denn nicht erst im Werk oder dem Kunstdenken des reifen Dürer, sondern be-

reits in „Arco", wo die Proportionsfiguren der Apollogruppe – die ja in anderem Zusammenhang durch Panofsky[221)] mit dem Streben Dürers nach absoluter Schönheit zusammengesehen wurden – nachgewiesen werden konnten, erleidet gerade die Anwendung der perspektivischen Gesetzlichkeiten (Einhaltung eines einzigen Standpunktes usw.) eindrucksvolle Einschränkungen. Daß die Geometrie auch bei der Vergrößerung des Burgberges von Arco, mit Hilfe des „Wählers", ein Moment der *Wahl*, als subjektiven Anteil innerhalb der mathematischen Gesetzlichkeit, ertragen mußte, gibt einen weiteren Hinweis.
Daß diese Auffassung zutrifft, ergibt sich aus einer anderen Stelle des Ästh. Exkurses, in der die Bedeutung der Geometrie, aber auch ihre Begrenztheit, angesprochen wird: „Vnd durch die Geometria magstu deins wercks vil beweyssen. Was wir aber nit beweyssen kuennen, das musen wir bei gutter Meynung vnd der menschen vrteyl bleyben lasen. Doch thut die erfarung vil in diesen dingen." (Rupprich I, Bd. 3, S. 295, 439 ff.).
Diese relativierende Aussage über die Geometrie ist nur ein kleiner Teil aus einer größeren Passage, die jeher das Interesse auf sich gezogen hat: „Vnd das wir aber zu einer guten maß moechten kumen, [um] dardurch die huebscheyt eins teyls in vnser werck [zu] bringen, darzu beduncket mich am aller dienlichsten [zu] sein, das du *von vil lebendiger menschen dein maß nemest*. aber such leut darzu, die da huebsch geacht sind, vnd der art mach mit allem fleyß ab. *Dann auß vil manicherley menschen mag durch ein verstendigen etwas gutz zusamen gelesen werden* durch alle teyl der glider. Dann selten find man ein menschen, der da alle glidmaß gut hab, dann ein yedlicher hat ein mangel. Vnd wie wol man von villerley menschen zusamen versameln sol, so sol man doch von einerley art der menschen zu einem bild brauchen[42] ... *Ein yedliche art brauch besunder in sundern bildern* ... Vnd ob gleich wol wir nit sagen kuennen von der groesten schonheyt einer leyblichen creatur, *so find wir doch in den sichtigen [sichtbaren] creaturen eine soliche vbermessige schonheyt vnserem verstand*, also das soliche vnser keiner kan volkumen in sein werck bring[g]en." (Rupprich I, Bd. 3, S. 295, 369 ff.). Was Dürer nicht verzagen läßt, ist die Gewißheit, daß die Schönheit in der Natur steckt[222)] und zwar in

221) Panofsky I, S. 127 ff.
222) Wir verweisen hier auf den Streit zwischen Kauffmann und Panofsky, um die Frage, ob für Dürer die Schönheit in der Natur steckte oder nicht (vergl. Panofsky V, S. 190).

einer solchen übermäßigen Fülle, daß niemand sie vollkommen in sein Werk bringen kann. Die Schönheit ist leibhaftig zu sehen, aber nicht erkennbar als absolute. Es gibt nur die Möglichkeit der Annäherung. Es wurde schon ausführlich von dem einen Weg der Annäherung durch Ausschluß des Häßlichen gehandelt, mit dem Dürer zum Relativ-Schönen in Form des „Vergleichlichen" vordringt. Nun wird noch ein zweiter Weg genannt. Der Künstler soll seine Maße[223)] von vielen Menschen nehmen, die für schön gehalten werden. Das Moment der Auswahl aus den Naturgestalten, d.h. die Subjektivität, ist somit erneut eingemischt. Diese Subjektivität wird gemildert, indem das der Natur gemäße Prinzip der durchgängigen Gleichförmigkeit die Auswahl lenkt: „Ein yedliche art brauch besunder in sundern bildern." „Dann so es der natur entgegen ist, so ist es boeß." (Rupprich I, Bd. 3, S. 294, 343).

Beim Gewinnen wie beim Anwenden der Maße führt folgendes zu einem „besser bild": „So muß wir erstlich das gantz bild wol vnnd herlich ordnen mit allen glidmassen[34]. Vnnd das darnach ein yedliches glyd sunderlich wolbetrechtlich geschickt gemacht wirdet in den aller kleynsten dingen als inn den groesten, *ob [damit] wir des schonen, das vns gebenn wirdet, herauß zihenn moechten,* auf das wir dest neher zum rechten zil kumen. So dann, wie for gemelt, ein mensch ein stueck ist, das von villerley teyl zusamen gesamelt ist, vnnd ein yedlicher der selben *sein sunder art hat, so mus man gar fleyßlich aller solcher ding eben acht nemen ...".* (Rupprich I, Bd. 3, S. 294, 278 ff.).

Im dritten Entwurf des Exkurses (1512/13) heißt es: „Ein gut bild kann aüsserhalb fleis vnd müe nit gemacht werden ... Also würdet nütz sein, das mann zu sölchen bildern der *menschlichen mas gar fleisig acht hab vnd alle jre arten dürchsüch. Vnd jch haltz dafür, je geneüer vnd geleicher ein bild den menschen enlich gemacht würdet, je pesser das selb werck sey...* Aber etlich sind einer andern meinvng, reden darfan, wie die menschen solten sein [nach eigener Ansicht]. Solchs will jch mit jnen nit krigen[5]. *Ich halt aber jnn solchem die natur füer meister vnd der menschen wan füer jrsall.*[6] Einmall hat der schopfer dÿe menschen gemacht, wie sie müsen sein, vnd jch halt, das die recht wolgestalt vnd hübscheit vnder dem haüffen aller men-

223) Panofsky (I, S. 176) hat darauf verwiesen, daß Dürer die antike Elektionstheorie endgültig nicht mehr anerkannt hat und statt des Herausziehens der schönen Teile aus den Vielen von dem Herausziehen der schönen Maße aus den Vielen gesprochen hat. Vergl. auch Panofsky V, S. 190.

schen begriffen sey. *Welcher das recht heraus ziehen kann, dem will jch mer folgen dann dem, der ein neü erdichte mas, der die menschen kein teill gehabt haben, machen will.*" (Rupprich I, Bd. 3, S. 271, 1 ff.).
Die „neu erdichte mas" als Willkür gegenüber der Natur wird (anders als die Häßlichkeit) in aller Deutlichkeit abgelehnt. Immerhin wird sie aber als Möglichkeit bedacht. „Vnd darumb thut not, das ein yetlicher *bescheydenheyt*[6] in seinem werck brauch, das an das liecht kumen sol. Darauß kumbt, wer etwas rechts wil machen, das er *der natur nichtz absprech vnd leg jr nichtz vntreglichs [Unerträgliches] auff.*" (Rupprich I, Bd. 3, S. 291, 57 ff.).
„*Doch huet sich ein yedlicher, das er nichtz vnmuegliches mach, das die natur nit leyden kuen. Es wer dann sach, das einer traumwerck*[18] *wolt machen, inn solchem mag einer allerley creatur vnder einander mischen ...*" (Rupprich I, Bd. 3, S. 299, 130 ff.).
So wie die „neü erdichte mas", so wird in anderer Weise auch das „traumwerck", zu dem das genaue Messen der Natur durchaus auch befähigt, abgelehnt. Weder das Aufdrängen eines fremden Maßsystems noch die unmittelbare Abbildung des in der Natur Vorgefundenen ist der Weg zum Kunstwerk, sei es dem der „groben bewrichen" oder dem der schönen Gestalt. Wozu soll dann die Messung führen?: „*Also kumbt auß der messung, das die natur auß der gestalt des menschen kuntlich wirdet. Vnd auß solchen ob gemelten dingen kumbt dan vrsach zu nemen, wie man lieblich vnd heßlich ding moeg machen.*" (Rupprich I, Bd. 3, S. 292, 181 ff.).
Was soll das heißen, daß die „Natur" aus der Gestalt des Menschen durch das Messen erkennbar wird? Inwiefern soll eine Folge des Messens helfen, zum „Besseren" zu kommen und die ärgste Ungestalt im Werk zu vermeiden? Und worin soll diese Folge des Messens, die einen Bereich bezeichnet, in dem das Messen selbst nicht mehr herrscht und der hier durch das unerklärt gelassene Wort „Natur" bezeichnet wird, bestehen?
Es existieren Textpassagen aus den verschiedenen Entwürfen des „Ästh. Exkurses", die eine Bestimmung der fraglichen Stelle zulassen. Ein Beispiel findet sich im neunten Entwurf des „Exkurses" (bald nach 1513):
„Item dw solt wissen, *je genewer man der natur vnd dem lewen*[1] *mit abmachen*[2] *noch kumt, je pesser vnd künstlicher dein werck würt.*
Van wenden vnd pigen der bild.
Item dw solt awch wissen, das all mein for beshribne pildnussen, so dÿ jn jren glidern gepogen werden, so beleiben dÿ selben nit alle peÿ der for beschribnen dicken vnd preiten an den selben bemelten stetten.[3] *Dan jm*

lewendigen sind dyse ding beweglich vnd verkern [verändern[sich, vnd was etwan eim teill durch das pigen, wenden oder winden genumen würt, das würt dem andern teill zw geben. *Sölchs geben dir dÿ lebendigen ding, so dw dÿ gepogen vor awgen hast, zw fersten, wÿ es zw gett vnd wÿ man sölchs machen soll.* Aber gar fleisig mus man eins dings recht acht nemen, das man es nit verfür.[4] [Anm. 4: verderbe]." (Rupprich I, Bd. 3, S. 279, 1 ff.). Die lebendigen Dinge geben zu verstehen, „*wy es zw gett*" in der Natur und „*wy man sölchs machen soll*". Die zur Messung hinzugekommene, selbst nicht mehr durch nochmals gesteigerte Genauigkeit des Messens mathematisch beweisbare Seite der „Wissenschaft" des Künstlers ist die Erkenntnis von der Art und Weise, wie die Natur ihre Gestalten formt. Dieses Wissen ist nur zu erwerben aus der lebendigen Natur. Als lebendig begegnet sie, wenn sie bewegt ist, wenn sie nicht still steht. In der unaufhörlichen Veränderung zeigt sie ihre Weise der Gestalbildung. Das sorgsame Messen und Herausziehen der Maße aus der Vielfalt der Naturgestalten führt zu dem Einblick in die Art der Gestalthervorbringung der Natur selbst. Aus der Beobachtung der Weise, wie die Natur es macht, erkennt der Künstler, wie er es bei dem Verfertigen seiner eigenen Gestalten auch machen soll. Das Studium der Natur, das geleitet ist von der Absicht, die schönen Maße zu gewinnen, führt Dürer in den Bereich der allgemeinen Gestaltlehre.[224)]

Man könnte dagegen einwenden, daß die benutzte Textstelle Dürers zu wenig allgemeingültige Bedeutung besitzt, da darin nur von den bewegten Gestalten der Natur, aber nicht ausdrücklich von der Schönheit die Rede ist. Eine entsprechende Belegstelle aus dem Ästh. Exkurs erfüllt diese Bedingung. Dürer stellt auch hier die unendliche Vielzahl der Naturgestalten (Weiße und Mohren und ihre verschiedene Art der Körperbildungen) vor Augen, bevor er fortführt: „[53]*Aber daz leben in der natur gibt zu erkennen die warheyt diser ding. Darumb sich sie fleysig an, richt dich darnach vnd gee nit von der natur in dein gut geduncken, das du woellest meynen das besser von dir selbs zu finden; dann du wirdest verfuert.*

[54]*Dann warhafftig steckt die kunst inn der natur, wer sie herauß kan reyssenn, der hat sie.* Vberkumbstu sie [nämlich die Kunst], so wirdet sie dir vil fels nemen in deinem werck. Vnd durch die Geometria magstu deins wercks vil beweyssen. Was wir aber nit beweyssen kuennen, das musen wir bey gutter meynung vnd der menschen vrteyl bleyben lassen. Doch thut die erfarung vil in disen dingen.

224) Vergl. den Begriff der Gestalt bei Goethe (V, S. 15).

[55] *Aber ye genewer dein werck dem leben gemeß ist in seiner gestalt*, ye besser dein werck erscheynt. [48] Vnd diß ist war. Darumb nym dir nimer mer fuer, das du etwas besser muegest oder welest machen *dann es Gott seiner erschaffnen natur zu wuercken krafft gebenn hat.* Dann dein vermuegen ist krafftlaß gegen Gottes geschöff. Darauß ist beschlossen, das kein mensch auß eygnen sinnen nymer mer kein *schoen* bildnuß kuen machen, es sey dan sach, ..." (Rupprich I, Bd. 3, S. 295, 430 ff.).

Der Sinn des Satzes (Abs. 54) „Dann warhafftig steckt die kunst inn der natur, wer sie herauß kan reyssen [ziehen], der da sie" wird erst dann verständlich, wenn das Wort „Kunst" begriffen wird als wissenschaftliche Kenntnis.[225] „Kunst" bedeutet hier die „Kenntnis des Künstlers von der Natur",[226] insofern sie in Gestalt der Geometrie in der Proportionslehre mathematisch beweisbar zur Schönheit führt, und insofern sie zwar nicht mehr Beweisbarkeit besitzt (und man es deshalb „bey gutter meinung vnd der menschen vrteyl" bleiben lassen muß), aber dennoch nicht subjektive Willkür, sondern Erkenntnis ist, indem sie durch das in der Natur vorhandene und aus dem Leben in der Natur erkennbare Gestaltbildungsgesetz geleitet wird. Die hierzu nötige Einbildungskraft ist nicht als willkürlich assozierende hin- und herjagende Phantasie, sondern als „exakte und vernunftgemäße Phantasie" tätig, die das bildnerische Denken gesetzmäßig ordnet. Entsprechend meint der Satz „Aber ye genewer dein werck dem leben gemeß ist in seiner gestalt, ye besser dein werck erscheynt" nicht etwa, daß der Künstler möglichst genau reproduzieren soll, was er sieht, sondern es soll der Natur „gemeß" sein; und dies heißt, so wie „Gott seiner erschaffnen natur zu wuercken [sich zu bilden] krafft gebenn hat." Entsprechend heißt es in der Parallelstelle des elften Entwurfs: „Dorum nÿm nÿmer mer für dich [nimm dir nicht vor], das dw etwas bessers *gleichnus* [!] eins dings wöllest oder mügest machen, dans [als es] gott seiner erschaffnen natur zw würcken hat geben zw fermügen." (Rupprich I, Bd. 3, S. 287, 353 ff.).

225) Vergl. Panofsky I, S. 174 ff. Panofsky widerlegt die einzelnen irrigen Auffassungen der Wortbedeutung „Kunst".

226) Die Formulierung ist Panofsky (V, S. 191) entnommen, wo die Auseinandersetzung mit H. Kauffmann um die Begriffe „ratio naturae" und „recta ratio faciendorum operum" Interesse erfordern. Vor allen Dingen ist der aristotelische Gedanke nützlich, daß die immanente Teleologie der Natur derjenigen der Kunst analog sei und daß daher der Künstler nicht nachahme, was die Natur schafft, sondern von sich aus so vorgehe, wie die Natur schafft.

Das Werk des Künstlers verhält sich demnach *gleichnishaft* zur Natur. Der Künstler setzt sich auch nicht, durch seine Erkenntnis des Gestaltbildungsgesetzes der Natur verführt, an die Stelle des Gottes, sondern er wird demütig im Angesicht der geschaffenen Natur. „Vnd darumb thut not, das ein yetlicher bescheydenheit[6] in seinem werck brauch, das an das liecht kumen sol." (Rupprich I, Bd. 3, S. 291, 57). Aber Dürers Position ist nicht durch die beschränkte Einsicht des noch nicht aufgeklärten Menschen gekennzeichnet. Mit späteren Kunsttheoretikern[227)] gemeinsam ist ihm die in die Tiefe der Gegenstände dringende Kenntnis das Grundanliegen, aber sein Kunstdenken wird außerdem noch durch eine zusätzliche Dimension bestimmt. Ohne die zuerst durch den schaffenden Gott gebildeten Formen und Maße und durch das so in der lebendigen Natur – nicht etwa allein im Gehirn des hervorbringenden Subjektes – erst erkennbare Formbildungsgesetz ist das Vermögen des Künstlers ein kraftloses Nichts:

„[56]Doraus ist beschlossen, *das kein mensch aus eygnen sinnen nymer mer kein schoen bildnuß kuen machen*, es sey dan sach, *das er solchs auß vil abmachen sein gemuet vol gefast. Das ist dann nit mer eygens genant, sunder vberkumen vnd gelernte kunst worden, die sich besambt, [49]erwechst vnnd seins geschlechtz fruecht bringt.*" (Rupprich I, Bd. 3, S. 295, 451 ff.). Auch diese Sätze zeigen wieder, daß der Sinn des Wortes „Kunst" „theoretisches Wissen" als wissenschaftliches Kennen meint, wie schon das beigefügte Wort „gelernt" verdeutlicht.[228)] Das eigentlich Erstaunliche daran ist aber, daß zugleich mit der bedingungslosen Anerkennung der Instanz der gottgeschaffenen Natur, ohne deren Vorbild nichts Gutes hervorgebracht werden kann, der Übergang zur höchsten Stufe des Schöpferischen ermöglicht wird:

„[57]*Darauß wirdet der versamlet heymlich schatz des hertzen[50] offenbar durch das werck vnnd die newe creatur[51], die einer in seinem hertzen schoepfft inn der gestalt eins dings.* Das ist die vrsach, das ein wol geuebter kuenstner nit zu einem yetlichem bild [be] darff lebendige bilder ab[zu]machen, dann er geust gnugsam herauß, was er lang zeyt von aussen hineyn gesamlet hat. Solicher hat gut machen *in seinem werck, aber gar wenig kumen zu disem verstand. Aber der sind vil, die da mit grosser muee vil vnrechtz machenn.*" (Rupprich I, S. 295 f. / 452 ff.).

227) Goethe IV. und Klee I, II.
228) Hierauf verweist Panofsky (I, S. 177).

Die stärkste Bindung an das Objektive, das Eindringen des Künstlers in das innere Gestaltbildungsgesetz der Natur, sein Eindringen in die „Tiefe der Gegenstände", verhindert paradoxerweise nicht die höchste Stufe des Subjektiven in seiner Freiheit, sondern ermöglicht sie erst. Die Fähigkeit zum „freyen gemell, daz alein an alle hillff aws der fernunft gemacht würt" – deren Erörterung Dürer in seiner Inhaltsangabe zu dem großen „Lehrbuch der Malerei" bereits 1508 angekündigt hat – ist nicht ohne Bindung zu denken; sie ist nicht Lust an der Beliebigkeit, sondern *Versinnlichung des Gesetzes*. Nur wer unendlich viel in sich versammelt hat, kann ohne lebendiges „Gegen-Gesicht" aus dem versammelten Schatz seines Herzens die neue Schöpfung herausgießen. Aber das ist der seltenste Fall, „gar wenig kumen zu disem verstand".
So deutlich Dürers Bewußtsein von der Distanz des hervorbringenden Künstlers zu dem schaffenden Gott ist, so prägnant tritt hier andererseits sein Bewußtsein vom besonderen künstlerischen Vermögen des hervorragenden Individuums entgegen, das sich unterscheidet von den vielen, die nicht zu diesem „verstand" kommen.[229)]
Wäre mit den Aussagen der Absätze 53 und 55 „Aber daz leben in der natur..." und „Aber ye genewer ..." gemeint, daß der Künstler sich möglichst sklavisch an die äußere Form der Naturgestalten halten soll, dann wären die verwandelnden Eingriffe Dürers in die Formen der Naturlandschaften nichts als überprüfbare Willkür. Statt des Abbildens ist, wie zu sehen war, das Wetteifern mit der Natur das Anliegen Dürers. Deshalb ruft er dem Künstler zu: „Dann warhafftig steckt die kunst inn der natur, wer sie herauß kan reyssen, der hat sie"! Dieses Wetteifern ist sein Anliegen, wenn er zu bedenken gibt: „Aber ye genewer dein werck dem leben gemeß ist in seiner gestalt, ye besser dein werck erscheynt". Aber war es denn nicht so, daß Dürer die vorgefundenen Formen der Natur nach seinem Gutdünken verändert, versetzt, neu konstruiert und obendrein noch nach subjektiv bestimmten – durch ihn zwar für schön gehaltenen, aber keineswegs in der Natur vorhandenen Proportionsmaßen – festgelegt hat? Dagegen kann in Erinnerung gerufen werden, daß es im Nachzeichnen der Genesis der Arcolandschaft und im Vergleich der Naturvorgaben mit den übrigen Werken geradezu bestürzend zu entdecken war, wie genau – trotz aller Veränderung – jede Gestalt, Physiognomie, Gebärde, Richtung, jeder Zusammenhang usw. durch Dürer

229) Vergl. zum Bereich des künstlerischen Urteils Dürers Aussagen bei Rupprich I, Bd. 3, S. 296, 533 ff. und S. 299, 560 ff.

aus der Natur herausgezogen worden ist. Und es kann in Erinnerung gerufen werden, daß selbst die Maße des Arcoberges geometrisch-mathematisch aus der Natur ermittelt worden sind; ja, daß sogar die komplizierteste Einheitsbildung der Landschaft mit einer menschlichen Proportionsfigur durch Dürer auf mathematisch-geometrischem Wege, unter Berücksichtigung der vorgegebenen Naturmaße, ermittelt worden ist. Man kann also keineswegs sagen, daß ein fremdes Gesetz der Natur aufgezwungen wurde. Und doch bleibt eine Tatsache unabwendbar. So sehr sich Dürer von der Natur leiten ließ, so war *er* es doch, der letztlich festlegte, daß etwa die „abgeschiedenen" Felsgesichter im Bilde einander gegenüberstehen, daß der schöne Mensch des Maßes die Mitte des Bildes beherrscht oder aber, daß architektonisch und physiognomisch gesteigerte Felsenbildungen den Ort des Menschen bilden usw. Letztlich war es Dürer, der das Maß und die Gestalt jedes Dings festlegte, wenn auch in der Zwiesprache mit der Natur und auf gesetzmäßige Weise.

Nachdem wir wissen, wie Dürer bereits auf der Stufe der Arcobilder Zwiesprache mit der Natur gehalten hat, erscheint es ausgeschlossen, daß er sich erst als reifer Künstler seiner eigenen Taten bewußt war. Bereits 1495 wußte Dürer, daß zur Annäherung an die Schönheit außer der Gesetzmäßigkeit des Mathematischen noch eine weitere „Kunst" dazugehörte. Diese zweite „Kunst" bestand aus dem Wissen von der Art und Weise, wie die Natur ihre Gestalten bildet. Daß dieses Gestaltbildungsgesetz sich noch stärker allen geometrisch-mathematischen Rationalisierungsversuchen wiedersetzt als die Festlegung der schönen Proportionen in der Gestalt des Menschen, hat gerade der Landschaftsmaler erkannt, als er aus den real existierenden Naturlandschaften eine „newe creatur ... dem leben in der natur gemeß" erfunden hat. Sein Werk bezeugt seine „Kunst" als Wissen, das schließlich in der Theorie auch in Wortgestalt festgehalten wurde. So hat weder am Anfang noch am Ende die Selbsttäuschung[230] darüber, daß beim Gewinnen der Schönheit das menschliche Urteil mitspielt, Dürers Bemühungen geleitet, vielmehr war es sein bis heute menschlich bewegendster Leitgedanke: *„So wir nun zu dem aller besten nit kumen moegen, sol wir nun gar von vnser lernung lassen? Den fihischen gedancken nem wir nit an."*

230) Vergl. die gegenteilige Auffassung bei Panofsky (I, S. 152 f.).

Damit ist ein Punkt erreicht, von dem aus zurückgeblickt werden kann. Die Untersuchung der Landschaftsbilder Dürers hat einen auf Grund ihrer äußeren Beschaffenheit so nicht erwartbaren Anteil des Subjektiv-Eigenschöpferischen zum Vorschein gebracht. Gemessen am Gang der historischen Entwicklung, die die starke objektivistische Tendenz alles antiken und vor-neuzeitlichen Denkens zur jeweiligen Kunsthervorbringung voraussetzt, konnte dies bei einem Künstler des Nordens, am Übergang von der Spätgotik zur Renaissance, kaum erwartet werden. Entsprechend sind die Landschaftsaquarelle im ganzen durchprägt von der „Imitatio des Gegenständlich-Objektiven".[231] Erst die ausdrückliche Bemühung um die Erklärung des Gestaltungsvorgangs konnte den Ausdruck des Subjektes als persönlichen Stil des Künstlers enthüllen. In seiner Bemühung um eine Teilhabe an einer objektiven Gesamtordnung hat Dürer selbst dieses Persönliche für rasches Hinblicken verborgen. Dieselbe offenkundig objektivistische Tendenz bei gleichzeitig eher verborgenem Anteil des Subjektiv-Eigenschöpferischen wie in den Landschaftsaquarellen liegt auch in den kunsttheoretischen Aussagen Dürers zur Naturnachahmung vor. So wenig befürchtet werden mußte, daß der Anteil des Subjektiven aus den kunsttheoretischen Äußerungen überhaupt nicht faßbar werden würde – dies wäre merkwürdig angesichts der Subjektivität seiner gestalterischen Methoden –, so wenig konnte erwartet werden, daß das „Wie" und „Warum" der Verwandlung der Naturdinge zu Kunstdingen als genau erklärter Stufengang entgegentreten würde. Dies wird schon daran deutlich, daß es nicht Dürer oder sonst ein Renaissancekünstler war, der in ausdrücklicher Weise die Kunst als exemplarische Einheit des Subjektiven-Eigenschöpferischen bestimmt hat, sondern J.W. Goethe zu Ende des 18. Jahrhunderts.
Indem Dürer in seinen Landschaftsaquarellen *gesteigerte Einheiten des Subjektiven mit dem Objektiven,* in diesem neuzeitlichen Sinn, zur Anschauung gebracht hat, sind wir aufgefordert, dieses fundamentale Verhältnis zwischen Natur und Kunst auf uns selbst zu beziehen. Ohne Zweifel ist die bis heute wirksame Fragestellung Kandinskys[232] (von 1910/11) „... müssen wir denn [in der Kunst] nicht auf das Gegenständliche überhaupt verzichten, es aus unserer Vorratskammer in alle Winde zerstreuen und das rein Abstrakte [als das Geistige] ganz bloßlegen?" Dürer prinzipiell fern. Aber diese Ferne enthält den Stachel nicht

231) Vergl. Gosebruch VI, S. 137 f.
232) Kandinsky, S. 76.

aus zuviel Wissen, sondern aus zu wenig. Insofern ist zu fragen, was es eigentlich bedeutet, wenn da, wo im Werk Dürers der schöpferische Mensch begegnet, lediglich äußere Natur gesehen wird. Positiv gewendet bedeutet dieses Nichterkennen des geschichtlich Zurückliegenden die Notwendigkeit einer Neubesinnung auf ein noch nicht Erkanntes. Daraus könnte eine verwandelnde, erneuernde Freiheit zur Tradition gewonnen werden, wobei die Neigung, Phänomene als gegenständlich, objektiv gegeben anzunehmen, nur zu überwinden ist, wenn wir die Objekte im Zusammenhang denken mit einer sie erst wirklich schaffenden Phantasie.

ALLGEMEINE BESTIMMUNG DER GESTALTUNGSPRINZIPIEN UND -ZIELE DÜRERS IM VERGLEICH MIT CÉZANNE

Die nicht leicht erklärbare Wirkung der Landschaftsaquarelle Dürers hat mehrfach den Vergleich mit Werken Cézanne's und auch der Impressionisten herausgefordert. Schon der von Hermann-Fiore gebrauchte Begriff der „ruhigen Zuständlichkeit" und das Wort vom „Zusammen-Bestehen der Dinge" läßt die Erinnerung an Cézannes Bilder wach werden.[233]

Als Gemeinsames zwischen Dürer und den Impressionisten kann das intensive Hinschauen auf die Dinge und das Absehen einer lebendigen Form der Darstellung vor der Natur genannt werden. Darüber hinaus treten die Differenzen unübersehbar in den Vordergrund. Dürers architektonischer Festigkeit steht die lockere Malerei der Impressionisten, seiner streng modellierenden Plastizität ihr formauflösendes Farbenspiel gegenüber. Auch wenn sicher ist, daß das Auge eines Impressionisten nicht ohne Teilnahme des Geistes[234] im unmittelbaren Setzen der mit Phantasie erzeugten und jeweils im Zusammenhang mit dem Bildganzen beurteilten Farbflecke tätig ist, zeigt sich ein erheblicher Unterschied.

Es ist bezeichnend für Dürers Landschaftsaquarelle, daß mit dem anderen Verhältnis zum Phänomen der Zeit auch der für die Impressionisten so wichtige Wert des Atmosphärisch-Stimmungsmäßigen nahezu unbeachtet bleibt. Dürers Landschaften liegen in der Klarheit. Wohl gibt es feine Unterschiede in der Darstellung der die Gegenstände spürbar umgebenden Luft.[235] Aber es fehlt die ausdrückliche Hingabe an atmosphärische Erscheinungen wie Nebel, Dunst, Dämmerung, Sturm und dergl., wie dies bei einem Maler aus Nürnberg schon von der geographi-

233) K. Badt II, Einleitung, 3. und 4. Kap.

234) Zu erinnern ist u.a. an das für seine spätere Entwicklung grundlegende Erlebnis W. Kandinskys vor einem Heuhaufenbild von Claude Monet: „Vorher kannte ich nur die realistische Kunst, eigentlich ausschließlich die Russen, blieb oft lange vor der Hand des Franz Liszt auf dem Porträt von Repin stehen und dergleichen. Und plötzlich zum erstenmal sah ich ein Bild. Daß das ein Heuhaufen war, belehrte mich der Katalog ..." (Kandinsky, S. 9).

235) Siehe auch Herrmann-Fiore I, S. 62 ff.

schen Lage her zu erwarten gewesen wäre.[236)] Vielmehr ist die „stimmungslose" Klarheit südlicher Landschaft für seine gesamte Landschaftsauffassung maßgebend. Wobei Dürer ebensowenig wie Cézanne auch diese Seite seiner Kunstform vorgefunden hat. Er hat „Arco", „Kalchreuth" oder die „Drahtziehmühle" auf diese in der Landschaft liegende Eigenart hin angesehen und sie aus ihr entwickelt.
Mit diesem Verhältnis zum Stimmungsmäßigen hängt die Art der Raumgestaltung in Dürers Landschaftsaquarellen zusammen. Der Raum ist nicht ein Illusionsraum im Sinne einer mathematisch determinierenden, durchgängigen perspektivischen Konstruktion. Seine Raumgestaltung umfaßt erlebbar Nähe und Ferne. Aber man kann sich nicht in der Ferne verlieren. Dies bezeugt schon die gleichmäßige Klarheit der Bilddinge, die Nähe und Ferne anders auffassen lassen, als es der normalen Sicht des Menschen entspricht. Es fällt auf, daß ferne Objekte häufig mit der gleichen Deutlichkeit wie nahe gegeben sind. So wird z.B. in „Arco" das Hauptmotiv des Berges, das in der Ferne liegt, entgegen perspektivischer Konstruktion, aber nicht entgegen der Entwicklung der Vorstellung im Erleben des Raumes, nah herangezogen. Als Ausgangspunkt dient für gewöhnlich ein Fernmotiv,[237)] das sich auf die übrigen Bildgegenstände auswirkt und mit der Erstreckung dieser Gegenstände Raum schafft. Raum ist erlebbar als zusammenhängend sichtbar gemachte Plastizität der Dinge. Die Gegenstandsvereinfachung und Verunklärung der Ferne, wie sie für die gewöhnliche Wahrnehmung, durch die dazwischen liegenden Luftschichten, unumgänglich ist, unterbleibt weitgehend. Durch die Erfindung von ganzheitlichen Formen im Vordergrund vermeidet Dürer, daß die Nähe nur als Unvollständiges erlebt werden kann. In der Fotografie und der perspektivisch geordneten Wahrnehmung führt die fehlende Distanz zum Nahen dazu, diese immer nur als Teilstück, d.h. unvollständig zu erfahren. So sind die na-

236) Um das „Tal von Kalchreuth" (Abb. 72, 74) bei genügend klarem „Dürerwetter" im Spätsommer fotografieren zu können, mußte über drei Jahre hinweg der richtige Augenblick abgewartet werden.

237) Vergl. Hermann-Fiore I, S. 51 f. Darüber hinaus hat sie (S. 64 ff.) überzeugend dargelegt, daß entgegen der bisher herrschenden Auffassung Dürer die Aquarelle nicht „nachträglich in einem Akt der Gewissenhaftigkeit abgerundet" (Winkler) hat, sondern daß die mit dem breiten Pinsel locker angelegten und noch nicht detaillierten Formen, wie z.B. in „Arco" der Blick in den Hintergrund (rechts oben) oder in „Welsch-pirg" die Vordergrundsformation, bereits bei Beginn des Malvorgangs angelegt wurden.

türlichen Gegensätze von Nähe und Ferne bei Dürer im doppelten Sinne aufgehoben. Außer der besonderen Behandlung, die das Nahe erfährt, wird das Fluchten des Räumlichen in die Tiefe und auch seine unbestimmte Ausdehnung in die Breite begrenzt. Das Ferne wird dem Betrachter zugewendet und durch Formüberhöhung zu ihm herangezogen. Dies zwingt ihn, im Anschauen des „Gegengesichts" stillzustehen und die zusammenhängende Ausdehnung der Objekte in ihrem Miteinander zu erleben. Trotz Verwendung perspektivischer Mittel verstößt Dürer gegen die Formen der allgemeinen Wahrnehmung. Die Perspektive ist untergeordnet unter den kontinuierlichen Zusammenhang zwischen den Bilddingen selbst. Die Konsequenz dieses freien Verhaltens zeigt sich in „Perspektivfehlern".
All dies erinnert in mehr als einem Punkt an Cézanne's Raumgestaltung,[238)] wie man sie etwa aus den Darstellungen der Montagne Ste. Victoire (Abb. 19–22) kennt; mit dem Unterschied, daß Cézanne einen ungleich kleineren Umfang der Welt im Bild umfaßt als Dürer. Dürer gelingt, im Vergleich zu Cézanne, geradezu mühelos eine lückenlose Raum-Flächen-Bindung, ohne Reduzierung des Blickfeldes, ohne auffallende Akzentschwächung oder Brechung des linearperspektivischen Gerüstes, ohne Einsatz einer bildflächenbetonenden fleckenhaften Kleinstruktur und ohne Aufhebung der Zugänglichkeit des Raumes.
Auch die durchgängige Einheitlichkeit der Erscheinungen läßt an Cézanne denken. Aber anders als bei Cézanne, ist bei Dürer jedes einzelne Objekt selbständig, ohne daß das seinen Ort bestimmende Gefüge der Bildstruktur sich vordrängt[239)] oder offen erkennbar gemacht ist. Dagegen bleibt die Bildstruktur auch in vollendeten Bildern Cézannes immer erkennbar. Jedes Ding wirkt nicht aus sich selbst, sondern wie mit noch spürbarer Not auf das andere angewiesen. Sei es bei den Gegenständen der Stilleben und Landschaften oder den Figuren der Badenden oder der Kartenspieler usw., immer wird das Einander-Zugeneigtsein und der ausdrücklich erstrebte architektonische Zusammenhang offengelegt. Immer bleibt die überwundene Gefährdung noch spürbar. Solch eine Bildstruktur wurde bei der Analyse von Dürers Bildern nicht greifbar, die Verwandlung der wirklichen Dinge in bildmäßige konnte dagegen in der vergleichenden Betrachtung mit der Natur erkannt werden; die

238) Vergl. K. Badt II, S. 124 ff.
239) Dies hat Rilke in seinem Brief an Elisabeth Taubmann (8.8.1917) für die Kubisten als deren begrenztes Verfahren im Vergleich zu Cézanne gesehen (vergl. H. Meyer, S. 335).

Bildstruktur ist bei Dürer ganz in die Bildgegenstände eingegangen. Daher antwortet jedes Ding wie von selbst dem anderen.

Die Dinge sind einander nicht gleichgültig. Das haben Dürer und Cézanne ebenso gemeinsam wie die Tatsache, daß sie die Dinge nicht für gegeben ansahen. Es ist die Leistung Cézannes, „unscheinbaren Dingen ... nach Eigenart und Körpererscheinung im Raum Bedeutung verliehen zu haben" (Gosebruch V, S. 407). Aber über ihn hinaus sind Dürers Objekte ohne „gegenständliche Indifferenz"[240] ausdrucksvoll, sprechend in ihrer Haltung und Gebärde. Wenn die Dinge im Fortschreiten des Malprozesses in die höchste Prägnanz erhoben worden sind, d.h. definiert, begrenzt worden sind, so hören sie damit nicht auf, sondern von daher beginnen sie erst als Vollendete in den Zusammenhang miteinander zu treten. Ihr Miteinander ist die beherrschende Bestimmung. Aus ihr resultiert der Eindruck des unzerstörbar Bleibenden, nicht der Zeit Unterworfenen.

Auch da, wo wie in „Arco" (W. 94) oder „Kalchreuth" (W. 117) oder „Welschpirg" (W. 99) Menschenleere herrscht, wirkt diese Leere daher nie beängstigend oder befremdend, denn es ist die *Stille des Lebendigen,* die da begegnet. Dürers landschaftliche Natur ist nie verlassen vom Menschen oder ihn verlassend; sie gibt stets das wunderbare Bild der ruhig atmenden Verbundenheit. Wo dies zum Vorschein kommt, kann sich der Ausbruch der Verlassenheit ebensowenig wie der Ausbruch des Unmenschlichen oder „Außermenschlichen" (Sedlmayr) ereignen. Im Gegenteil, Dürer macht hierdurch die schaffende Gottheit ahnbar.[241] Ein Blick auf den für die Tirollandschaften so wichtigen Stich der „Nemesis" (M. 72) (Abb. 1) beweist, daß der Eingriff des Überweltlichen in die „treueste" Naturschilderung von Dürer auch buchstäblich erreicht wird. Bei Cézanne ist das schwer vorstellbar. Dieser Unterschied bezeichnet indirekt sein Ziel der „réalisation", dem er sich nur annähern konnte. Das Aquarell des „Gärtner Vallier" (Abb. 117) soll diese Deutung erklären. Es existiert ein eindrucksvolles dokumentarisches Foto, das von Émile Bernard 1904 aufgenommen wurde (Abb. 118). Es zeigt Cézanne sitzend vor einer Fassung der „Großen Badenden" (Venturi Nr. 720, 1895–1906). Es ist bemerkenswert, daß Cézanne damit eines seiner Hauptwerke auszeichnet, das den anderen Fassungen der Badenden[242] darin überle-

240) Vergl. H. Meyer, S. 335.

241) Vergl. die Beschreibung des Welschpirgaquarells bei Gosebruch (V, S. 408).

242) Vergl. die „Großen Badenden" von 1899–1906, Philadelphia (Venturi Nr. 719).

gen ist, daß den Figuren Gebärde, Richtung und Gewicht im Raum nicht bestimmend von den die Bildfläche gliedernden struktiven Formen der Hintergrundsbäume auferlegt wird. Noch weniger zufällig erscheint es, daß die Sitzhaltung des Gärtners Vallier bis in die Einzelheiten mit der Haltung Cézannes identisch ist. Ohne Wissen, daß es sich bei dem Aquarell um ein Porträt des Gärtners handelt, dürfte man annehmen, daß ein Bildnis des alten Cézanne vorliegt. Die Gesichtszüge und die Hände sind unvollständig in der Realisation. Sie verharren „teils nebelhaft verhüllt, teils in kristallinischer Allgemeinheit." (Badt I, S. 243). Damit ist nicht nur gemeint, daß die einzelnen Finger oder z.B. der Mund nicht fertig gemalt sind, sondern auch folgendes: Aus der Gesamtheit der Sitzgebärde ist, noch bevor das Fehlen verschleierter Stellen überhaupt bemerkt werden kann, die Versammlung aller Bildteile in dieses freie und zugleich strenge Dasitzen wahrnehmbar. Die Stille dieses „ereignislosen" Dasitzens ist so stark, daß sie für den Betrachter körperlich spürbar wird. Der Vergleich mit dem Dokumentarfoto macht die Überlegenheit des Aquarells deutlich. Was hier begegnet, ist die feierliche Stille eines Bildes, das jenseits buchstäblichen Beweisens das ureigene Bild des Malers zeigt. Der Mangel an Realisation liegt nun darin, daß zwar das gesamte Bild etwas uns Treffendes-Anschauendes besitzt, Gesicht und Hände jedoch nicht in besonderer Weise an Sitzen und Schauen teilhaben. Sie gelangen nicht zu besonderer Individualität und Aussage, sondern sie fügen sich in die Gleichberechtigung aller Bildteile.

Ohne Zweifel muß also dem Begriff der „gegenständlichen Indifferenz", wie ihn Rilke gebraucht hat, zugestimmt werden. Er erkennt die fühlbare Anstrengung Cézannes, die Dinge – und das hießt hier einen Menschen – bis zur „ins Unzerstörbare hineingesteigerten Wirklichkeit" zum Vorschein zu bringen. Die Indifferenz ist also nicht Cézannes Ziel, sondern das unumgängliche Mittel, mit dem er den „unzerstörbaren Zusammenhang der Dinge" erreichen kann, der aber gleichzeitig die erstrebte Verwirklichung der Individuation unerreichbar macht. Dieses bis in gänzlich ausgesagtes Blicken und Greifen Nicht-Hervortreten-Können bezeichnet Rilke als die „unsägliche Not" dieser Bilder.[243)]

Mit dem unumgänglichen Hinweis auf die indifferente Behandlung der Stofflichkeit der Dinge bei Cézanne soll keineswegs dessen Rang gemindert werden. Vielmehr zeigt sich ein tiefgreifender Unterschied, wenn

243) Vergl. zum Problem des „sachlichen Sagens" Meyer, S. 258.

Cézanne die bis „ins Unzerstörbare hinein gesteigerte Wirklichkeit"[244] nur durch das Aufopfern der mannigfaltigen Stofflichkeit der Dinge zugunsten einer durchgängigen Materie erreichen kann. Dürer dagegen erhält mühelos die Weichheit des Grases und der Bäume, die Härte der Felsen. Und damit in Zusammenhang wird die äußerste Steigerung der Plastizität, an der auch Cézanne interessiert war, bei Dürer nicht durch das Durchhalten einer gleichmäßig „kristallinen" Bildstruktur erreicht, sondern die allen Objekten anhaftende Plastizität, wird bei ihm gerade durch das Erhalten der durch unendlich viele Unregelmäßigkeiten komplizierten Formen der Natur erreicht. Die Reduzierung der Naturformen auf isolierte und stereometrische Grundformen, etwa im Sinne des Kubismus, lag Dürer und auch Cézanne fern.[245] Cézanne hat trotz erheblicher Deformation der empirisch wahrnehmbaren Natur *nie* die Grenze zu der mit dem Kubismus vollzogenen Deformation der zerstörten Dinge überschritten. Auch im Spätwerk schließen seine Gestaltungen die Wiedererkennbarkeit der Dinge ein. Darin mit Dürer gleichzusetzen, strebt er danach, das wahre (nicht das richtige) Aussehen der Dinge zu bewahren.

Plastizität als Lebendiges entwickelt sich bei Dürer, vergleichbar mit Cézanne, aus Zentren, die nach außen drängen: sie tendiert naturgemäß vor allem zu kurvenbegrenzten Körpern, aber nicht zu homogenen, gleichartigen „vollendeten" Körpern (wie z.B. der Kugel), sondern zu solchen, die noch nicht in ihrer Bewegungstendenz ganz zur Ruhe gekommen sind. Dürer leidet jedoch nicht unter der Not, die lebendige und naturgemäße Bewegung des Kurvig-Plastischen, die für Cézanne's Ziele ungeeignet war, durch betont sichtbar gemachte Veranschaulichung des Unterbrechens der Formzusammenhänge zum Stillstand zu bringen. Seine Umbrüche im Raum, seine Unterbrechungen und Abschwächungen von Bewegungszusammenhängen sind lautloser und unmerklicher. An Kuben angenäherte Körperformen, wie sie vor allem bei Architekturformen von Dürer noch nachdrücklicher als bei Cézanne benutzt werden, sind nicht fremd kontrastierende Gegenformen zum Rundpla-

244) Vergl. H. Meyer, S. 252, Badt II, S. 138.

245) Cézanne hat in seinem oft zitierten Brief an Emile Bernard vom 15.4.1904 Zylinder, Kugel und Kegel – interessanterweise aber „nicht Kuben!" (Badt II, S. 122) – als Grundlage der Interpretation der Naturformen empfohlen. Er hat aber keineswegs Bilder aus stereometrischen Grundformen erzeugt. Dazu hätte es keiner stetigen Auseinandersetzung mit der Natur *vor dem Motiv* bedurft.

stischen, sondern stets Haltepunkt oder Zentrum, auf das die organischen Formen bezogen sind. Lückenlos zusammenhängende Plastizität reicht bei Dürer bis in die feinsten Oberflächenstrukturen. Die gebogenen gewölbten Formen tragen dabei naturgemäß dominant den Ausdruck des Lebendigen. Da flächig begrenzte Körper zum Ausdruck der Leblosigkeit und des Starren tendieren, setzt Dürer alles daran, die Bewegungen des Kurvigen miteinander (fast) ins Gleichgewicht zu bringen und die Starrheit des kristallin Anorganischen durch Asymmetrien und Einbezug in Steigerungszusammenhänge zu verlebendigen; wobei diese Auswägungen nicht ausdrücklich vorgezeigt werden. Sie fallen ebensowenig wie die gegenüber der Naturvorgabe veränderten Einzelgestalten als unnatürlich auf. So entsteht ein unerschöpflich reiches Wechselspiel der Verbindungen des Reliefs der Oberflächen.
Die Modellierung der Oberflächen des Bildkörpers mit seinen Einzelgestalten erlaubt zugleich Einblick in die Art des Fortschreitens beim Malen. Man kann von einer Faktur der Malerei im Sinne einer Erkennbarkeit der Malspuren sprechen. Denkt man jedoch an Cézannes Flecktechnik, dann kann bei Dürer nicht von Faktur im modernen Sinn gesprochen werden. Auch da, wo Bildteile noch im anfänglichen Zustand sind, ist sie bereits scharf davon unterschieden. Während bei Dürer bereits vom ersten Pinselfleck an der Gegenstand durch lebendiges An- und Abschwellen der Farbtöne und durch Vermeiden unbewegter Farbflächen enthalten ist, dauert es bei Cézanne sehr lange, bis die Gegenstände aus dem Gewebe der Kleinstruktur hervorgehen. Beide Maler gewinnen die Kleinstrukturen ihrer Darstellung aus der Beobachtung der Natur. Während Cézanne jedoch durch seine gegenüber den Erscheinungsformen der Dinge „fremde“ Faktur zu einer sichtbaren Deformation der Natur gelangen muß,[246] liegt Dürer die Anwendung des eigenmächtigen Vorherrschens einer durchgängigen Malstruktur über die Erscheinungsqualitäten der Dinge fern. Auch die starke Veränderung der Einzelgestalten wird nicht in den Bereich entstellender Deformation getrieben. Dürer erfindet vielmehr, mit der Natur übereinstimmend, die sinnvollere, aber stets naturmögliche Gestalt. Ebenso wie in sich farbig differenzierte Farbfleckküberdeckungen bei Dürer identisch sind mit der Wölbung eines schichtenweise, aus Erde und darüberwachsendem Gras geformten Weges, so sind komplizierter geformte Flecke oder Striche identisch mit Felsadern oder Blättern u. dgl. Was bei Cézan-

246) Vergl. Badt II, S. 130.

ne als Fehler mit aller Kraft vermieden wird, erscheint bei Dürer nicht als Hindernis in der Verwirklichung des Bildes. Die zugrundeliegende Faktur der Malerei geht vollständig in die Form des Gegenstandes auf. Dürers Aquarelltechnik, die stets die Auffassung der Dinge von ihren Massen her mitenthält, zeigt sich als Systematik des Schichtens von Farbflecken bis in den Zustand des lückenlosen farbigen Zusammenhangs. Er sieht also der Natur auch nach der Seite der „Faktur" ab, wie sie ihre Gestalten verfertigt. Er verfügt dabei nicht nur über eine hervorragende Beobachtungsgabe, sondern auch über ein Wissen vom symbolischen Charakter der wirklichen Welt: Die einzelnen Farblasuren seiner Maltechnik waren ihm vorgegeben, und er konnte sie vor dem Motiv beobachten, weil er die Natur auf ihr *Wachsen und Hervorbringen und zugleich auf ihr Sicherhalten im Zusammen-Stehen anschaute.* Natur zeigte sich ihm dabei als das Mannigfaltige und Geeinte schlechthin. Eine gleichmäßige Faktur wäre ungeeignet zur Verwirklichung seiner Idee. Vielmehr sind Steigerungen bis hin zu Kontrasten unbedingt notwendig. Es sind dies dann allerdings Kontraste, die sich nicht gegenseitig auslöschen, sondern sich gegenseitig stützen.

Das hohe Maß der Unterordnung unter die Natur, die Objektbestimmtheit bei Dürer und Cézanne, ist nicht objektbestimmt im Sinne des Naturalistischen, sondern trotz des vielfachen Verkennens dieser Objektivität (bei Dürer als fotografisch abbildender, bei Cézanne als abstrakter) höchst persönlich – und zwar im Erschaffen einer Welt angesichts der Natur. Entscheidend ist die Anerkennung der erscheinenden Natur durch beide Künstler, die aber nicht im Sinne des Ausgelöschtwerdens des Subjektes mißverstanden werden darf. Dieses Subjektive konnte als innere Natur des Künstlers im Miteinbeziehen der äußeren Naturvorgabe erkennbar gemacht werden. Das Subjekt erlischt lediglich im Vermeiden der Intimität mit dem Gegenstand. Dürers Hingabe an die Objekte, seine Unterwerfung unter die Wirklichkeit zeigt sich daran, daß er unter Einsatz aller seiner künstlerischen Fähigkeiten die Eingriffe in die vorgefundenen Formen der Natur unsichtbar macht, so daß man nur reine Natur zu sehen glaubt. Zurück tritt Dürer, insofern er nicht vordergründig in gesteigerter Subjektivität sein Erlebnis, seine persönlichen Empfindungen darstellt. Darin kann Cézanne nach seiner Entwicklungsstufe von 1870/71, mit Dürer verglichen werden. In beiden Fällen scheint es, als ob der Schaffende ganz hinter seinem Werk verschwinde. In Wahrheit tritt er jedoch als Künstler vor, indem er ganz eingeht in das von ihm erkannte wirkliche Wesen der Dinge (Abb. 117). Trotz dieser

Gemeinsamkeit bleibt ein prinzipieller Unterschied: Dürer verwirklichte eine überzeugende Darstellung seiner Idee und zugleich eine erkennbare Darstellung der Natur. Bei Dürer folgt die Ausführung des Bildes nicht nur ganz nah der Erfindung, sondern sie ist mit ihr identisch. Im Gegensatz dazu geht es bei Cézanne in einem großen Teil des Realisationsprozesses darum, die Erkennbarkeit der Dinge zu retten. Cézanne, ein Riese an objektgestaltender Phantasie, sprach immer davon, daß es für einen Fortschritt in der künstlerischen Realisation nur die Natur gäbe, an der sich das Auge bilde. Sein Ziel war nicht die Zerstörung, sondern das Bewahren des Aussehens der Dinge. Es wird darauf ankommen, diesen Weg Dürers und Cézanne's nicht zu verlieren.

LITERATURVERZEICHNIS

Alberti, Leon Battista: Kleinere kunsttheoretische Schriften. Ed. Janitschek, Wien 1877.
Anzelewsky, Fedja I: Albrecht Dürer. Das malerische Werk. Berlin 1971.
Anzelewsky, Fedja E.A. II: Motiv und Exemplum im frühen Holzschnittwerk Dürers (Diss.). Berlin 1955.
Anzelewsky, F. – Mielke, H.: Verzeichnis sämtlicher Zeichnungen im Berliner Kupferstichkabinett. Berlin (West) 1972.
Aristoteles: Nikomachische Ethik. Übers. und kommentiert von Franz Dirlmeier. Darmstadt 1964.
Arnheim, Rudolf: Anschauliches Denken. Köln 1972.
Atzwanger, Hugo: Albrecht Dürers Landschaften an Inn und Eisack. Der Schlern, Jg. 8, Heft 12, Dez. 1927.
Badt, Kurt I: Modell und Maler von Jan Vermeer. Köln 1961.
Badt, Kurt II: Die Kunst Cézannes. München 1956.
Badt, Kurt III: Eugène Delacroix – Werke und Ideale. Köln 1965.
Beenken, Hermann: Zu Dürers Italienreise im Jahr 1505. Zeitschrift des deutschen Vereins für Kunstwissenschaft, Bd. 3, Heft 1/2, Berlin 1936.
Bialostocki, Jan: Vernunft und Ingenium in Dürers kunsttheoretischem Denken. Zeitschrift des deutschen Vereins für Kunstwissenschaft, Bd. 25, H. 1–4, Berlin 1971.
Bernard, Emile: Souvenirs sur Paul Cézanne et lettres inedites. Mercure de France 1907.
Bier, Justus: Die Örtlichkeit von Dürers „Drahtziehmühle". Mitteilungen des Vereins für Geschichte der Stadt Nürnberg, Bd. 28, 1928.
Boeck, Wilhelm: Rechts und Links in Rembrandts Druckgraphik. Wallraf-Richartz-Jahrbuch, XV, 1953.
Braunfels, Wolfgang: Die geschichtliche Bedeutung von Dürers 1. Reise. Jahres- und Tagungsberichte der Görresgesellschaft 1963. Köln 1964.
Brinckmann, Albert Erich: Albrecht Dürer. Landschaftsquarelle I. Berlin 1934.
Busch, Günther: Das Schicksal der Bremer Dürer Aquarelle. Museum – Heute. Ein Querschnitt. Bremen 1948.
Cetto, Anna Maria: Aquarelle von Albrecht Dürer. Basel 1954.
Cürlis, Hans: Forschungen über das Gesetz der Blickbahn und seine Auswirkungen auf die Bildkomposition, insbesondere bei Dürers Graphik. Sitzungsberichte der Kunstgeschichtlichen Gesellschaft zu Berlin, Okt. 1931 – Mai 1932.
Delacroix, Eugène I: Mein Tagebuch. Berlin 1918.
Delacroix, Eugène II: Fragmente einer Selbstbiographie – Charles Baudelaire über Delacroix. Basel 1938.
Delacroix, Eugène III: Journal (3 Bde.). Paris 1960.
Diptmar, H.: Der Trockensteg. Eine Düererinnerung. Fränkische Monatshefte, Heft 7, 1928.
Dreger, Moritz I: Zur ältesten Geschichte der Innsbrucker Hofburg. Kunst- und Kunsthandwerk, Heft 7–10, Wien 1921.
Dreger, Moritz II: Dürer und die alte Innsbrucker Pfarrkirche. Belvedere, Bd. 9/10, Heft 54, 1926.

Dreger, Moritz III: Die Schloßhof-Ansichten der Albertina als architekturgeschichtliche Urkunden. Jahrbuch der Preußischen Kunstsammlungen, Jg. 55, 1934.

Dressler, Fridolin: Nürnbergisch-Fränkische Landschaften bei A. Dürer. Mitteilungen des Vereins für Geschichte der Stadt Nürnberg, Bd. 50, 1960.

Elffers, J., Schuyt, M. und Leemann, F.: Anamorphosen. Köln 1981.

Ephrussi, Charles: Albrecht Dürer et ses dessins. Paris 1882.

Eye, A. von: Leben und Werke Albrecht Dürers. Nördlingen 1860.

Feldges, Uta: Landschaft als topographisches Porträt – Der Wiederbeginn der Landschaftsmalerei in Siena. Bern 1980.

Flechsig, Eduard I: Albrecht Dürer. Sein Leben und seine künstlerische Entwicklung. 2 Bde., Berlin 1928–1931.

Flechsig, Eduard II: Zu Dürers erster Reise nach Venedig. Dürer-Festschrift, hrsg. vom Cicerone. Leipzig 1928.

Freudenthal, J.: Über den Begriff des Wortes Phantasie bei Aristoteles (Diss.). Göttingen 1863.

Froschauer, J.: Über die Bedeutung der Einbildungskraft in der Philosophie Kants und Spinozas. München 1879.

Funk, Wilhelm: Das recht Maß bei Albrecht Dürer und bei den alten Meistern. Nürnberg 1955.

Gantner, Joseph: Leonardos Visionen der Sintflut und vom Untergang der Welt – Geschichte einer künstlerischen Idee. Bern 1958.

Gerstenberg, Kurt: Dürer in Arco. Monatshefte für Kunstwissenschaft, 3, 1910.

Goethe, J.W. v. I: Schriften zur Kunst I. München 1962.

Goethe, J.W. v. II: Der Versuch als Vermittler von Objekt und Subjekt. Naturw. Abhandl., Sämtl. Werke, Bd. 33. Stuttgart 1885.

Goethe, J.W. v. III: Einfache Nachahmung, Manier, Stil. Sämtl. Werke, Bd. 30, Stuttgart 1885.

Goethe, J.W. v. IV: Einleitung in die Propyläen. Sämtl. Werke, Bd. 30. Stuttgart 1885.

Goethe, J.W. v. V: Morphologie. Die Absicht eingeleitet. Sämtl. Werke, Bd. 32. Stuttgart 1885.

Gosebruch, Martin I: Varietà bei Leon Battista Alberti und der wissenschaftliche Renaissancebegriff. Zeitschrift f. Kunstgeschichte, 20. Berlin 1957.

Gosebruch, Martin II: Methodik der Kunstwissenschaft. Enzyklopädie der geistesw. Arbeitsmethoden, 6. Lieferung. München 1970.

Gosebruch, Martin III: Zum Disegno des Michelangelo. Würzburg 1964.

Gosebruch, Martin IV: Vom Aufragen der Figuren in Dantes Dichtung und Giottos Malerei. Festschrift Kurt Badt. Berlin 1961.

Gosebruch, Martin V: Cézanne. Meilensteine europäischer Kunst. München 1965.

Gosebruch, Martin VI: Unmittelbarkeit und Reflektion. München 1979.

Gosebruch, Martin VII: Zur „Ordnung der Dinge" in der Kunstgeschichtswissenschaft. Festschrift für Werner Gross. München 1968.

Gritsch, Johanna: Gotische Baureste in der Innsbrucker Hofburg und Dürers Schloßhofansicht. Österreichische Zeitschrift für Denkmalpflege, 4, 1950.

Grobe, Ludwig: Albrecht Dürer. Genf 1965.

Haendcke, Berthold: Die Chronologie der Landschaften Albrecht Dürers. Studien zur deutschen Kunstgeschichte, 19. Straßburg 1899.

Hahnloser, H.R.: Villard de Honnecourt. Kritische Gesamtausgabe des Bauhüttenbuchs. Graz 1972.

Hauck, Guido: Lehrbuch der malerischen Perspektive. Berlin 1910.
Haseloff, Artur: Dürers erste ital. Reise. Sitzungsberichte der Berliner Kunstgeschichtl. Gesellschaft vom 14.2.1919.
Hedgecoe, John: Fotohandbuch. Bern/Stuttgart 1980.
Heidegger, Martin: Die Frage nach der Technik. Die Künste im technischen Zeitalter. Darmstadt 1956.
Heller, Joseph: Das Leben und die Werke Albrecht Dürers. Bamberg 1827.
Hennig, R.: Das Wesen der Inspiration. Schr. d. Ges. f. psychol. Forschung, 17. Leipzig 1912.
Herrmann-Fiore, K. I: Dürers Landschaftsaquarelle. Ihre kunstgeschichtliche Stellung und Eigenart als farbige Landschaftsbilder. Kieler Kunsthistorische Studien, I. Bern/Frankfurt 1972.
Herrmann-Fiore, K. II: Das Problem der Datierung bei Dürers Landschaftsaquarellen. Anzeiger des Germanischen Nationalmuseums 1971–72.
Hetzer, Theodor: Albrecht Dürer. München/Stuttgart 1982.
Hilpert, Willi: Albrecht Dürers Kalkreuth Aquarelle. Erlanger Bausteine zur fränkischen Heimatforschung, Heft 5, 1958.
Hoeniger, Karl Theodor: Albrecht Dürer im Etschland. Der Schlern, Jg. Heft 11, 12, 1936.
Hofmann, W.J.: Über Dürers Farbe. Erlanger Beiträge zur Sprach- und Kunstwissenschaft, 42. Nürnberg 1971.
Höhn, Heinrich: Albrecht Dürer und seine fränkische Heimat. Nürnberg 1928.
Jahn, Johannes: Entwicklungsstufen der Dürerforschung. Sitzungsberichte der sächsischen Akademie der Wiss., philos.-histor. Klasse, Bd. 115, H. 1, Berlin 1971.
Janssen, Horst: Querbeet. München 1982.
Jantzen, Hans: Dürer als Maler. Bern 1952.
Juraschek, Franz: Albrecht Dürer. Wien/Leipzig 1936.
Justi, Ludwig: Konstruierte Figuren und Köpfe unter den Werken Albrecht Dürers. Untersuchungen und Rekonstruktionen. Leipzig 1902.
Kainz, Friedrich: Das Steigerungsphänomen als künstlerisches Gestaltungsprinzip. Zeitschrift f. angew. Psychol., Beih. 33, 1924.
Kandinsky, Wassily: Über das Geistige in der Kunst. Bern 1973.
Kauffmann, Hans I: Albrecht Dürers rhythmische Kunst. Leipzig 1924.
Kauffmann, Hans II: Dürers Nemesis. Tymbos für Wilhelm Ahlmann. Berlin 1951.
Killermann, S.: Albrecht Dürers Werk. Eine natur- und kulturgeschichtliche Untersuchung. Regensburg 1953.
Klaiber, Hans: Die Entwicklung in Dürers theoretischen Studien. Repertorium für Kunstwissenschaft, 38, 1916.
Klebs, Luise: Dürers Landschaften. Ein Versuch, die uns erhaltenen Naturstudien Dürers chronologisch zu ordnen. Repertorium für Kunstwissenschaft, 30, 1907.
Klee, Paul I: Wege des Naturstudiums (1919–1923). Das bildnerische Denken. Ed. J. Spiller, Basel/Stuttgart 1964.
Klee, Paul II: Übersicht und Orientierung auf dem Gebiet der bildnerischen Mittel und ihre räumliche Ordnung (1924). Das bildn. Denken. Ed. J. Spiller. Basel/Stuttgart 1964.
Klee, Paul III: Exakte Versuche im Bereich der Kunst (1928). Das bildn. Denken …
Klee, Paul, IV: Schöpferische Konfession (1920). Das bildn. Denken. Ed. J. Spiller. Basel/Stuttgart 1964.

Kleist, Heinrich von: Empfindungen vor Friedrichs Seelandschaft. Berliner Abendblätter. Wiesbaden 1980.
Knappe, Karl Adolf: Dürer: Das graphische Werk. Wien 1964.
Koschatzky, Walter: Albrecht Dürer. Die Landschaftsaquarelle. Darmstadt 1971
Koschatzky, W. – Strobl, A.: Die Dürerzeichnungen der Albertina. Salzburg 1971.
Kuhrmann, D.: Über das Verhältnis von Vorzeichnung und ausgeführtem Werk bei Albrecht Dürer. Berlin (West) 1964.
Kunz, H.: Die anthropologische Bedeutung der Phantasie. Studia philosophica, Jb. d. schweizer. Philos. Ges., Basel 1946, Suppl. 3 u. 4.
Ladendorf, Heinz I: Ein Felsgesicht bei Albrecht Dürer. Aachener Kunstblätter 41, 1971.
Ladendorf, Heinz II: Zur Frage der künstlerischen Phantasie. Mouseion, Studien aus Kunst und Geschichte für Otto H. Foerster. Köln 1960.
Ladendorf, Heinz III: Antikenstudium und Antikenkopie. Berlin 1953.
Lange, K. und Fuhse F.: Dürers schriftlicher Nachlaß auf Grund der Originalhandschriften und teilweise neu entdeckter alter Abschriften. Halle 1893.
Leber, Hermann I: Sehen lernen durch Kunstbetrachtung – Kritik der Visuellen Kommunikation. Hildesheim 1980.
Leber, Hermann II: Aquarellieren lernen. Köln 1980.
Lehmann, H.: Formen landschaftlicher Raumerfahrung im Spiegel der bild. Kunst. Erlanger geogr. Arbeiten, H. 22, 1968.
Liess, Reinhard: Das Selbstbildnis des dreizehnjährigen Dürer. Festschrift für Ernst Straßner. Göttingen 1975.
Lippmann, Friedrich: Zeichnungen von Albrecht Dürer in Nachbildungen. VII Bde. (VI. u. VII. Bd. hrsg. von Friedrich Winkler). Berlin 1883–1929.
Lutteroti, Otto R. von: Dürers Reise durch Tirol. Alte und moderne Kunst, 6. Jg., Wien 1961, Nr. 52.
Martin, Otto Eberhard: Die Farbe bei Dürer (Diss.). Leipzig 1941.
Meder, Joseph I: Zur ersten Reise nach Venedig (1494–1495). Neue Beiträge zur Dürerforschung. Jahrbuch der Kunsthistorischen Sammlungen des Allerhöchsten Kaiserhauses, 30, 1912.
Meder, Joseph II: Die Handzeichnung. Wien 1919.
Meder, Joseph III: Dürer-Katalog. Ein Handbuch über Albrecht Dürers Stiche, Radierungen, deren Zustände, Ausgaben und Wasserzeichen. Wien 1932.
Mende, Matthias: Dürer-Bibliographie. Wiesbaden 1971.
Mende, Matthias: Mit Dürer unterwegs. Nürnberg 1971.
Meyer, Hermann: Zarte Empirie. Stuttgart 1963.
Meyle, Hansruedi: Photographie – Lernen und Erlernen. Schaffhausen 1981.
Michelangelo: Michelangelo Buonarotti – Sonette. Heidelberg 1964.
Mitius, Otto I: Mit Albrecht Dürer nach Heroldsberg und Kalchreuth. Erlanger Heimatbuch, 2, 1924.
Mitius, Otto II: Dürers Kirchdorf. Monatshefte für Kunstwissenschaft 6. Leipzig 1913.
Mitius, Otto III: Die Landschaft auf Dürers Eisenradierung „Die große Kanone" vom Jahre 1518. Mitteilungen des Germanischen Nationalmuseums, 1911.
Mitius, Otto IV: Die Landschaft auf Dürers Blatt „Die Drahtziehmühle". Kunstchronik 24, 1912.
Mitus, Otto V: Eine Dürerfrage. Der Cicerone, XV Jg., Heft 19, 1923.
Mittelstädt, Kuno: E. Delacroix – Dem Auge ein Fest. Berlin 1979.

Mörchen, H.: Die Einbildungskraft bei Kant (Diss.). Marburg Jg. f. philos. u. phänomenolog. Forschung, 11, 1930.
Möseneder, Karl: Blickende Dinge – Anthropomorphes bei Albrecht Dürer. Pantheon 1986.
Mondrian, Piet: Lebenserinnerungen und Gedanken über die neue Gestaltung. Das Kunstwerk, 9/XI., 1958.
Musper, Theodor H. I: Albrecht Dürer. Köln 1965.
Musper, Theodor H. II: Albrecht Dürer. Der gegenwärtige Stand der Forschung. Stuttgart 1952.
Novotny, Fritz: Cézanne und das Ende der wissenschaftlichen Perspektive. Wien/München 1970.
Ottino della Chiesa, Angela: L'opera completa di Dürer. Milano 1968.
Otto, Walter F.: Die Musen und der göttliche Ursprung des Singens und Sagens. Darmstadt 1971.
Panofsky, Erwin I: Dürers Kunsttheorie, vornehmlich in ihrem Verhältnis zur Kunsttheorie der Italiener. Berlin 1915.
Panofsky, Erwin II: Das Leben und die Kunst Albrecht Dürers. Darmstadt 1977.
Panofsky, Erwin III: Die Perspektive als symbolische Form. Aufsätze zu Grundfragen der Kunstwissenschaft. Berlin 1980.
Panofsky, Erwin IV: Das perspektivische Verfahren Leone Battista Albertis. Kunstchronik 126 Jg., Nr. 41/42, 1914/1915.
Panofsky, Erwin V: Albrecht Dürers rhythmische Kunst. Jahrbuch für Kunstwissenschaft. Leipzig 1926.
Panofsky, Erwin VI: Idea – Ein Beitrag zur Begriffsgeschichte der älteren Kunsttheorie. Berlin 1982.
Panofsky, Erwin VII: Dürers Stellung zur Antike. Wiener Jahrbuch / Kunstgeschichte, I (XV), 1922.
Panofsky, Erwin VIII: Die Erfindung der verschiedenen Distanzkonstruktionen in der malerischen Perspektive. Repertorium für Kunstwissenschaft, XLV, 1925.
Pappenheim, Hans Eugen: Dürer im Etschland. Zeitschrift des deutschen Vereins für Kunstwissenschaft 3, Heft 1–2, 1936.
Piel, Friedrich: Albrecht Dürer – Aquarelle und Zeichnungen. Köln 1983.
Poeschke, Joachim: Donatello – Figur und Quadro. München 1980.
Raffeiner, Josef: Die Örtlichkeitsbestimmung von Dürers Aquarell „Welsch pirg". Der Schlern, 16, Heft 5, 1935.
Rapke, Karl: Die Perspektive und Architektur auf den Dürer'schen Handzeichnungen, Holzschnitten, Kupferstichen und Gemälden. Straßburg 1902.
Rehbock, Fritz: Darstellende Geometrie. Berlin 1969.
Rousseau, Jean-Jacques: Über Kunst und Wissenschaft (1759) und über den Ursprung der Ungleichheit unter den Menschen (1755). Ed. Kurt Weigand. Hamburg 1971.
Röttinger, H.: Otto Mitius – Dürers Schloßhofansichten. Der Cicerone, 25, 1923, S. 716 ff.
Rupprich, Hans I: Dürers Schriftlicher Nachlaß. Bd. 1–3, Berlin 1956, 1966, 1969.
Rupprich, Hans II: Willibald Pirckheimer und die erste Reise nach Italien. Wien 1930.
Rupprich, Hans III: Die kunsttheoretischen Schriften L.B. Albertis und ihre Nachwirkung bei Dürer. Schweizer Beiträge zur allgemeinen Geschichte 18/19, 1960/61.
Rupprich, Hans IV: Dürers Stellung zu den agnoetischen und kunstfeindlichen Strömungen seiner Zeit. Sitzungsberichte der Bayer. Ak. d. Wissenschaften, 1959.

Rusconi, Antonio: Per l'identificazione degli acquarelli tridentini di Alberto Durero. Die graphischen Künst N.F. 1, Wien 1936.
Scharf, Achim: Begegnung mit Delacroix. Kunst und Kunsterziehung. Göttingen/Wolfenbüttel 1975.
Schiller, Friedrich: Über naive und sentimentalische Dichtung. Theoretische Schriften (3. Teil). München 1966.
Schilling, Edmund: Werkzeichnungen Dürers zur „Grünen Passion". Berliner Museen, IV. Jg., 1954.
Schubert-Soldern: Zur Entwicklung der techn. und künstl. Ausdrucksmittel in Dürers Kupferstichen. Monatsheft für Kunstwissenschft V, 1912.
Sedlmayr, Hans: Verlust der Mitte. 9. Aufl., Berlin 1965.
Seidlitz, Woldemar von: Dürers frühe Zeichnungen. Jahrbuch der Königlich Preußischen Kunstsammlungen, XXVIII, 1907.
Solf, Kurt Dieter: Fotografie – Grundlagen, Technik, Praxis. Frankfurt/Main 1978.
Sperlich, Martin: Perspektive und Proportionslehre. Zeitschrift f. Kunstgeschichte (Bd. 26), 1963.
Stadler, Franz: Dürers Apokalypse und ihr Umkreis. München 1929.
Staigmüller, H.: Dürer als Mathematiker – Programm des Königlichen Realgymnasiums. Stuttgart 1890/91.
Steck, Max: Dürer. Eine Bildbiographie. Wien 1957.
Steiner, Rudolf: Die Quellen der künstlerischen Phantasie und die Quellen der übersinnlichen Erkenntnis. Dornach 1941.
Steinweg, C.: Otto Mitius – Dürers Schloßhofansichten. Repertorium für Kunstwissenschaft 46, 1925.
Stolte, Wolfgang: Zur Imagination im Werk von Eugène Delacroix (Diss.). Bonn 1978.
Straßner, Ernst: Kritik der Sinne – Moderne Kunst – Entwicklung oder Experiment? Universitätsbibliothek der Techn. Universität Braunschweig 1983.
Thausing, Moritz von: Geschichte seines Lebens und seiner Kunst. 2. Auflage in 2 Bd., Leipzig 1884.
Theissing, Heinrich: Dürers Ritter, Tod und Teufel. Berlin 1978.
Tietze, Hans und Tietze – Conrat, E.I: Der junge Dürer. Augsburg 1928.
Tietze, Hans und Tietze – Conrat, E. II: Kritisches Verzeichnis der Werke Albrecht Dürers, I (Augsburg 1928), II (Basel/Leipzig 1937–38).
Vetter, A.: Die Erlebnisbedeutung der Phantasie. Stuttgart 1950.
Vitruv: Zehn Bücher über Architektur. Übers. C. Fensterbusch. Darmstadt 1976.
Vonessen, Franz: Die Herrschaft des Leviathan. Stuttgart 1978.
Waetzoldt, Wilhelm: Dürers Befestigungslehre. Berlin 1916.
Waldmann, Emil I: Albrecht Dürer und die deutsche Landschaft. Pantheon Bd. 13, 1934.
Waldmann, Emil II: Albrecht Dürer. Die Landschaften der Jugend. München 1921/22 (Mappe der Marées-Gesellschaft).
Waldmann, Emil III: Zweimal Trient. Deutschland und Italien. Festschrift für Wilhelm Waetzoldt. Berlin 1941.
Weber, Jürgen: Gestalt, Bewegung, Farbe. Berlin/Braunschweig 1984.
Weisbach, Werner: Der junge Dürer. Leipzig 1906.
Winkler, Friedrich I: Dürerstudien I: Dürers Zeichnungen von seiner ersten italienischen Reise. Jahrbuch der Preußischen Kunstsammlungen 50. Berlin 1929.
Winkler, Friedrich II: Albrecht Dürer – Leben und Werk. Berlin 1957.

Winkler, Friedrich III: Welche Örtlichkeit stellt Dürers Aquarell „Welsch pirg" in Oxford dar? Der Schlern 16 (Heft 2), 1935.
Winkler, Friedrich IV: Die Zeichnungen Albrecht Dürers. 4 Bde. Berlin 1936/39.
Wölfflin, Heinrich I: Die Kunst Albrecht Dürers. München 1963.
Wölfflin, Heinrich II: Über das Rechts und Links im Bilde. Münchner Jahrbuch der bildenden Kunst, N.F., V, 1928. Abgedruckt in: Wölfflin, Heinrich: Gedanken zur Kunstgeschichte, 2. Aufl. Basel 1941.
Zink, Fritz I: Die Entdeckung des Pegnitztals. Mitteilungen des Vereins für Geschichte der Stadt Nürnberg, Bd. 50, 1960.
Zink, Fritz II: Dürer in Prunn an der Altmühl. Pantheon 30, 1942.
Zink, Fritz III: Dreimal die Großweidenmühle in Nürnberg. Jahrbuch des Historischen Vereins für Mittelfranken 79, 1960/61.
Zink, Fritz IV: Albrecht Dürer in Nürnberg-Himpfelshof. Jahrbuch für fränkische Landesforschung 29, 1969.

BILDNACHWEIS – ABBILDUNGEN

1 (oben). Albrecht Dürer, Nemesis (Das große Glück) mit der Landschaft von Klausen zu Füßen (M. 72). Um 1495–1496. Kupferstich, 33,3 : 22,9 cm.

4 (unten). Blick vom 2. Standpunkt Dürers auf Klausen (ca. 500 m oberhalb des 1. Standortes in südöstlicher Richtung gelegen, Blickrichtung von Süd-Ost nach Nord-West, Weitwinkelobj. 28 mm). Erst von diesem Standort kann die in der Natur vorhandene Vorgabe für den von Dürer verwirklichten außerordentlichen Umfang der Nemesislandschaft gesehen werden. Dürers Bild umfaßt sowohl den Einblick in das von Nord-Westen zudrängende Thinnebachtal als auch den weiten Ausblick in das Eisacktal bis zu dem (markierten) Felsabbruch.

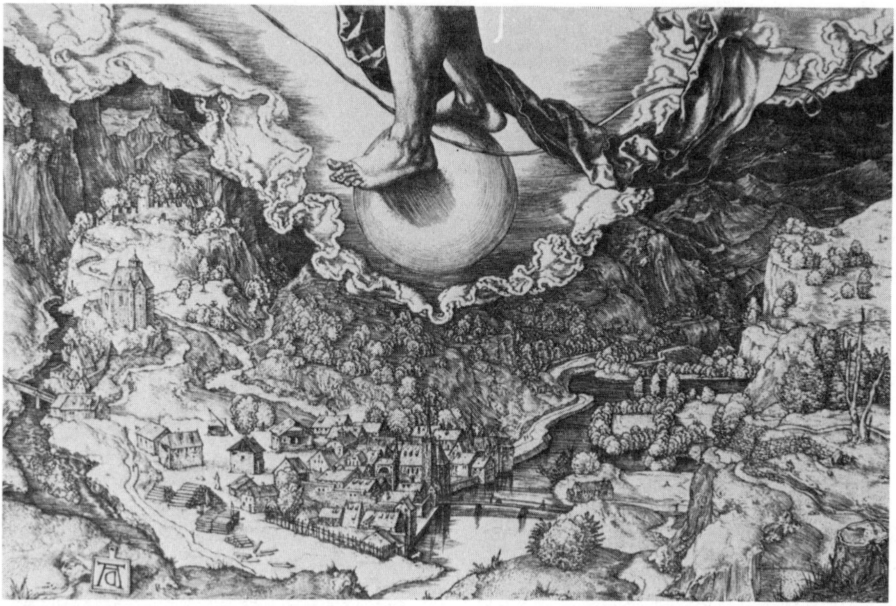

2. Albrecht Dürer, Die Landschaft zu Füßen der Nemesis (M. 72) (Detail von Abb. 1, seitenverkehrt).

3. Blick von Dürers 1. Standort auf Klausen (Chiusa) an der Eisack (Isarco) mit den Burgen Branzoll und Säben (Blickrichtung von Süd-Ost nach Nord-West, Normalobj. 50 mm). Von diesem Standpunkt, nahe bei dem heute unmittelbar unterhalb der Brennerautobahn befindlichen Dürergedenkstein (von 1912) kann die weit-gehende Übereinstimmung zwischen Foto und Kupferstich hinsichtlich der räumlichen Lagerung des Örtchens, der Stellung der Kirche mit Turm und Chor sowie die Winkelneigung von Flußlauf und Brücke gut nachvollzogen werden. Der Einblick in das bei Dürer mitdargestellte Thinnebachtal (links) ist von diesem ersten Standpunkt ebensowenig möglich wie das Erfassen des Dürer'schen Weitblicks in das Eisacktal.

5. Detail aus Abb. 4. Einblick in das Thinnebachtal von Dürers zweitem Standort (Teleobj. 200 mm).

6. Detail aus Abb. 4. Einblick in das nördliche Eisacktal mit dem charakteristischen Motiv des Felsabbruchs (Teleobj. 200 mm).

7. Albrecht Dürer, Paßstraße in den Alpen (W. 100). 1494–1495. Aquarell und Wasserdeckf., 20,5 : 29,5 cm. Madrid, Escorial.

8. Ansicht des „Rabensteiner Kofels", den Dürer als Vorgabe für den großen Felssporn im Bild der Paßstraße (W. 100) verwendet hat. Recht gut erkennbar sind die Diagonalzüge der Felsfugen, die Staffelung der Reliefschichten, die rundliche Bogenführung über der Schattenstelle rechts und die darüber liegende hellere Stirnfläche des Felsens. Dürer hat jedoch die Breitenmaße verkürzt. Der 1. Hauptstandort (2 km südlich vom Ortsrand von Klausen und heute unmittelbar neben der Landstraße), von dem aus Dürer dieses Teilmotiv seines Bildes gemalt hat, ist schwer zu finden, da die enge und stark befahrene Landstraße von Klausen nach Bozen kaum Einblick in das Flußtal erlaubt und das Flußbett selbst vielfach unzugänglich ist. Bis auf die Spitze des Verenakirchleins (Abb. 9) ist von der gesamten Hintergrundslandschaft von dem 1. Standort Dürers nichts zu sehen.

9. Ansicht der Naturvorgabe für die Hintergrundslandschaft im Bild der Paßstraße (W. 100), gesehen von Dürers 2. Hauptstandort (2 km südlich vom 1. Standort, etwa 500 m nördlich von Waidbruck (Ponte Gardena), in der Nähe des Restaurants „Kalter Keller" – Kompaßwanderkarte Bozen Nr. 54). Gut identifizierbar sind die Formen des Albionser Hanges (links). Auf der rechten Bildseite ist die Verenakirche zu sehen, in der Ferne das Weiß- und das Schwarzhorn.

10. Ansicht der das Flußbett begrenzenden Felsformationen in unmittelbarer Nähe des „Rabensteiner Kofels", die Dürer als Ausgangspunkt für die scharfklippigen Felsmassen rechts und links seiner Paßstraße benutzt haben dürfte.

11. Albrecht Dürer, Zeichner des liegenden Weibes. 1538. Holzschnitt, 7,5 : 21,5 cm. Zwischen dem Objekt und dem durch ein verstellbares Visier fixierten Auge steht ein Rahmen mit einem Fadengitter. Die Zeichenfläche ist mit einem entsprechenden Raster quadriert, so daß das im Gitter erscheinende Bild quadratweise übertragen werden kann.

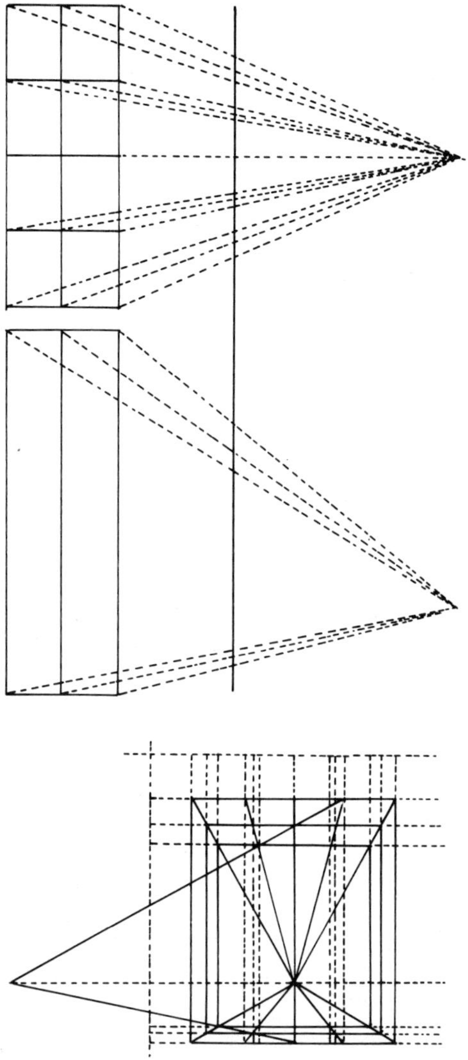

12. Moderne, „planperspektivische" Konstruktion eines „Raumkastens" (nach Panofsky III, S. 100). Oben: Grundriß. Mitte: Aufriß. Unten: Perspektivisches Bild als Kombination der auf der „Projektionsgeraden" (Bildebene) abgeschnittenen Strecken (nach Panofsky III, S. 100).

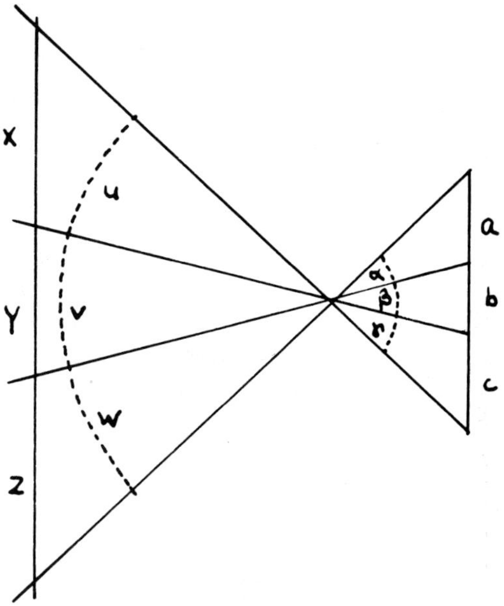

17. Erklärung der Randverzerrungen als eines unwiderleglichen Widerspruchs zwischen perspektivischer Konstruktion und subjektivem Sehbild (nach Panofsky III, S. 102).

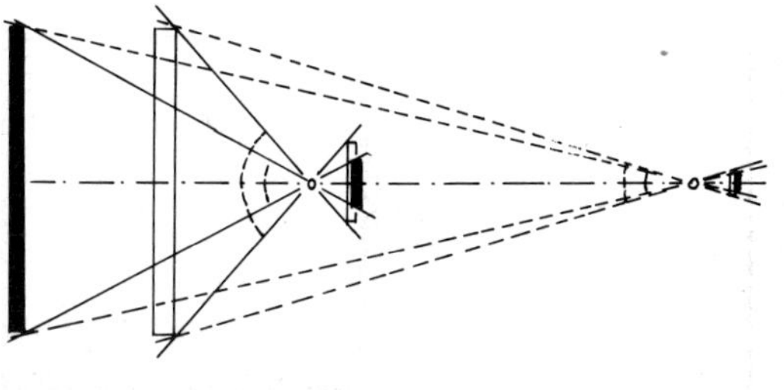

18. Abhängigkeit der perspektivischen Erscheinungen von Sehwinkel und Betrachtungs- bzw. Aufnahmeabstand (nach Solf, S. 147). Zwei gleich große, hintereinander aufgestellte Objekte erscheinen aus der Nähe von stark unterschiedlicher Größe (bei großer Sehwinkeldifferenz), aus der Ferne fast gleich groß (bei kleiner Sehwinkeldifferenz).

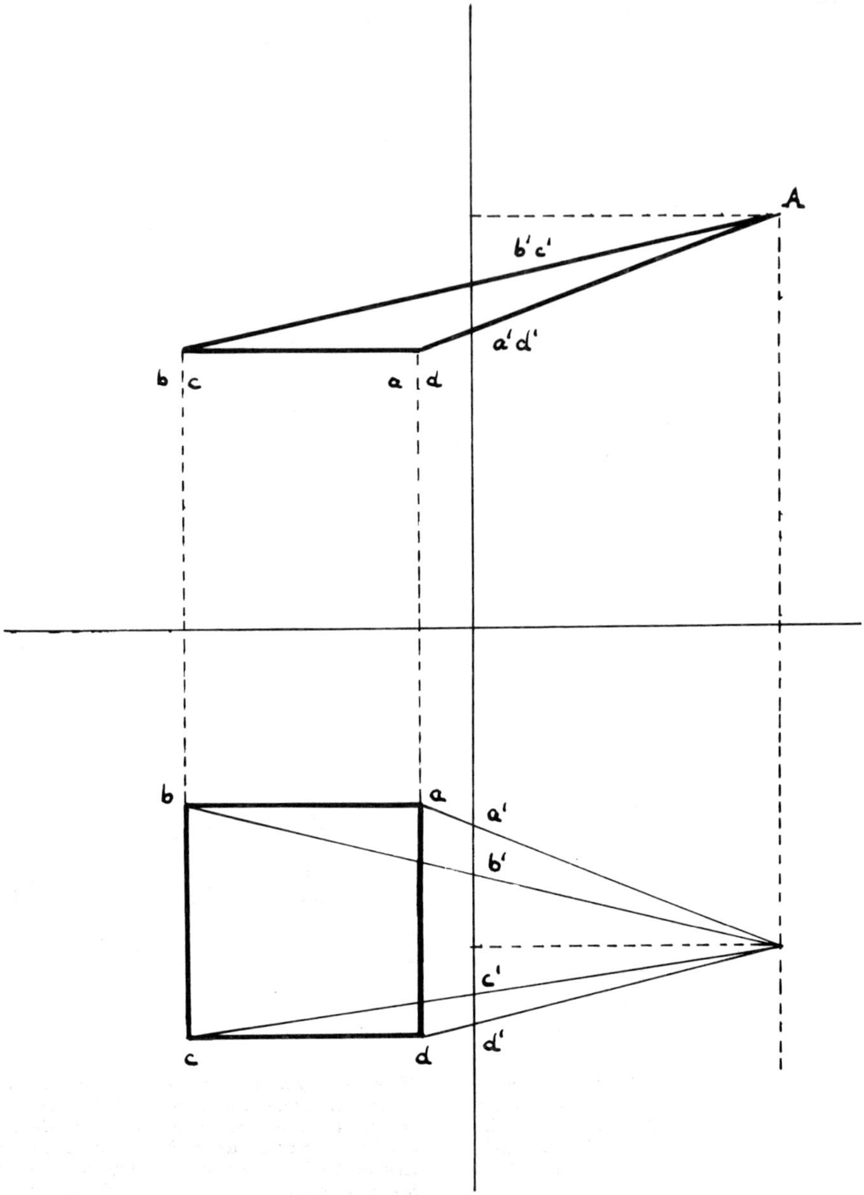

13. Perspektivische Konstruktion des Grundquadrates des Dürer'schen Würfels (nach Panofsky I, S. 27 ff). Oben: Aufriß des Quadrates zur Ermittlung der Höhenwerte. Die Bildebene zeigt sich als Vertikale, die das Dreieck A (Auge) – ad – bc (als den Aufriß der Sehpyramide) schneidet; a'd' – b'c' ist der gesuchte Höhenwert, um den die hintere Kante des Quadrates über die vordere emporsteigen muß. Unten: Grundriß des Quadrates zur Ermittlung der Breitenwerte (Bildebene und Augenabstand werden beibehalten); a'd' als Projektion von ad und b'c' als Projektion von bc zeigen an, wie lang in der perspektivischen Projektion die vordere und die hintere Seite des Quadrates sein müssen.

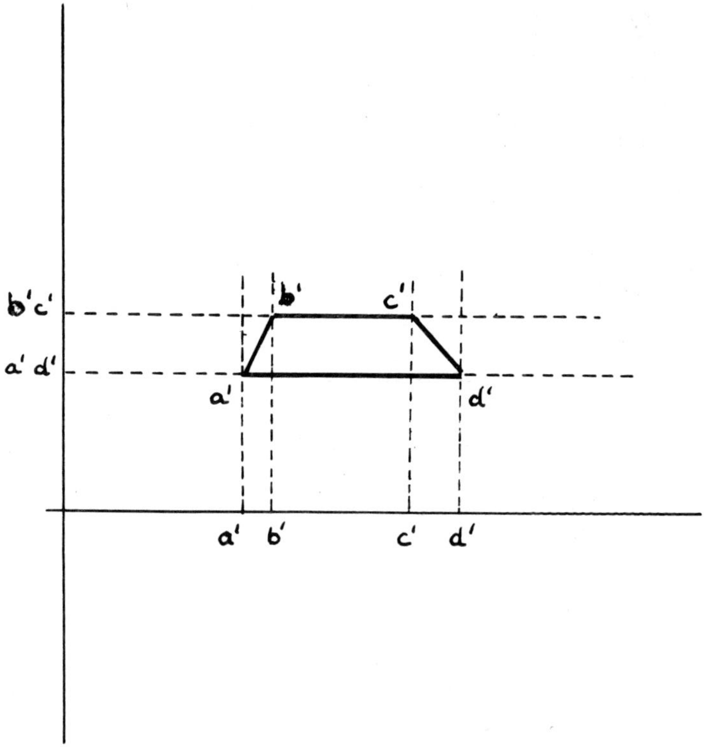

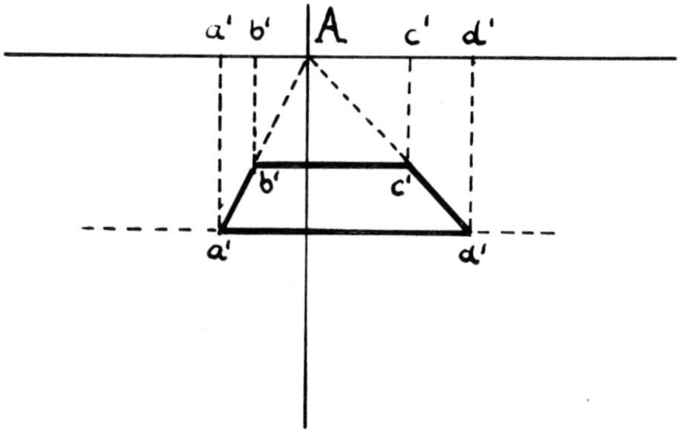

14 (oben). Zusammenfassung der gesuchten Höhen- und Breitenwerte des Grundquadrates des Dürer'schen Würfels in der perspektivischen Konstruktion durch Parallelprojektion auf der Grundlage der vorbereitenden Zeichnungen (nach Panofsky I, S. 29). Unten: Zusammenfassung der gesuchten Höhen und Breitenwerte des Grundquadrates durch die vereinfachende Annahme eines Koordinatenschnittpunktes, der identisch ist mit der rechtwinkeligen Projektion des Auges (Augenpunkt) auf die Bildebene (nach Panofsky I, S. 29).

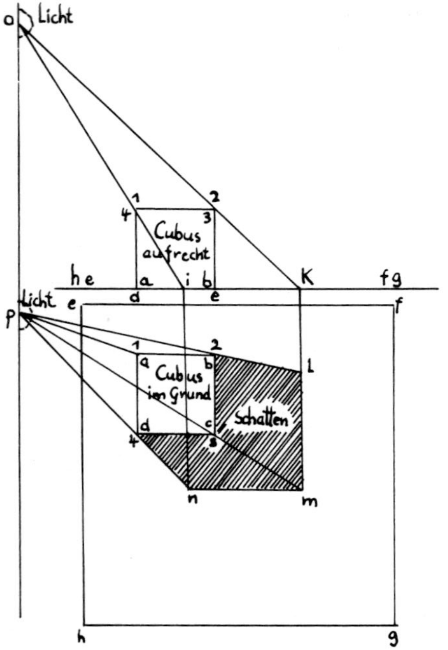

15a. Grund- und Aufrißkonstruktion des Dürerschen Würfels (nach Staigmüller, S. 43). Die Zahlen und Buchstaben dienen der leichteren Orientierung beim Erkennen identischer Punkte innerhalb der verschiedenen Ansichten.

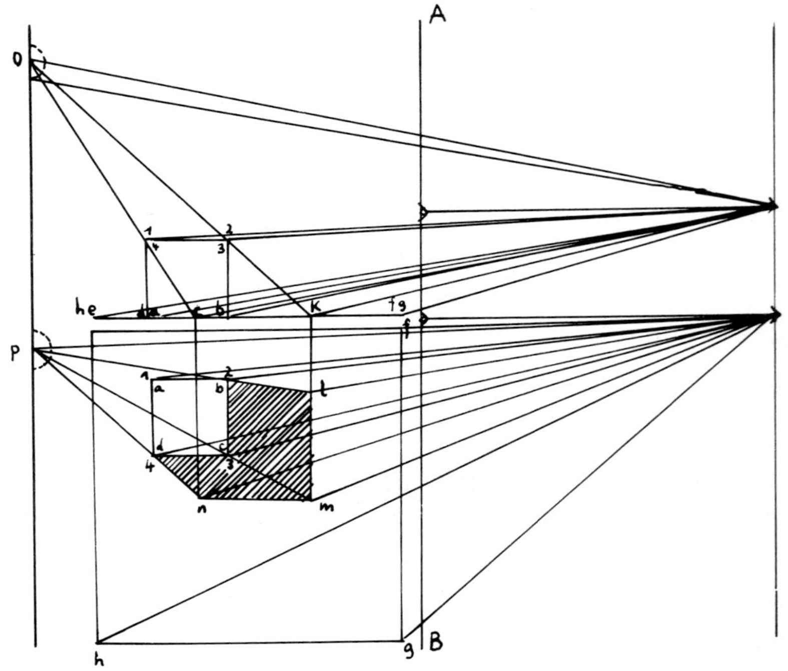

15b. Gewinnung der Breiten- und Höhenmaße des Dürer'schen Würfels durch Durchschneiden der Sehstrahlen durch die Bildebene AB (nach Staigmüller, S. 44).

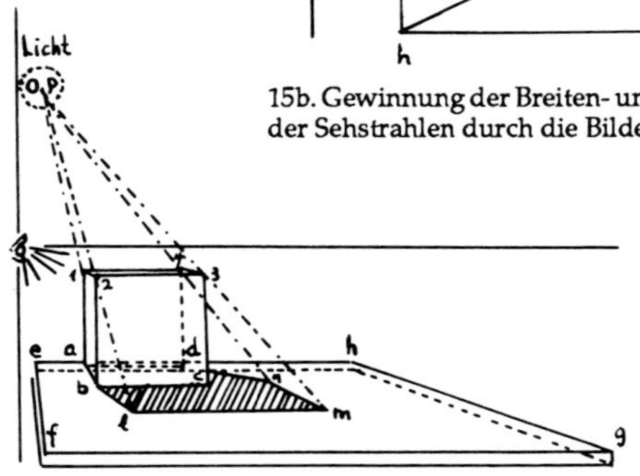

15c. Perspektivische Darstellung des Dürer'schen Würfels auf der Grundlage der Abbildungen 15a und 15b (nach Staigmüller, S. 45).

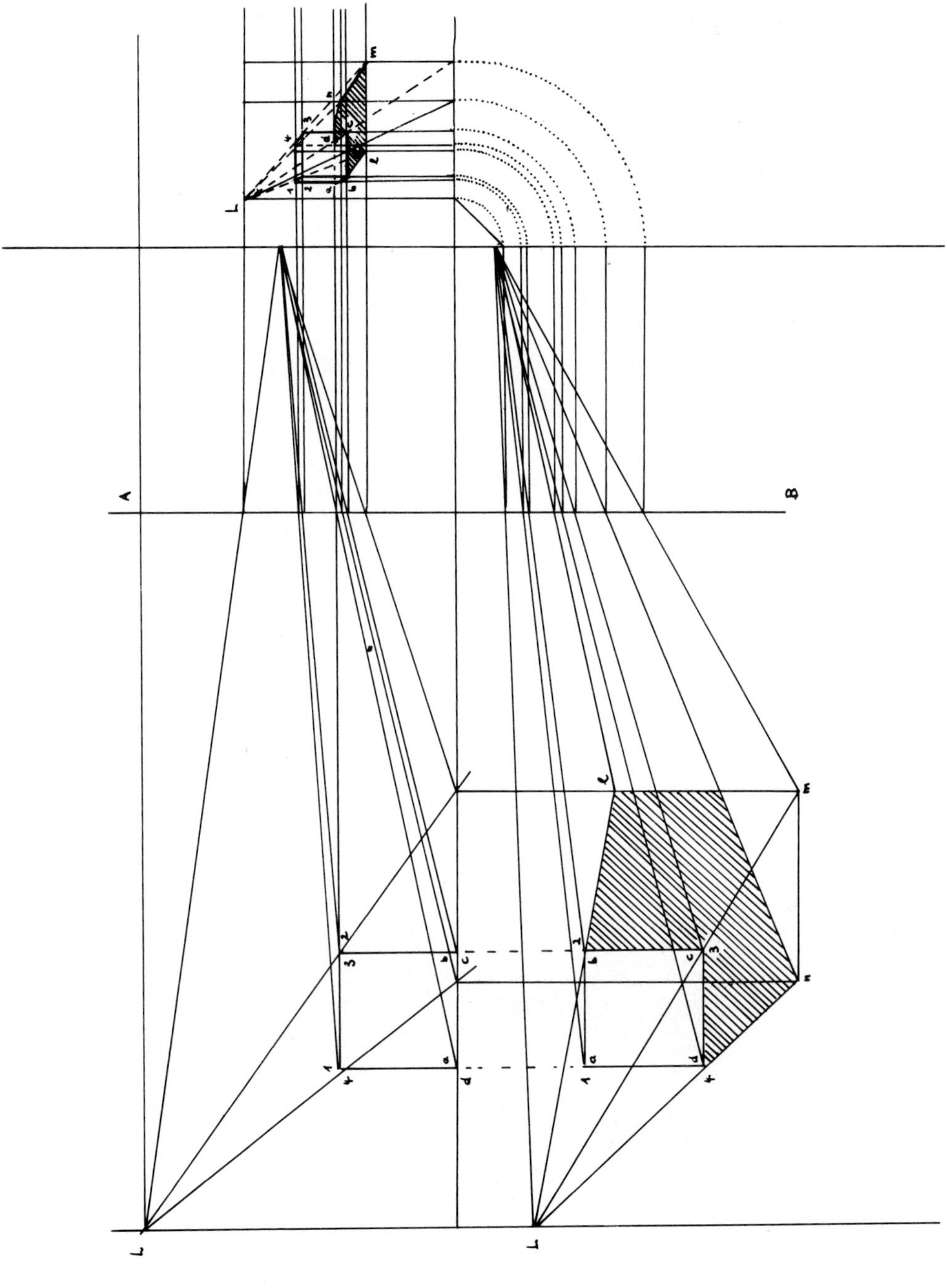

16. Kombination der Figuren 15a – 15c.

19. Paul Cézanne, Der Ste. Victoire vom „Chemin des Lauves" gesehen. 1902–1906. Aquarell, 47 : 53 cm. V.Nr. 1033, Motiv Nr. 93, Photo Vizzavona (n. Novotny, Abb. 9).

20. Der Ste. Victoire vom „Chemin des Lauves" (Motiv Nr. 93). Photo von J. Rewald (n. Novotny, Abb. 10).

21. Paul Cézanne, Der Ste. Victoire aus der Gegend des „Château Noir" gesehen. Um 1900. Öl auf Leinwand, 65 : 80,3 cm. V.Nr. 665, Motiv Nr. 31, Photo Reid-Lefèvre (n. Novotny, Abb. 11).

22. Der Ste. Victoire aus der Gegend des „Château Noir" gesehen. (Motiv Nr. 31/32). Photo von J. Rewald (n. Novotny, Abb. 12).

26. Albrecht Dürer, Die beiden Felsgesichter des Arcobildes (Detail).

27. Albrecht Dürer, Verfallene Berghütte (W. 102). 1495. Aquarell und Wasserdeckfarben, 37,2 : 26,6 cm. Mailand, Ambrosiana.

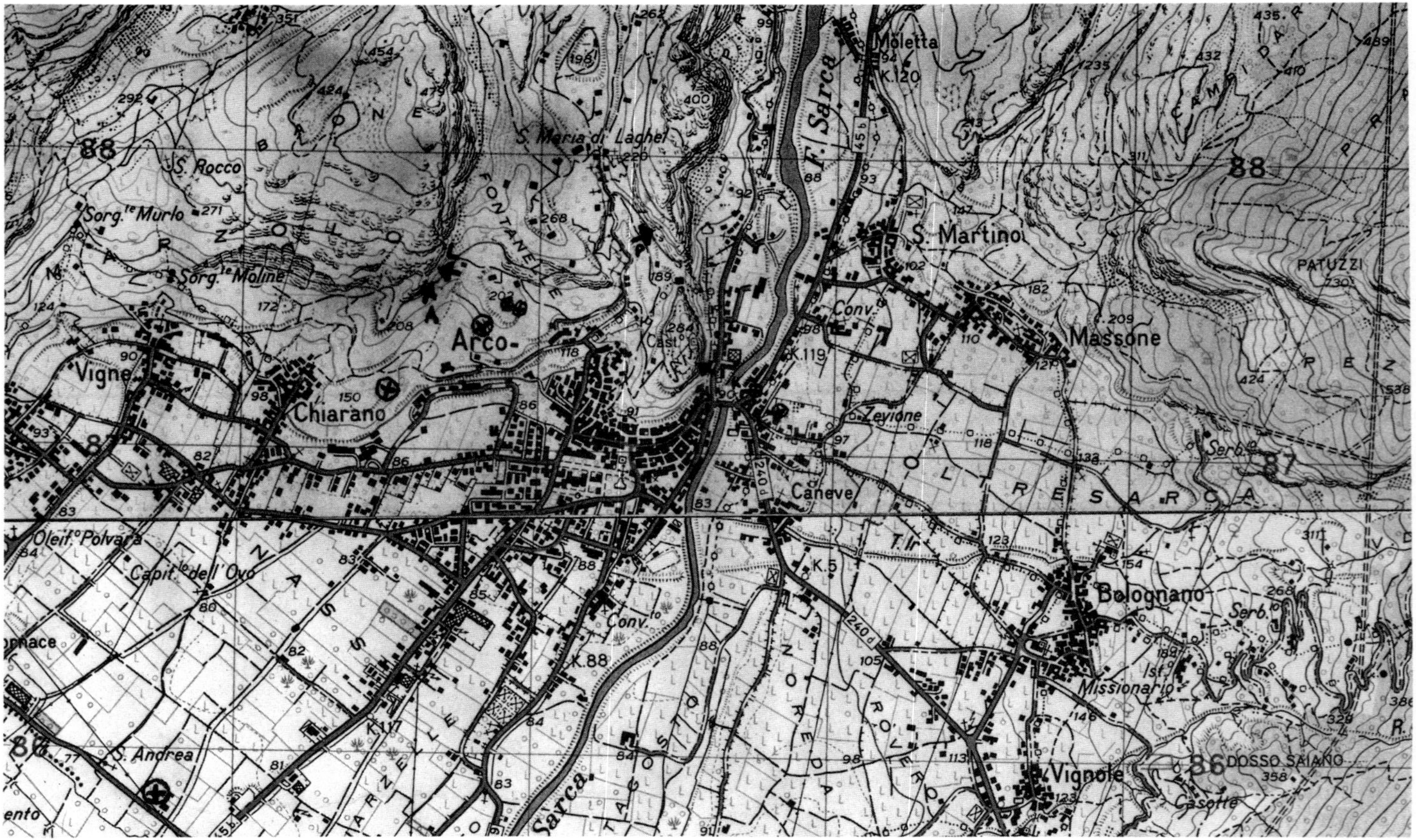

28. Detail der Maßstabskarte von Arco und Riva (F°, 35 I N. E., 1 : 25 000) mit den eingetragenen Standorten und Naturmotiven Dürers. Die Hauptstandorte sind mit dem Zeichen ⊕ markiert. Die Motive sind durch einen Pfeil gekennzeichnet. A: „Adenauer-Felsgesicht", L: Vorgabemotiv für die Steinbruchstudie (W. 110), P: Vorgabe für das Pfeiler-Felsenmotiv im Kernbezirk von „Arco", K: Vorgabemotiv (Königskopf) für das Felsgesicht des „Alten im Burgberg".

29. Luftaufnahme von Burgberg und Stadt Arco mit Blick auf den Sarcafluß (aus dem örtlichen Werbeprospekt). – Auf der linken Bildseite ist die geradlinig aufsteigende Via Fossa Grande zu erkennen. Der Pfeil am oberen Ende markiert das Albergo Belvedere in der Höhe des Botanischen Gartens.

30. Ansicht des Paßmotivs zwischen dem südöstlichen Felsabbruch des „Calodri" und dem nördlichen Ende des Burgbergs von Arco, gesehen von der Ostseite der Höhe 202 (195 m Höhe, Blickrichtung von Süd-West nach Nord-Ost, Teleaufnahme 70 mm).

31 (oben). Ansicht des südlichen Ausläufers des Burgbergs von Arco, gesehen von der Ostseite der Höhe 202 (Teleaufn. 70 mm). Gut erkennbar ist das Motiv des Zick-Zack-Weges und die Vorgabe für das Wegemotiv des Hintergrundes.

32 (unten). Detail der Hauptansicht des Burgbergs von Arco (Abb. 25), gesehen von der Höhe 202. Die Vorgabe für die Teilmotive der Wange, der Felsadern, der Halszone usw. des Felsgesichts sind zu erkennen, eine Vorgabe für das eigentliche Gesichtsprofil fehlt auf der Hauptansichtsseite jedoch. Die farbige Wiedergabe des Burgberges zeigt, daß Dürer hier keine Naturvorgaben für die Ocker- und Rottönungen des Aquarells vorfand.

33. Die Naturvorgabe für Dürers Felsgesicht des „Adenauerkopfes", 250 m westlich von der Höhe 202 (Blickrichtung von Süden nach Norden, vergl. Abb. 28, 26).

34. Durchzeichnung nach Albrecht Dürer, Studienköpfe zur Physiognomik (W. 657). 1513. Feder, 21 : 20 cm.

35. Albrecht Dürer, Zehn Profilköpfe und Gewandstudie als Stufengang und Steigerung (W. 656). Feder, 10,3 : 13,1 cm. Berlin, Kupferstichkabinett.

36. Ansicht des zentralen Bereichs des Burgbergs von Arco, von der Höhe 202 aus gesehen (Normalobj. 50 mm). Die eingetragene Linie bezeichnet die Ansatzkante, die Dürer für das große Felsengesicht übernommen hat.

37. Albrecht Dürer, „Arco" (Detail, Burgberg).

38. Gesamtansicht des Burgbergs von Arco.

39. Architekturgemäß gegliedertes Teilmotiv des „Calodri", das Dürer für die Formgebung und das Kolorit der Felsen im Kernbereich des Arcobildes benutzt hat. Die Rotfärbung ist durch Aufoxydation von feinverteiltem Hämatit (Eisen) entstanden. Die Ockerfärbung beruht auf Limonitbildung.

40. Die Naturvorgabe für Wangenzone, Kinnzone und Felsadernmotiv des großen Felsgesichts in Dürers Arcobild. Die Ansatzkante, die Dürer für das Gesichtsprofil übernommen hat, ist durch die eingetragene Linie betont.

41. Das große Felsgesicht aus Dürers Arcobild.

42. Die Naturvorgabe für Dürers großes Felsengesicht im Burgberg von „Arco“, in Gestalt eines Königskopfes auf der östlichen Abbruchseite des Burgbergs.

43. Die seitenverkehrte Naturvorgabe für das große Felsengesicht in Dürers „Arco".

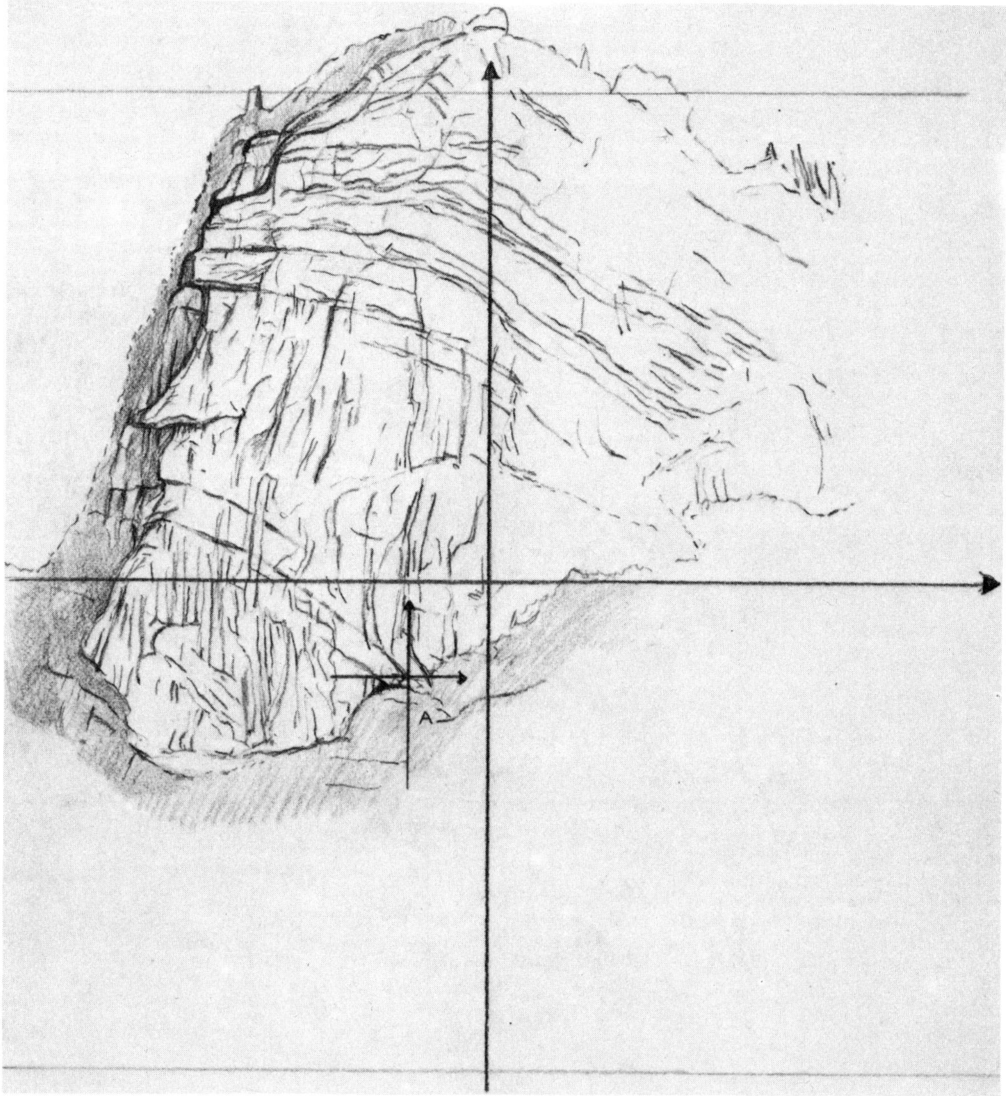

44. Durchzeichnung der wichtigsten Umriß- und Binnenformen des seitenverkehrten „Königskopfes" (Abb. 43), der Dürer als Ausgangspunkt für das große Felsengesicht des Arcobildes diente. Der Schnittpunkt A des kleinen Koordinatenkreuzes ist bei Einhaltung gleicher Hauptmaße (Augenbraue, Stirn, Nase) deckungsgleich mit dem Koordinatenschnittpunkt A' aus der Durchzeichnung (Abb. 45) des gemalten Felsengesichtes.

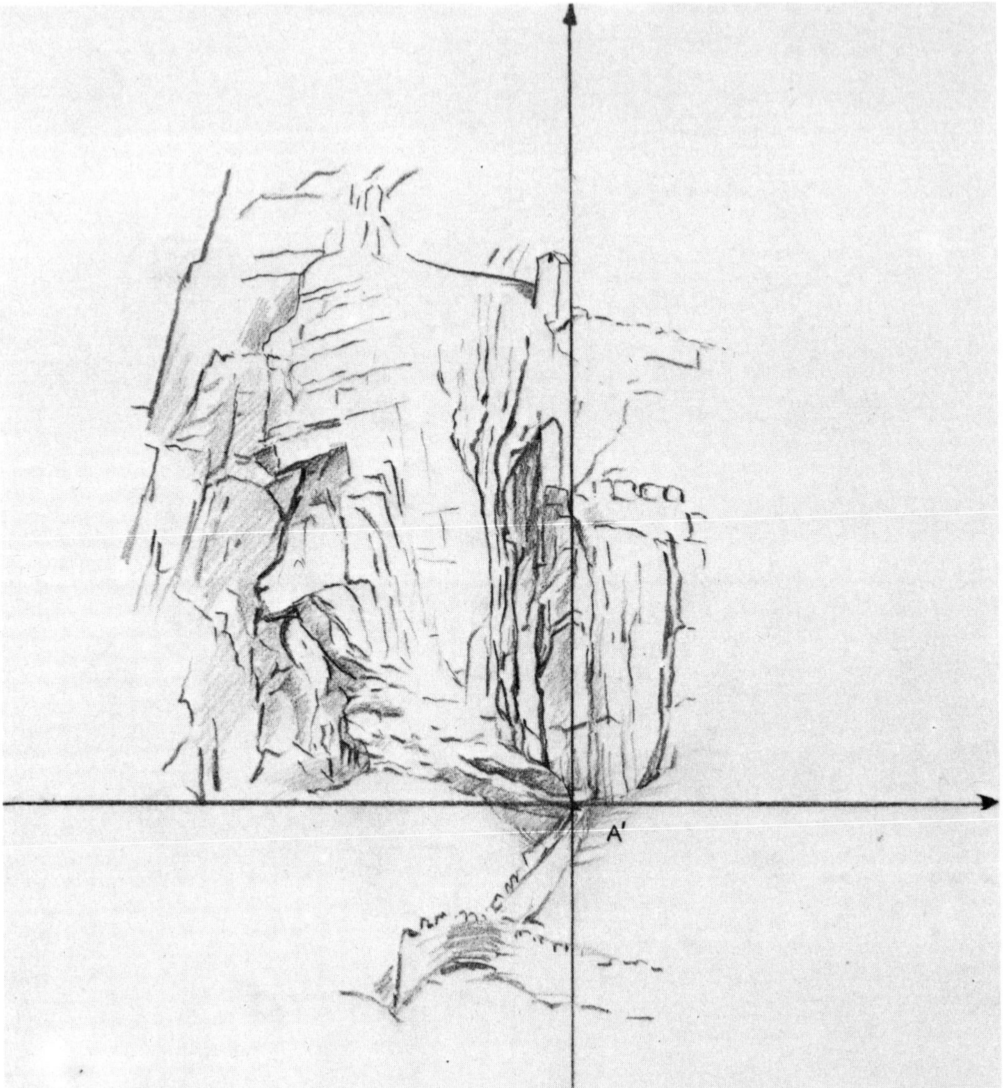

45. Durchzeichnung der Hauptformen des großen Felsengesichts aus Dürers Arcobild (Abb. 23, 41). A' ist der Schnittpunkt der Bildkoordinaten aus Horizontlinie und senkrechter Bildachse.

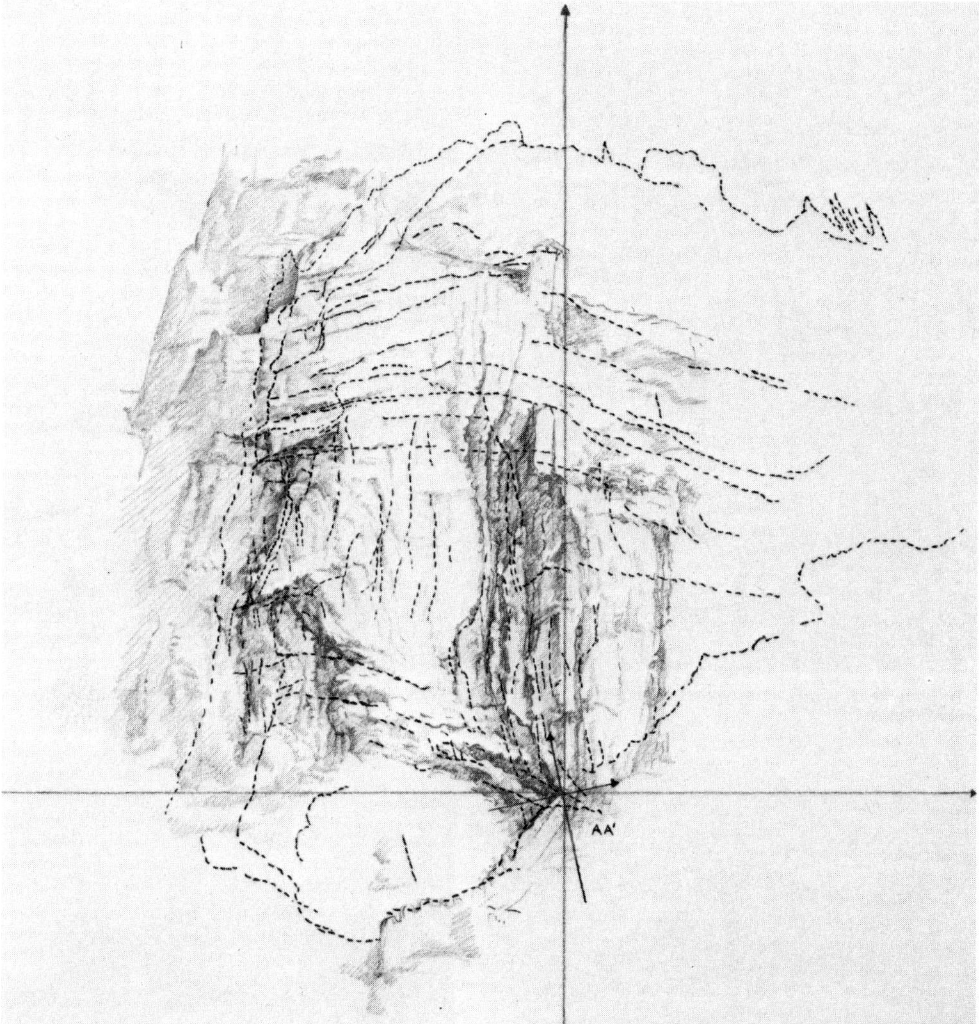

46. Wird Abb. 44 über die im gleichen Maßstab gezeichnete Abb. 45 (Dürers Felsgesicht) gelegt und um den gemeinsamen Drehpunkt A/A' 20° gegen den Uhrzeigersinn gedreht, so ergibt sich zwischen den beiden Gesichtern Deckungsgleichheit in allen Hauptformen.

47. Ansicht Arcos von Dürers zweitem Hauptstandpunkt bei Chiarano (Höhe 150 m, Sicht von Süd-West nach Nord-Ost, Weitw. 28 mm).

48. Ansicht des Burgbergs aus der Ebene bei S. Andrea (Blickrichtung von Süd-West nach Nord-Ost).

49. Ansicht des Burgbergs von Arco aus der Ebene bei S. Isidoro (Blickrichtung von Süden nach Norden).

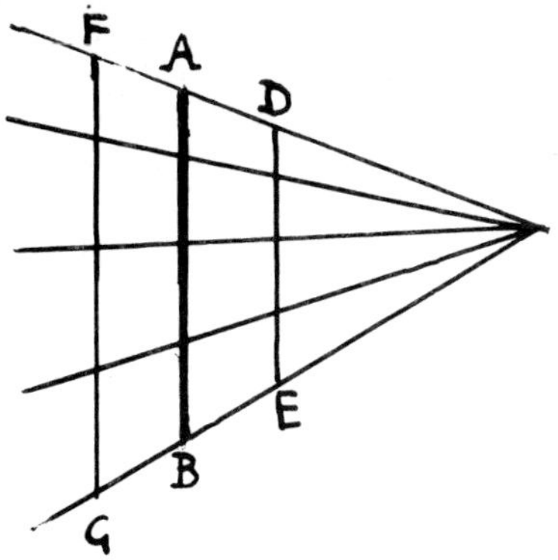

50a. Dürers Schema des „Verkehrers" (nach Panofsky V). A B die Länge der gegebenen Figur. D E die Länge der verkleinerten Figur mit proportional verkleinerter Einteilung. F G die Länge der vergrößerten Figur mit proportional vergrößerter Einteilung.

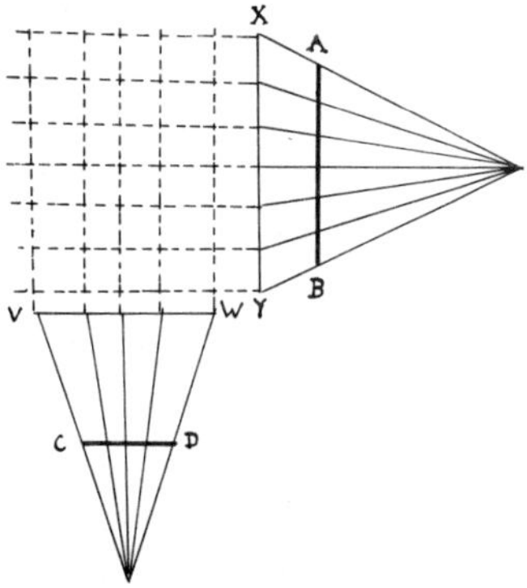

50c. Dürers Schema des „Zwillings" (nach Panofsky V). A B die Länge der gegebenen Figur. X Y die Länge der veränderten Figur mit proportional vergrößerter Einteilung. C D die Breite der gegebenen Figur. V W die Breite der veränderten Figur mit proportional vergrößerter Einteilung.

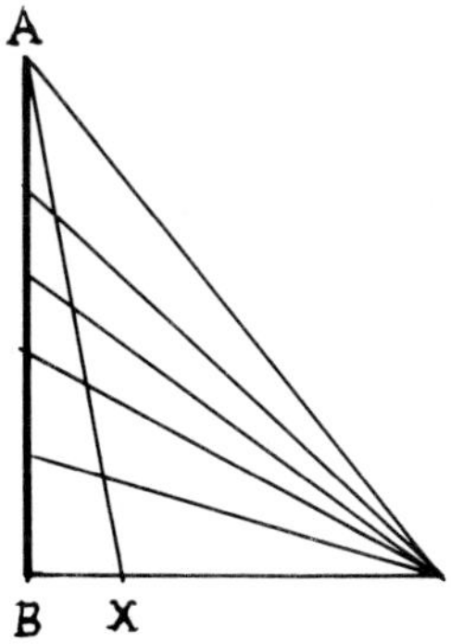

50e. Dürers Schema des „ersten Fälschers" (nach Panofsky V). A B die Länge der gegebenen Figur. A X die Länge der veränderten Figur mit „unterschiedlich" veränderter Einteilung. Bei der Umkehrung des „ersten Fälschers" wird das Fußende der Figur statt auf B auf A gelegt.

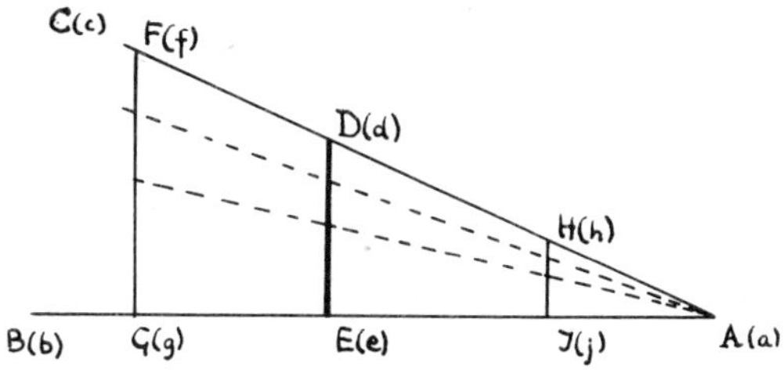

50b. Dürers Schema des „Wählers".

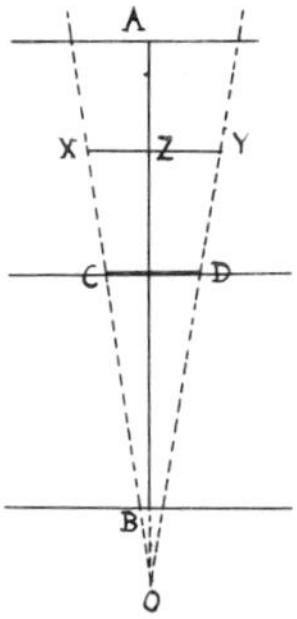

50d. Dürers Schema des „Zeigers" (nach Panofsky V). A B die Länge der gegebenen Figur. C D der in der gegebenen Figur bei Z liegende Breitenwert. Er wird auf die Mittelhorizontale gelegt, dann schneiden zwei von O aus durch C und D gelegte Fäden auf einer durch Z gezogenen Horizontalen den veränderten Breitenwert X Y ab. So wird mit allen Breitenwerten verfahren. Bei der Umkehrung des „Zeigers" liegt O statt unten B über A.

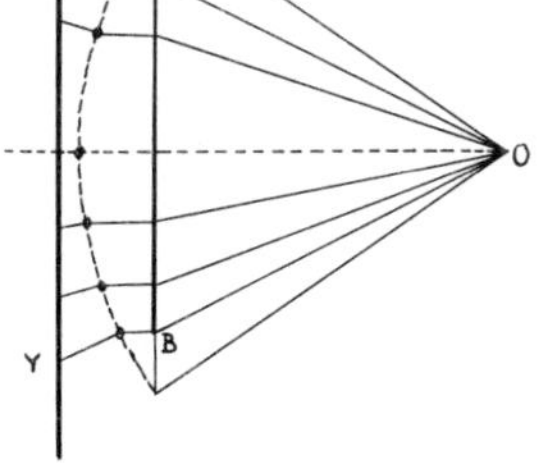

50f. Dürers Schema des „andern Fälschers" (nach Panofsky V). A B die Länge der gegebenen Figur. Durch jeden Teilpunkt wird eine Horizontale gezogen, die einen um 0 geschlagenen Kreis trifft. Die von 0 durch diese Treffpunkte gelegten Strahlen schneiden auf einer zweiten Senkrechten die neue Länge X Y ab und bestimmen deren Teilpunkte. Bei der Umkehrung des „anderen Fälschers" liegt die gegebene Strecke außerhalb statt innerhalb der Kreisperipherie.

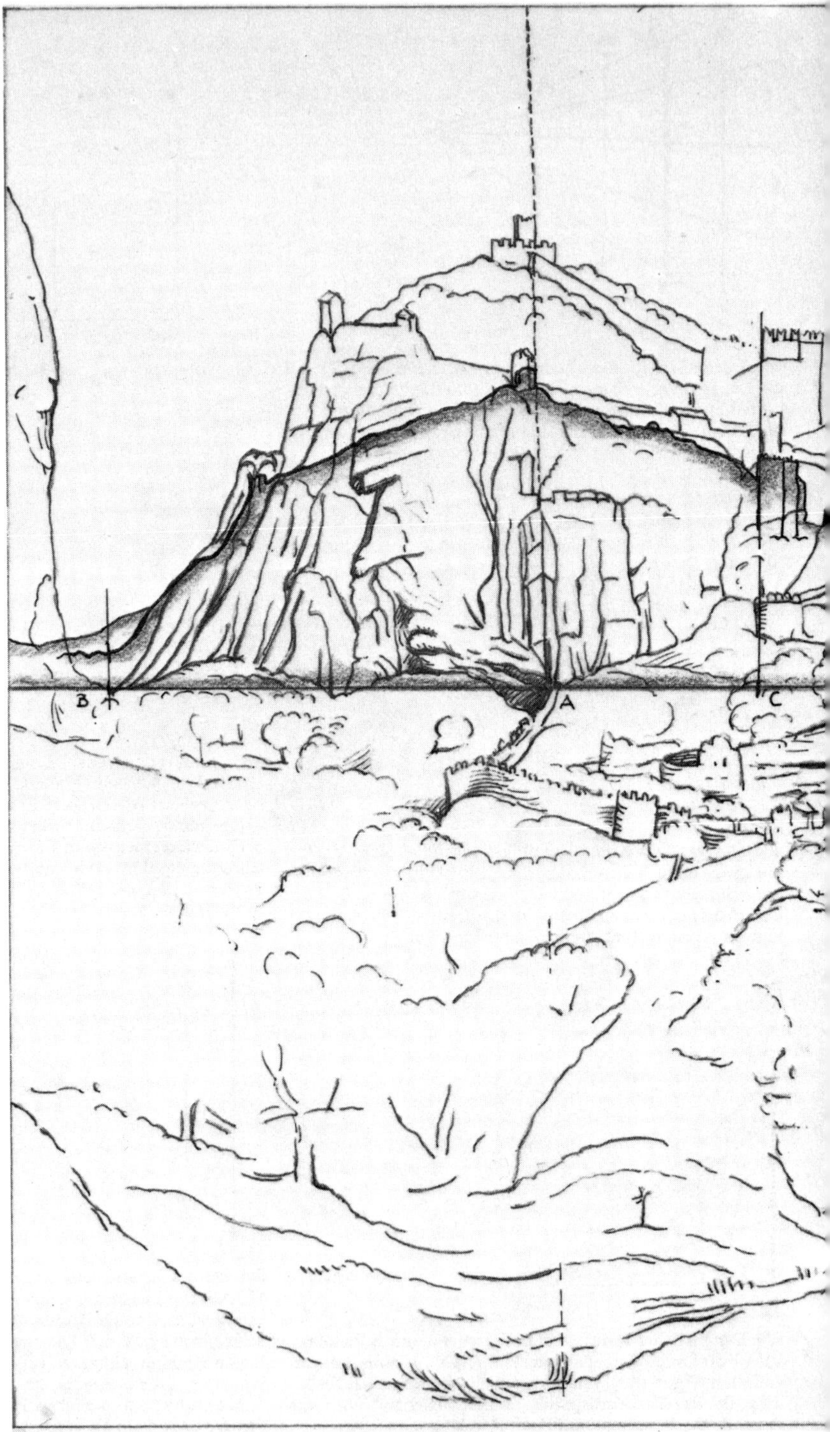
B
A
C

51. Ermittlung der Höhensteigerung des Burgbergs von „Arco" durch Vergleich mit der fotografisch erfaßten Naturvorgabe.

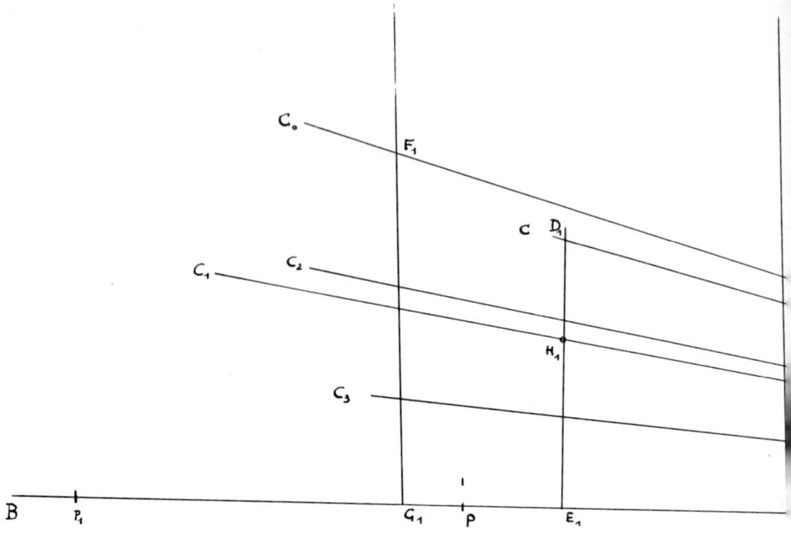
C₀
F₁
C
D₁
C₂
C₁
H₁
C₃
B
P₁
G₁
P
E₁

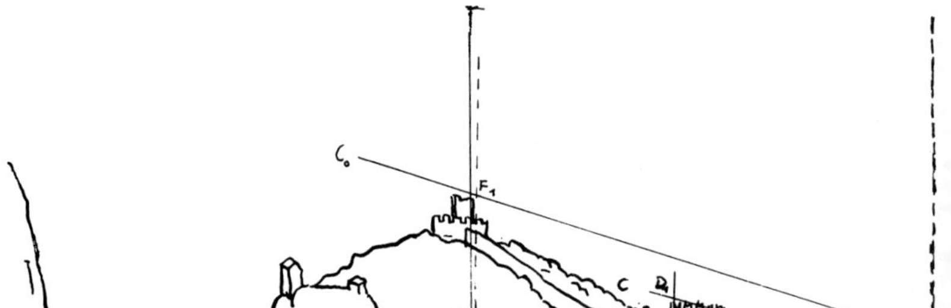
C₀
F₁
C
D₁
C₂
C₁
H₁
C₃
B
P₁
G₁
P
E₁

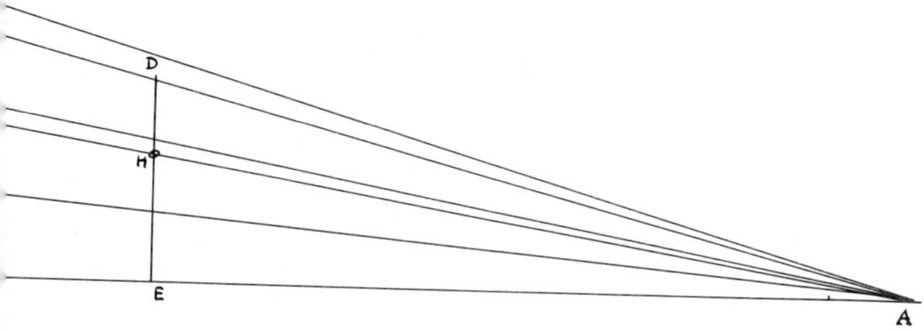

52. Nachkonstruktion der wichtigsten Höhenmeßpunkte des Arcobildes auf der Grundlage des „Wählers" und der fotografisch erfaßten Naturvorgabe.

53. Dürers „Arco" als „vergleichliche" Vergrößerung der Naturvorgabe nach dem Schema des „Wählers".

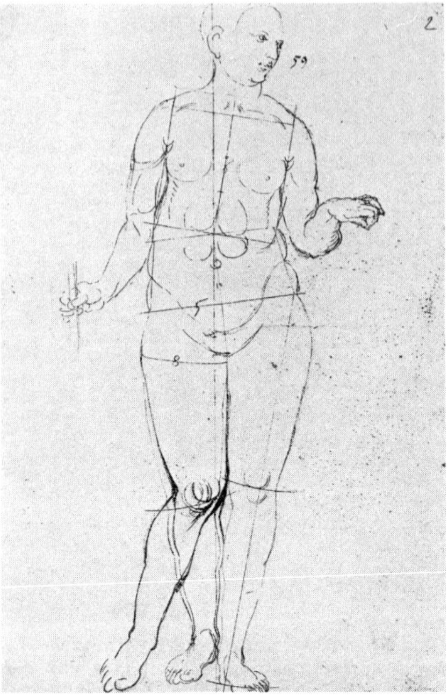

54. Albrecht Dürer, Konstruierter weiblicher Akt (Eva) (W. 415). Feder, 29,0 : 19,4 cm. Dresden, Sächsische Landesbibliothek.

56. Albrecht Dürer, Adam und Eva, Vorzeichnung zum Kupferstich (W. 333). 1504. Feder, Hintergrund getuscht, 24,2 : 20,1 cm. New York, Morgan Library.

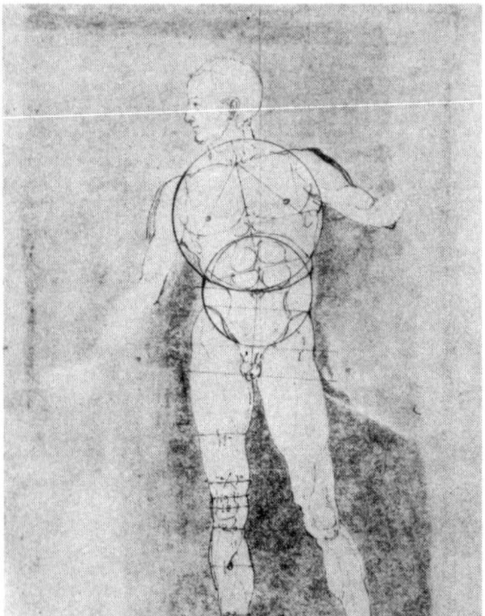

55. Albrecht Dürer, Konstruktionsfigur des Adam-Apoll (W. 421). 1506. Feder, 26,5 : 16,7 cm. Wien, Albertina.

57. Durchzeichnung nach Dürers Proportionsfigur der „Eva" (W. 415) und ihr Einbezug in das Achsialsystem des Arcobildes.

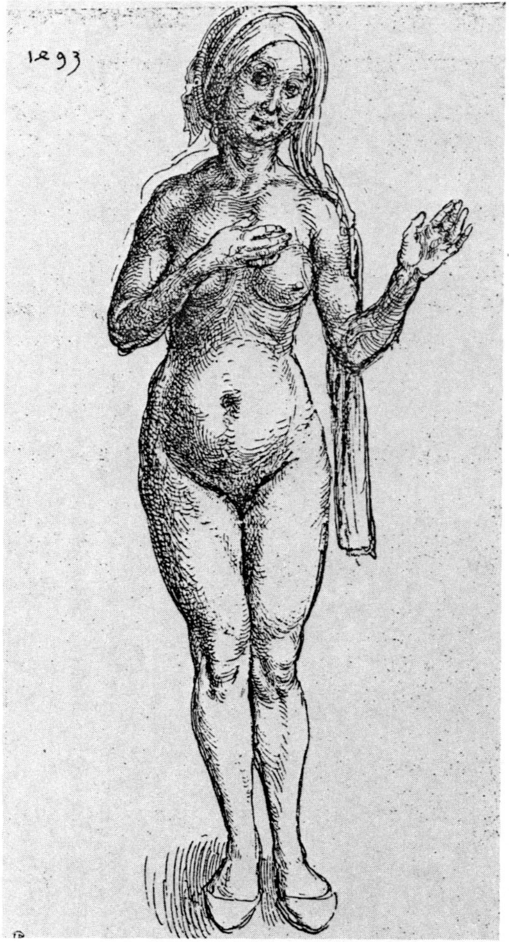

58. Albrecht Dürer, Nackte Frau (Badefrau?) (W.28).* 1493. Feder, 27,2 : 14,7 cm. Bayonne, Mus. Bonnat.

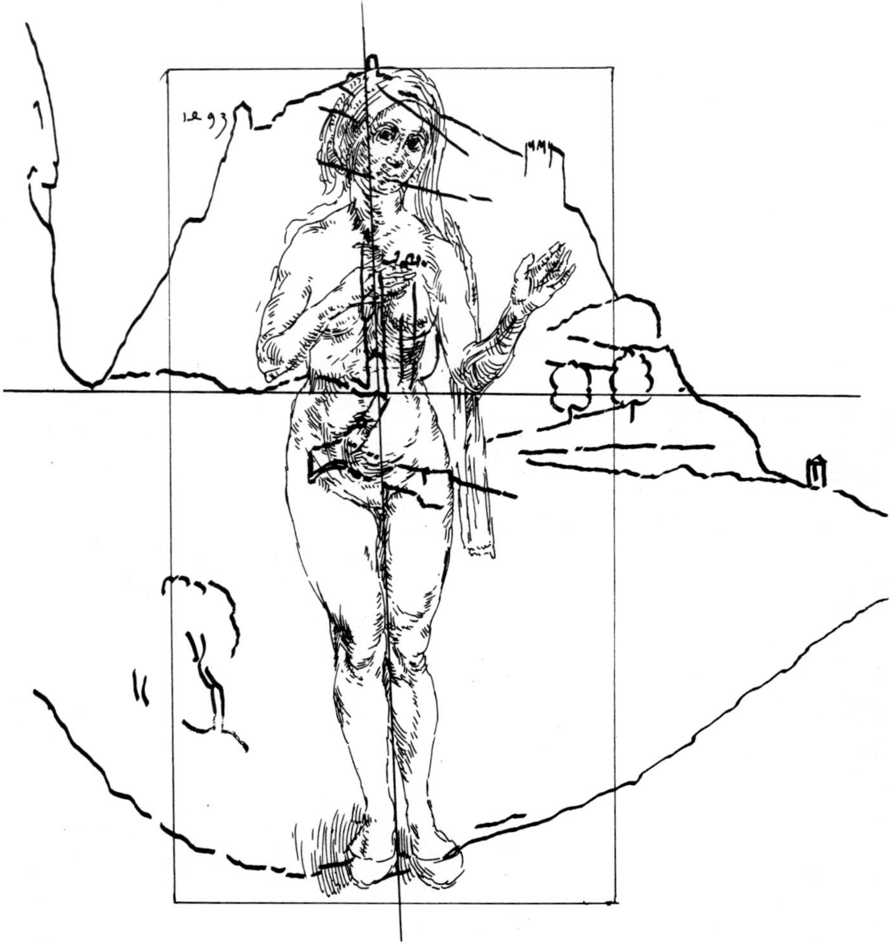

59. Integrationsversuch der Durchzeichnung nach Dürers „Badefrau" (W. 28) in das Arcobild. Die deutliche Differenz zwischen Nabel und Koordinatenschnittpunkt macht den fehlenden Bezug deutlich.

60. Albrecht Dürer, Adam und Eva (Meder 1). 1504. Kupferstich, 24,8 : 19,2 cm.

97. Der „Doss Trento" mit der Kirche Sant Apollinare di Piedicastello, gesehen von Dürers Hauptstandort auf der hoch gelegenen Stadtseite des Etschufers nahe des Torre Vanga.

98. Die Felsformationen der rechten Flanke des „Doss Treno" mit dem bekrönenden Rundportikus von 1934, gesehen von der östlichen Uferstraße der Etsch etwa 300 m nördlich von Dürers Hauptstandort.

99. Die Felsformen der linken Flanke des „Doss Trento", die bis in Einzelheiten in Dürers Trintbergaquarell aufgenommen worden sind.

100. Albrecht Dürer, Schloß Trient (W. 95). Um 1495. Aquarell und Wasserdeckfarbe, 19,8 : 25,7 cm. London, Brit. Musuem. Das fürstbischöfliche Schloß von Trient (1468 neu erbaut) ist bis heute in seinen Außenformen verhältnismäßig unverändert erhalten geblieben. Insbesondere wurden die Formen des eigentlichen Schloßgebäudes kaum beeinträchtigt und sogar in jüngerer Zeit nach Maßgabe des Dürerbildes renoviert, wie der Vergleich mit Abb. 102 zeigt. Der beherrschende Hauptturm soll nach Pappenheim erst 1809 sein ursprüngliches Kegeldach verloren haben. Die blockhaft strengen Vorbauten unterhalb dieses Turmes (vergl. Abb. 103) besitzen heute wieder Schwalbenschwanzzinnen. Auch das Giebelhaus, das bei Dürer den Abschluß des Schloßgebäudes nach rechts bildet, ist gegenüber dem kargeren Zustand von 1936 (vergl. Abb. 101) heute wieder mit den beiden ursprünglichen Erkern geschmückt. Verändernd wirkt der an das Giebelhaus nach rechts hin anschließende, langgestreckte, in späteren Zeiten hinzugefügte Flügelbau und die das Schloß zur heutigen Via San Marco abschließende Mauer. Sie geht (nach Pappenheim) in ihrer heutigen Form auf die Erneuerung der von Dürer festgehaltenen ursprünglichen Mauer unter Bischof Bernhard von Cles (1514–1539) zurück.

101. Das „Castello del Buonconsiglio" in Trient (1936, nach Pappenheim S. 43).

102. Das „Castello del Buonconsiglio" in Trient im heutigen Zustand.

103. Detailansicht des großen Turms des Schlosses von Trient.

104. Albrecht Dürer, Trient (W. 96). 1495. Aquarell und Wasserdeckf., 23,8 : 35,6 cm. Wieder Bremen, Kunsthalle.

106. Trient von Dürers Hauptstandort aus gesehen. (Nach Pappenheim S. 35, phot. Kgl. Superintendentur der Schönen Künste, Trient).
In der Richtung der Straßenflucht unterhalb des gut erkennbaren Castello del Buonconsiglio ist der Verlauf des ehemaligen Etschufers noch gut vorstellbar.

105. Frédéric Martens, Trient. Nach 1830. Kupferstich. (Nach Pappenheim S. 37, phot. Kgl. Superintendentur der Schönen Künste, Trient).

Das Bild zeigt Trient vor der Verlegung des Etschflusses nach Westen im Jahre 1858, von Dürers hochgelegenem Standort aus. Pappenheim nennt zutreffend die Via Pietrastretta als Standort. Die Darstellung von Martens ist geprägt von perspektivisch korrekter Darstellung der Motive und kommt darin einem fotografischen Bild sehr nah (vergl. Abb. 106). Dadurch ist ein brauchbarer Einblick in Dürers Vorgehen durch Vergleich ermöglicht. Dürers Prinzip der Verdichtung sehr breit ausgedehnter Formationen bei gleichzeitiger Steigerung der Anstiegswinkel ist sehr gut in den Architekturzusammenhängen und den linksseitigen blau verschatteten Bergwänden dahinter und darüber nachzuprüfen. Andererseits übernimmt Dürer – vergleichbar mit „Arco" – bei der antwortenden Gegenseite der Berghänge die vorgegebenen Neigungswinkel und Konturformen sehr genau.

107 (links). Albrecht Dürer, Welschpirg (W. 99). 1494. Aquarell und Wasserdeckfarbe, 21,0 : 31,2 cm. Oxford, Ashmolean Museum.
Dürers Bild vereint die „gegen-gesichtige" Bergansicht des zentralen „Doss di Segonzano" mit dem die Raumtiefe erschließenden Bergmotiv des „Ceramonte" (rechts). Wie Rusconi (1936) bereits bemerkte, setzt Dürers „Welschpirg" zwei verschiedene, wenn auch relativ nah beieinander liegende Standorte und entsprechende Veränderungen der Blickrichtungen voraus, um alle im Bild versammelten Teilmotive überhaupt sehen zu können. Der Vergleich mit den fotografisch erfaßten Naturvorgaben verdeutlicht die außerordentliche Steigerung einer – wie häufig bei Dürer (z.B. Tal bei Kalchreuth, Abb. 72) – eher unscheinbaren Landschaft zu einem Weltenbild.

108 (unten). Ansicht der Naturvorgabe für Dürers „Welschpirg" im Tiroler Cembratal, gesehen von zwei ca. 50 Meter auseinander liegenden Standorten in der Nähe der Rochuskapelle am Dorfrand von Cembra. Links im Vordergrund sieht man die Geländestufe und den Hang von „Faver". Oberhalb des Kirchturms von „Faver" zeigt sich der Zanggen (2492 m), links daneben (in Dürers Bild gerade noch sichtbar) sieht man das Schwarzhorn. Vom Hauptmotiv des „Doss di Segonzano" (1542 m), an dessen rechter Seite die Erdpyramiden im Regnanatal gut sichtbar sind, hat Dürer nur die nordwestliche Spitze (1462 m) gemalt. Der Hauptgipfel und die dahinterliegende Kreuzspitze sind weggelassen. Das nahe Schloß Segonzano (W. 98, W. 101, Abb. 110), das am Fuß des „Doss di Segonzano" tief unten am Avisio liegt, ist von Cembra aus nicht zu sehen.

109. Ansicht der von J. Raffeiner (1935) irrtümlich als Vorgabe für Dürers „Welschpirg" identifizierten Landschaft des Eisacktals bei Bozen mit dem „Kohlerer- und Karneiderberg". Wenn man von Bozen kommend, den steilen Weg nach St. Maddalena bis zur Kirche hochsteigt, eröffnet sich ein verblüffend gleichlautender Anblick wie im Cembratal. Erst bei genauerem Vergleichen neigt sich die Waagschale zu Rusconis Identifizierung. Dem die Bildmitte beherrschenden „Karneiderberg", der mit dem „Doss di Segonzano" verglichen werden muß, geht – bezogen auf die Vorgabe im Cembratal – das breit Ausgedehnte ab. Er ist schon als Naturmotiv im Verlauf der Konturlinien nahezu identisch mit dem gemalten Berg. Dürers Methode des Verkürzens der Breitenmaße, bei gleichzeitiger Steigerung der Höhenmaße und Neigungswinkel, würde demnach in diesem Falle nicht zur Anwendung gekommen sein. Die unverwandelte Übernahme einer Naturvorgabe kennen wir bei Dürer jedoch nicht. Darüber hinaus fehlt das wichtige Kennzeichen der Erdpyramiden auf der rechten Flanke des Hauptberges völlig, und die fernen Eisgipfel des „Schlern" haben mit den Gestalten von „Zanggenberg" und „Schwarzhorn" nichts gemeinsam. Durch den Identifizierungsvorschlag wird jedoch deutlich, daß Dürers Landschaftsdarstellung zugleich individuelles Porträt und Urbild der Landschaft beinhaltet.

110 Albrecht Dürer, Welsch Schloß (W. 101). 1494. Aquarell und Wasserdeckfarbe, 19,1 : 13,9 cm, Berlin, Kupferstichkabinett.
Dürers Bild zeigt die Westseite der Burg Segonzona im Cembratal, wie Rusconi (1936) zweifelsfrei nachweisen und Hoeniger (1936) bestätigen konnte. Der Vergleich mit der Naturvorgabe erlaubt auch heute noch die Identifizierung aller charakteristischen Einzelformen. Auch die Zuordnung der Formen zueinander ist überprüfbar. Die Steigerung der Höhenmaße und die Verminderung der Breitenmaße sind wieder als wichtigste methodische Eingriffe in die Naturvorgabe nachweisbar. Das von Dürer beabsichtigte Hochragen des Burg-Berges erforderte auch das „Opfern" der Hintergrundslandschaft.

111. Die Ansicht der Naturvorgabe von Albrecht Dürers „Welsch Schloß" (W. 101). Von Cembra kommend, muß man das Dörfchen Faver durchqueren und wieder in Richtung Segonzano zum tief unten das Cembratal durchfließenden Avisio hinabsteigen, um Dürers Blick auf die Westseite der Burg von Segonzano nacherleben zu können.

112. Albrecht Dürer, Schloß am Wasser (W. 98). 1494. Aquarell und Wasserdeckfarbe, 15,3 : 24,9 cm. Eh. Bremen, Kunsthalle.

114. Ansicht des Naturmotivs für Dürers Bild „Schloß am Wasser" (W. 98), das die Einbettung der Bildvorgabe in die umgebende Landschaft zeigt. Der in größerer Distanz von der Burg noch in der ursprünglichen Form erhaltene Abbruchrand des Flußufers erinnert stark an Dürers Ufergestaltung.

113. Die „Naturvorgabe" für Dürers „Schloß am Wasser" (W. 98) zeigt die Nordostseite der Burg von Segonzano (Abb. 110). Dürers Standpunkt muß bei der Cantilaga-Brücke, die den tief eingeschnittenen Avisiofluß überspannt, gewesen sein. Die Identifizierung des Vorgabemotivs ist Rusconi zu verdanken. Gegenüber dem von Rusconi 1936 vorgelegten Foto, das die Landschaft ohne Belaubung zeigt, kommen unsere Lichtbilder dem Eindruck, den Dürer gehabt haben muß, etwas näher. Der Identifizierung Rusconis, die durch Hoeniger (1936) noch einmal überprüft und bestätigt wurde, ist durch Zink (II, 1942) und neuerdings durch Koschatzky (1971) widersprochen worden, ohne daß dabei überzeugende Argumente gegen Rusconi ins Feld geführt wurden. Als Motiv Dürers wurde Burg Prunn an der Altmühl genannt. Bemerkenswert an dem neuen Identifizierungsvorschlag erscheint wieder (vergl. Welschpirg, Abb. 107–109) die Übereinstimmung zweier verschiedener Örtlichkeiten in einem Grundtyp von Landschaft, den Dürer geprägt hat. Unabhängig davon muß der Neuvorschlag jedoch abgelehnt werden. In Prunn (Abb. 115) steigen die Felspfeiler nicht in der Mitte des Felsstocks – wie bei Dürer und im Cembratal – sondern zum Fluß hin am höchsten auf. Der Fluß umspült bei Dürer auch nicht die „felsigen Wände in nächster Nähe" (Zink). Vielmehr besitzt der Burgfels bei Dürer noch einen eigenen, zum Fluß hin ausgreifenden Sockel aus festem Felsgestein und aus Geröll, der in Prunn fehlt. Entscheidend ist für die Frage der Identifizierung jedoch wieder nicht die buchstäbliche Übereinstimmung von Naturmotiv und Bildgestalt, sondern die Art der künstlerischen Gestaltung des vorgefundenen Naturmotivs, die sowohl Übereinstimmung als auch Differenz bestimmbar macht. So gesehen ist das für Dürers Bild (W. 98) und für Hermann Dycks „Prunn im Altmühltal" (Abb. 116) zutreffend beobachtete „gleiche Verhältnis der abfallenden Hangseite links zu dem isoliert für sich stehenden Felsschrofen mit der Burguine" (Zink II, S. 250) der deutlichste Beweis für Zinks Fehlidentifizierung. Die Steigerung der Höhenmaße, bei gleichzeitiger Verkürzung der Breitenausdehnungen, die Dürer auch im Bild des „Felsenschlosses am Wasser" der Naturvorgabe erst verliehen hat, ist identisch mit den entsprechenden Veränderungen, wie wir sie z.B. aus Trintberg (W. 97), Welschpirg (W. 94), Arco (W. 99), Tal bei Kalchreuth (W. 117) und aus allen übrigen Landschaftsdarstellungen der Aquarelle kennen.

115. Schloß Prunn an der Altmühl (nach Zink II, S. 251).

116. Hermann Dyck, Prunn an der Altmühl. 1842. Bleistiftzeichnung. München, Graph. Sammlung (nach Zink II, S. 250).

117. Paul Cézanne, Der Gärtner Vallier (V.Nr. 1566). 1906. Aquarell, 48 : 31,5 cm. Schweiz, Privatbesitz.

118. Cézanne vor den „Großen Badenden der Sammlung Barnes" (Merion, USA). Fotografie von E. Bernard im Februar-März 1904 im Atelier „des Lauves" aufgenommen (aus „Cézannes – les dernières années", S. 218).